U0932782

马克思主义海洋文明与中国特色道路丛书

Development Economics,
Marxism With Chinese Characteristics

中国特色
马克思主义
发展经济学

刘美平○著

谨以此书纪念中华人民共和国成立70周年

—

本书为上海市马克思主义海洋文明与中国特色道路研究中心研究成果，是上海市示范马克思主义学院建设成果，是上海海事大学马克思主义学院学科建设成果。

图书在版编目（CIP）数据

中国特色马克思主义发展经济学/刘美平著. —北京：经济管理出版社，2018.12
ISBN -978 -7 -5096 -6246 -5

Ⅰ.①中…　Ⅱ.①刘…　Ⅲ.①马克思主义政治经济学—研究—中国　Ⅳ.①F0 -0

中国版本图书馆 CIP 数据核字(2018)第 285940 号

组稿编辑：王光艳
责任编辑：许　兵
责任印制：梁植睿
责任校对：张晓燕

出版发行：经济管理出版社
（北京市海淀区北蜂窝 8 号中雅大厦 A 座 11 层　100038）
网　　址：www. E - mp. com. cn
电　　话：(010) 51915602
印　　刷：三河市延风印装有限公司
经　　销：新华书店
开　　本：720mm×1000mm/16
印　　张：15
字　　数：261 千字
版　　次：2020 年 4 月第 1 版　　2020 年 4 月第 1 次印刷
书　　号：ISBN -978 -7 -5096 -6246 -5
定　　价：68.00 元

前言

习近平总书记指出，发展是解决一切问题的总钥匙。没有发展，就没有人类的进步，可见，发展是世界各国的共同话题。对于发达国家而言，是进入后工业化社会的深度发展；对于广大发展中国家而言，是以工业化、城镇化为内容的现代化过程。这就是说，发达国家的深度发展和发展中国家的现代化以及发展中国家同发达国家之间的协同发展是21世纪各国寻求新发展机会的国际前提。正是在这样的发展前提下，中国开始了传统工业化和后工业化的双重追赶，甚至呈现出局部领域的弯道超车。在这场史无前例的追赶过程中，中国是怎样着眼于“发展”这个时代命题进行思考和实践的，中国又是如何在反思西方发展理论与发展逻辑的基础上建构具有中国特色马克思主义发展经济学的，特别是中国特色马克思主义发展经济学是如何超越西方发展模型而发挥实践指导作用的，这成为本书的核心内容。

没有发展就没有中华民族的伟大复兴。发展是建立在经济增长基础上的，然而并不是所有的经济增长都称其为发展。单纯的数量意义上的经济增长带来的代价已经非常沉重。正是基于对 GDP 崇拜式经济增长的反思，才有了习近平总书记五大新发展理念的诞生。新发展理念要求我们理性审视中国所处的历史性发展阶段，要求我们坚定走中国特色社会主义发展道路，要求我们明确未来中华民族的发展目标，要求我们形成可持续中国特色发展动力。从这个意义上讲，发展是解决中国社会经济一切问题的万能钥匙，是实现中华民族伟大复兴的金钥匙！

没有发展就没有人类的进步。无论是发展中国家，还是发达国家，都是人类的组成部分。人类进步就是建立在民族国家经济发展基础之上的，中国是世界人口大国，中国的发展就因此而具有世界意义。鉴于此，中国式生态文明建设就是为全球绿色可持续发展贡献力量，就是实现联合国千年发展目标；中国式精准扶贫就是为世界减少贫困，就是在实现联合国千年发展目标方面起模范带头作用。因为中国发展是世界发展不可或缺的组成部分，所以中国特色马克思主义发展经济学就有了国际学术价值。这正是中国发展和中国发展理论的民族意义和世界意义所在。

刘美平

2019 年 1 月于上海

目　录

第一章 对西方经济学增长理论的反思

由于西方发达国家已经越过了不发达阶段，实现了一定阶段的经济增长，绝大部分发展经济学家又都以发达国家的经济增长为背景，分析、比较发展中国家经济发展的要素、结构、进程，并以西方经济学理论为基础，在西方经济学理论体系中开展进一步的研究。倘若发展中国家过分依赖西方的经济增长理论，就会导致“水土不服”，所以正确的态度是应在学习西方经济增长理论的同时，结合本国实际。

第一节　土地增长论

一、殖民主义时期的国土掠夺论

15～17世纪，很多西欧的冒险家向未知的海洋世界做了许多的探索和旅行。他们在东半球发现了西非、北非沿岸和非洲最南端的好望角，接着又发现了亚洲的印度和印度尼西亚一带；然后在西半球发现了南、北美洲，最后成功地完成了环绕地球的航行。因为这一时期，资本主义正处于萌芽阶段，为了促进自身的发展，进行资本的原始积累，西欧各国便开始了历史上最早、最残酷、最野蛮的殖民国土掠夺。

伴随着新航路的开辟和美洲大陆的发现，从15世纪末开始，西欧各国的商人、雇佣兵和牧师开始了对亚、非、拉美等广大地区的殖民掠夺。进行殖民掠夺最早的国家是葡萄牙、西班牙，然后是英国、荷兰及法国。

1506 年，葡萄牙占领南非的莫桑比克和红海入海处的索科特拉岛。1509 年，占领波斯湾入口处和忽鲁谟斯岛，封闭波斯湾。1510 年，占领印度西海岸的果阿城。接着继续向东，1511 年占领马六甲海峡。同年在苏门答腊岛、爪哇岛、加里曼丹岛和摩鹿加群岛建立了大批商站。截止到 1521 年，葡萄牙人完全垄断了印度洋上的贸易霸权。1517 年葡萄牙人开始和我国通商，1553 年，葡萄牙商人借口遇到大风暴，要求到我国海岸晾晒货物，乘机又占领我国澳门。与此同时，16 世纪初，葡萄牙人又占领了南美的巴西地区。1548 年，在日本九州也建立了商站。16 世纪 40 年代，葡萄牙是世界上最强大的殖民国家，它的殖民据点横跨亚、非、美三大洲。在殖民过程中，掠夺了大量的财富。据统计，16 世纪一百年间，葡萄牙人仅从非洲就掠夺了 276000 公斤黄金。①

西班牙的殖民掠夺主要在中南美洲；在哥伦布到达美洲以后不久，西班牙人很快就占领了加勒比海一带和印度群岛；1519 ~ 1521 年西班牙人征服了墨西哥；1532 ~ 1535 年征服秘鲁；1536 年征服智利；1538 年，征服哥伦比亚；1549 年，征服阿根廷、巴拉圭、乌拉圭；到 16 世纪中叶，西班牙人在中南美洲建立了庞大的殖民帝国，西班牙人占领中南美洲以后采用了各种手段掠夺当地的金、银、宝物。据史料记载，他们为了寻找黄金挖掘了大量的坟墓，甚至神庙中的金银饰品也全被盗走。另外，还用大量不值钱的东西，如纽扣、花边、眼镜、刮脸刀、镜子等一类美洲当时少有的货品，以特别昂贵的价格卖给印第安人，或用这些东西换取当地居民的珍珠、宝石、香料。西班牙人又动用大量的印第安人为他们开采金矿。据统计，从哥伦布发现新大陆至 1640 年的 150 年间，西班牙从美洲掠夺走的黄金约 875 吨，白银 45000 吨。到 16 世纪末，世界贵金属开采量的 83% 已经归西班牙所有。西班牙人采用极其野蛮、残忍的手段对付印第安人的任何反抗。如果一个西班牙人被杀死，西班牙人一般都要杀死 50 ~ 60 个印第安人偿命。在西班牙人的残酷统治下，美洲印第安人的人口迅速下降。海地岛在西班牙人入侵时约有 6 万人，到 1548 年时仅剩下 500 人左右。由于大批印第安人被杀，西班牙的美洲劳动力越来越少。为了弥补劳动力的不足，从 1501 年开始，从非洲

① 刘景珍、傅利华：《试论新航路开辟殖民掠夺与近代欧洲初期社会经济》，《内蒙古民族师院学报》，1998 年第 1 期。

往美洲贩卖黑奴。贩卖黑奴的利润特别高，一般都在十倍至几十倍。贩卖黑奴的罪恶贸易最早从西班牙、葡萄牙开始，后来英国、法国、荷兰也都先后参加了这一血腥活动。这样，从16世纪开始，非洲的黑人源源不断地被运到了美洲。据资料统计，运往美洲的黑人，16世纪约有90万人；17世纪约有275万人；16～19世纪70年代470年间运到美洲的黑人总数约有2000万人。加上买卖奴隶和贩运过程中死亡的人数，非洲在这400多年间的损失人数约在6000万至1亿之间。①

西班牙和葡萄牙的殖民势力强盛达一个世纪，16世纪末，在各国人民的反抗斗争打击下，西班牙、葡萄牙的殖民势力日益衰落了。而与此同时，英国、荷兰的势力逐渐强盛起来。1600年，荷兰的势力到达印度尼西亚一带。50年以后，荷兰占领了葡萄牙殖民地的大部分，取代了葡萄牙人在东方的殖民霸主地位。1602年，荷兰的东印度公司取得从好望角到麦哲伦海峡地区的贸易垄断权。英国的势力在17世纪中叶以前不如荷兰强大，没有能力和荷兰竞争。从1607年开始，英国在北美陆续建立了许多殖民据点。17世纪中叶以后，英国先后经过几次战争打败荷兰和法国。到17世纪末，英国最后确立了世界殖民霸主地位。②

毫无疑问，资本主义的发展就是殖民地人民的血泪史，资本主义利用从殖民地掠夺过来的白银、黄金、茶叶等资源，完成了资本的原始积累，并迅速促进了商业资本发展的大革命，加速了封建制度的瓦解，极大地加强了新兴资产阶级的政治、经济地位。

二、工业革命时期的土地瓜分论

工业革命时代到来后，传统的以蔗糖、烟草和奴隶为主的殖民贸易已经不再具有重要意义。工业国家对棉花、羊毛、燃料、铁、铜、锡、煤炭等工业原料的需求取代了对消费品的需求，同时这些国家迫切需要在本国之外开辟市场，以消化本国生产的工业制成品。由于欧洲地区的市场已经饱和，因此欧洲国家开始向外寻求发展空间。

1870年普法战争结束，德国统一，德国地理学家腓特烈·拉策尔开始研究

①② 刘景珍、傅利华：《试论新航路开辟殖民掠夺与近代欧洲初期社会经济》，《内蒙古民族师院学报》，1998年第1期。

当时正在扩展中的德国工业产品的市场问题，并开始应用地理学为俾斯麦的帝国主义政策作辩护。他认为，世界在向前发展，空间对于一个国家来说将越来越重要，大国将逐渐拓展，小国变得无足轻重。世界历史对空间的要求越来越大，这个事实可以从各重要商业国家的演变看出：威尼斯是一个城市；荷兰是一个三角洲国家；英国是一个岛；美国是一个大陆。各强国必须遵从这个绝对的、必然的趋向，努力用殖民、合并及征服的手段来拓展他们的空间。英国帝国主义理论家哈尔夫·马金德爵士也提出了类似的理论，指出一个国家如果要生存，必须实现自给自足。控制原料产地并将其变为产品输出市场成为攸关国家利益的战略需求。在19世纪的前75年里，西方国家平均每年占领21万平方公里的殖民地，而在后25年里，平均每年占领62万平方公里殖民地。

从15世纪末到19世纪中叶，殖民主义国家在被称为“最后的大陆”的非洲占领的领土只有318万平方公里，而在19世纪最后的25年里，欧洲对于非洲的兴趣又浓厚起来，在非洲占领了2569万平方公里土地。由于欧洲的迅速工业化和人口的增加，对植物油、植物纤维、橡胶和某些矿产资源的需求增大了，而这些产品可以用廉价的工业品在非洲换得，对新原料的需求引起对非洲原料产地的激烈争夺。

殖民主义国家对非洲内地的殖民始于19世纪晚期法国在塞内加尔开创的逐步推进方式，即以种植花生或油棕榈的农场为前进基地，利用药物治疗热带疾病，利用当地土著居民组成雇佣军队，沿主要河流向腹地推进，这种方式远比英国的沿海渗透方式有效，因此为其他殖民国家所效仿。1870年，南非发现巨大的金刚石、黄金等矿产又刺激其他殖民国家在非洲其他地区探寻同类矿藏，争夺的土地不再限于适宜种植农作物的地区，荒地、沼泽、沙漠和无人区都成为争夺的对象。1884~1885年的柏林会议上，确定了“只有实际占领才能证明对一个殖民地的统治权”的原则，已占据非洲沿海地区的国家，如英国、法国和葡萄牙，迅速与当地酋长签订协议和条约，把自己的势力扩大到内陆。新兴的工业强国——德国、比利时和意大利也加入到对非洲的争夺中来。

从1885年至1900年，欧洲国家完成了对非洲的瓜分。除了埃塞俄比亚和利比里亚两个政治上独立的国家外，传统的非洲王国如阿散蒂、达荷美、索科托、布干达以及欧洲裔非洲人建立的德兰士瓦和奥兰治自由邦等国家均沦为西方国家的殖民地或保护国。埃及名义上为独立国家，但完全受英国的控制。

三、全球化时期的空间生产论

空间生产论是全球化时期西方强国对发展中国家实施的一种新的侵略政策和手段。在民族解放运动的打击下，赤裸裸的暴力和强权已经被国际社会所唾弃，西方发达国家被迫改变了直接的殖民统治的旧方式，而采取更隐蔽的、间接的殖民侵略手段。它们充分利用其经济优势，对非西方国家进行政治、经济、文化侵略，把已取得政治独立的国家置于它们的控制之下，以使这些国家继续充当其商品市场、原料产地和投资场所，最大限度地榨取财富。其中跨国公司是新殖民主义侵略渗透的主要手段。

与旧殖民主义不同，空间生产论的主要特点是：它表面上承认国家政权、附属国人民的独立权利，而实际上却采取种种欺骗手段，从政治、经济和军事各方面，对已获得政治独立的国家实行控制和渗透，为它们争夺世界霸权和势力范围服务。它侧重于经济渗透和政治控制，但也不排斥进行军事渗透和侵略。当代强权国家掠夺方式的几种变化：加强国家资本输出，以“援助”为名为私人资本的扩张开路；跨国公司成为推行空间生产论的重要工具；借助对现代科技的垄断控制掠夺发展中国家。

第二节　资本增长论

一、实体工业资本投资增长理论

马克思在《资本论》中对社会资本扩大再生产的分析，是以有积累的外延的扩大再生产作为对象的，在资本主义条件下，积累是指剩余价值的资本化，即把工人创造的剩余价值的一部分或全部再转化为资本。实现扩大再生产就必须有追加的生产资料，而这只能由第Ⅰ部类的剩余产品提供。因此，只有当第Ⅰ部类产品中的可变资本和剩余价值总和大于第Ⅱ部类产品中的不变资本的价值，才能进行扩大再生产，即实现扩大再生产首要的基本前提条件为：

$$\text{I}(v+m) > \text{II}c$$

资本积累，就是将剩余价值转化为资本，实现规模的扩大再生产。马克思十分强调资本积累对经济增长的作用，在阐述扩大再生产理论时指出，资本积累是扩大再生产的源泉。他说："剩余价值不断转化为资本，表现为进入生产过程的资本量不断增长，这种增长又成为不断扩大再生产规模的基础，成为随之出现的提高劳动生产力和加速剩余价值生产方法的基础。"在资本主义条件下，企业要追加不变资本和可变资本实现扩大再生产必须有一定的资本积累。此外，马克思从资本投入生产的角度研究认为一个社会的生产逐年扩大有两方面原因：第一，由于投入生产的资本不断增长；第二，由于资本使用效率不断提高。由此表明经济增长在于资本积累，如果资本积累能全部顺利地转化为投资，则投资率对经济增长的这一因素也是十分重要的。[①]

在研究扩大资本积累以使投入生产的资本不断增加方面，马克思阐述决定资本量的几个因素，他指出："几种同剩余价值分为资本和收入的比例无关，但决定积累量的情况：劳动力的剥削程度；劳动生产率；所使用资本和所消费资本之间差额的扩大；预付资本的量。通过对劳动力加强剥削程度，提高社会劳动生产率水平，增大所使用资本和所消费资本之间的差额及扩大预付资本量（积累基金）来实现增加资本积累和扩大再生产，促进经济增长的需要。"资本使用效率是指投资的边际效率，影响投资的因素有很多种，本书主要从实际利率水平、预期收益率和社会消费水平三个方面简单阐述。首先，利率对投资的影响，在一般情况下投资与利率是负相关关系。在《资本论》中没有明确的关于投资与利率关系的论述，但马克思指出："低利息率多数与繁荣时期或有额外利润的时期相适应，利息的提高把繁荣和它的逆转期划分开来，利息的最高限度，一直到高利贷性质的利息，则与危机相适应。"说明利息率与投资的周期是反向运动关系。其次，预期收益与投资，影响预期收益的因素也有很多，本章认为主要有投资品的成本与技术结构和投资的产出增量。关于投资品的成本与技术结构，马克思有这样的论述："要使货币（即以货币形式贮藏的剩余价值）能够转化为生产资本的要素，这些要素必须是在市场上可以买到的商品。"也就是说这些"剩余产品已经包含了新资本的物质组成部分"。而这些"新资本的物质组成部分（投资品）"的成本与技术结构将影响预期收益，近而间接影响投资率。在关于投资的

① 陈娜娜：《马克思经济增长理论研究》，西安理工大学 2007 年硕士论文，第 19 页。

产出增量即投资所能形成新的生产能力的大小方面，马克思强调指出："有些部门在较长时间内取走劳动力和生产资料，而在这个时间内不提供任何有效的产品；而另一些生产部门不仅在一年间不断地或多次地取走劳动力和生产资料，而且也提供生活资料和生产资料，在社会公有的生产基础上，必须确定前者按什么规模进行，才不至有损于后者。实践证明，投资率过高或过低都不利于经济长期增长，只有二者保持适当水平才有利于国民经济持续、稳健的增长。马克思也指出："低利率也可以和停滞结合在一起，适度提高的利息则和日益增进的活跃度结合在一起。"最后，在投资率与社会需求方面。随着人们收入的增长其边际消费倾向是呈下降趋势的，但投资率的确定必须首先满足社会对消费最低限度的必要增长，人们的预期消费与投资呈正相关关系，但投资过高或过低对社会消费同样会产生不良的影响，因此在一定时期内投资率的选择界限应是社会能够容忍的最低限度的消费增长率。①

资本周转影响利润率，近而对经济增长产生很大的影响。恩格斯指出："资本周转对利润率的影响极为重要。马克思研究资本周转对利润率的影响主要是周转时间。马克思在《资本论》第 2 卷详细说明周转时间或它的两个部分（生产时间和流通时间）任何一部分的缩短，都会增加所生产的剩余价值量。马克思还进一步阐述缩短生产时间和流通时间的主要办法即提高劳动生产率和改良交通。"此外，马克思注意到资本周转对可变资本的影响，即周转时间的缩短对于剩余价值生产的影响，因而对于利润生产的直接影响在于这一点：可变资本部分因此将会取得更大的效率。由此表明同量可变资本在相同的时间内将产生更多的剩余价值，因而在生产中会使资本增值，实现经济增长。

二、虚拟金融资本投资增长理论

虚拟经济与实体经济的概念可以追溯至马克思关于虚拟金融资本与实际资本的论述。马克思在《资本论》第 3 卷中指出，作为并不存在的资本的名义代表、可以按照一定的利息率获取收益的商业票据（汇票）、公共有价证券（国债券、国库券、各种股票）以及不动产抵押单等都是虚拟金融资本。② 虚拟金融资本的

① 陈娜娜：《马克思经济增长理论研究》，西安理工大学 2007 年硕士论文，第 20 页。

② 张智峰：《虚拟经济与实体经济非协调发展研究》，天津财经大学 2007 年博士论文，第 16 页。

形式被称为资本化，人们按平均利息率计算即将定期取得的各种既定收益的资本总量时，资本化就产生了。

从 20 世纪 70 年代开始，以股票、债券等为代表的虚拟金融资本，其规模随着世界经济的迅猛发展而逐渐扩大。虚拟金融投资的发展以实体经济为基础，并在实体经济发展到一定阶段后产生。在虚拟经济发展过程中，虚拟金融资本随着社会闲散资金的不断聚集得到有效积累，其中一部分资金用于实体经济领域的投资，进而促使了实体经济投资规模的扩张。

在整体的虚拟经济与实体经济的传导渠道中，金融机构作为传导机构发挥了重要的作用，尤其通过发放贷款以及投资于虚拟资产等途径，促使“储蓄”向“投资”转化，影响市场上的货币流通量和流通速度，进而对资本投向实体经济的消费比例和投资比例产生影响。虚拟经济影响实体经济的传导机构，主要由外汇银行、投资银行、商业银行、中央银行等组成。这些银行在资本流通和运作方面，所起到的作用具体体现为：在基础货币的创造过程中，中央银行起到至关重要的作用，货币流通在基础货币产生的前提下才得以出现，而货币的流通是货币资本化的起点，也是虚拟经济演化发展的萌芽与基础。商业银行的发展进一步推动了货币的流通与虚拟经济的发展。在虚拟经济发展过程中，当虚拟金融资本的演化以有价证券为载体时，投资银行通过对虚拟金融资本运作的有效引导，对虚拟经济的发展起到了有利影响。伴随虚拟经济整体的不断演化与蓬勃发展，虚拟金融资本规模的逐渐扩张。随着计算机网络技术等的发展，以及经济的全球化趋势，国际证券这一虚拟金融资本通过各国外汇银行的推动得以发展，并进而对相关推行国际证券的实体企业的发展起到有利的影响作用。①

虚拟经济在实体经济发展到一定阶段后产生，成思危认为虚拟经济的演化发展历程主要经历了五个阶段：第一阶段为闲置货币的资本化，从个人之间最初的借贷行为逐渐演化出闲置货币阶段。第二阶段为生息资本的社会化。在这一阶段，根据社会经济发展的实际需要，为了进行大规模的经济活动，人们开始将社会上闲散的资金逐渐聚集起来。在这一筹集资金的过程中，企业既可以通过自身发行股票、债券等方式进行直接融资，也可以向银行等金融机构申请贷款进行间接融资，虚拟经济的发展逐渐演化成虚拟金融资本的社会化。第三阶段表现为虚

① 周莹莹、刘传哲：《我国虚拟经济发展对实体经济投资扩张效应影响研究》，《山西财经大学学报》，2014 年第 3 期。

拟经济演化至有价证券的市场化，主要表现为伴随金融市场的出现，有价证券可以进行自由买卖，促进了资金使用效率的提高，进而资本的流动性得以增强。第四阶段表现为金融市场的国际化，具体体现为从第二次世界大战以后，国际金融市场逐渐发展壮大，虚拟金融资本在国际金融市场上可以进行跨国交易，从而进一步推动了国际金融市场的蓬勃发展。第五阶段为国际金融的集成化，具体表现为伴随全球经济一体化的发展，国与国之间的相互依存度不断增强，并在信息化不断进步与金融创新的蓬勃发展过程中，有效促进了虚拟经济的发展。在开放经济背景下，各国国内金融市场与国际金融市场存在密切的联动性，进而虚拟经济在这一阶段呈现出国际金融的集成化特征。虚拟金融资本投资对于实体经济的影响，既有积极的方面，也有消极的方面。其中，积极方面主要表现为虚拟金融资本在全世界范围内的流动可以使资源得到有效配置，刺激投资和消费，以及促进产业结构的优化，进而促进实体经济快速发展。消极方面主要表现为：随着虚拟金融资本规模的迅速扩张，当其远超过与实体经济间协调发展的适度规模时，虚拟金融资本规模的进一步扩张会诱发经济泡沫，甚至诱发金融危机和经济危机，对整体经济发展造成严重损害。

三、人力资本投资增长理论

人力资本的概念，最早是由美国经济学家舒尔茨在 1960 年就任美国经济学会主席的演讲中提出的。舒尔茨（1975）指出："劳动者成为资本拥有者，不是由于公司股票的所有权扩散到民间，而是因为劳动者挖掘了具有经济价值的知识和技能——学习能力、完成有意义工作的能力、创造能力和应付非均衡的能力，这种知识和技能在很大程度上是投资的结果。"他认为对人的教育、培训、医疗、劳动力流动等投资，能提高人的知识和技能，形成并体现在劳动者身上。对人的投资形成人力资本，与物质资本一样，人力资本投资也能获得收益，而且比物质资本的收益还大。① 继舒尔茨之后，贝克尔在人力资本概念的基础上，引入了时间概念。贝克尔认为，人力资本不仅意味着才干、知识、技能，而且还意味着时间、健康和寿命。

① 罗敏：《人力资本投资与经济增长——以上海市为研究对象》，上海社会科学院 2008 年硕士论文，第 7 页。

人力资本投资与物质资本投资一样，都是将当前的经济资源的一部分用于积累，以便形成未来更高的生产能力。但是，它也具有一些与物质资本投资所不同的特点。这些特点可概括如下:①

一是人力资本投资对象的专一性。人力资本的投资对象是人，实质上是对人的能力的投资。人力资本投资的目的是获得凝结在人体内的复杂劳动力，这决定了人力资本投资只能以人为投资对象。

二是人力资本投资主体的多元性。在固定资产投资中，只存在两个主要主体，即投资者和投资实施者。但在人力资本投资中，投资主体却有三个方面：第一是投资者，主要有国家、企事业单位等；第二是培育复杂劳动力的投资实施者，主要是教育机构；第三是作为投资和培育对象的被投资者，如学生和学员等。

三是人力资本投资主体与客体具有同一性。在人力资本投资的过程中，投资客体即被投资者本人也是投资者。表面上看，也许被投资者本人没有投入资金，是人力资本投资的单纯受益者，但事实上，被投资者本人也是投资者，因为他至少必须投入自己的时间、精力和劳动。

四是人力资本投资过程具有消费性。物质形态的人力资本的投资品主要是由消费品，或者说最终产品构成。这个特点决定了人力资本投资是（至少主要是）在消费领域中进行的。当然，也并不是所有的消费品都是人力资本投资品。一般来说，人的消费可能分成三种类型：第一种是纯粹用于人力资本投资的消费，比如用于教育、健康保健和为了获得较好工作出路的国内迁移的直接开支。第二种是具有人力资本投资和消费双重意义的支出，比如人们用于食品和文化活动方面的支出。第三种是纯粹意义上的消费，比如人们对一些享乐、奢侈品的消费，只能获得现时的满足，却无益于人力资本存量的增加。在这三种消费类型中，第一种和第三种的界定比较明确，一般不会带来人力资本投资与消费之间区分的困难，区分的困难主要是来自第二种类型。这样就给人力资本投资成本与收益分析带来了困难。

五是人力资本投资收益具有正外部性。一项人力资本投资除了给投资者本人带来货币收益或经济效益外，它常常还可以给投资者以外的其他人带来某种利益和好处，同时还能促进其他生产要素效能的发挥，这种情况在经济学中被称作正

① 罗敏：《人力资本投资与经济增长——以上海市为研究对象》，上海社会科学院 2008 年硕士论文，第 9 - 10 页。

外部性。例如，医疗保健投资能提高投资者本人的健康水平与生命质量，同时，也将会导致其后代的健康质量跟着改善，这就是一种正外部性。

六是人力资本投资的时间需求性。大多数形式的人力资本投资一般都要花费很长的时间，有些需要几年，有些需要十几年甚至伴随人的终身。时间在人力资本投资中具有重要的意义，时间成本是人力资本投资成本的主要构成部分。

人力资本理论突破了传统理论中的资本只是物质资本的局限，将资本划分为人力资本和物质资本，其主要观点：①人力资源是一切资源中最主要的资源，人力资本理论是经济学的核心问题。②在经济增长中，人力资本的作用大于物质资本的作用。人力资本投资与国民收入成正比，比物质资源增长速度快。③人力资本的核心是提高人口质量，教育投资是人力投资的主要部分。不应把人力资本的再生产仅仅视为一种消费，而应视为一种投资，这种投资的经济效益远大于物质投资的经济效益。教育是提高人力资本最基本的手段。

第三节　技术增长论

一、外生增长理论

外生经济增长理论认为，经济增长是由不能预见的外生技术进步的推动。古典经济增长理论的古典增长模型和哈洛德—多马经济增长模型都已经做了不少研究，对影响经济增长的各种力量以及决定增长过程的机制做出说明。他们认为，经济增长取决于投资的规模和资本产出率的大小，而投资来源于储蓄，因而经济增长最终由一国的储蓄率与资本的投资效率决定。后来，索洛等人提出一个强调技术进步的经济增长论。他们区分经济增长的两种不同的来源：由要素数量增加而产生的“增长效应”（Growth Effect）和因要素技术水平提高而带来的经济增长。索洛把后者称之为“水平效应”（Level Effect）。其含义是指，在不增加要素投入的情况下，技术进步可以通过改变生产函数，从而使生产函数向上移动，达到经济增长的目的。所以，外生经济增长理论认为，经济增长是由经济理论不能预见的所谓外生的技术进步推动。①

索洛模型，由索洛和斯旺1956年作出。索洛模型以其简捷性和实用性成为宏观经济学家工具箱中不可缺少的工具，为了把技术进步结合起来，我们把总资产 K 和总劳动力 L 与总产出 Y 联系在一起形成生产函数，其模型表达式为：

$$Y = F(K,\ L \times E)$$

上式中，E 被称为劳动效率，反映了社会对生产方法的了解程度，它随着可获得技术的改进，提高了劳动效率。$L \times E$ 项衡量有效工人的人数，这个生产函数表示，总产出 Y 取决于资本投入 K 和有效工人（$L \times E$）。

如果资本存量的增加大大快于劳动的增加，那么就会发生资本深化。资本深化是指，人均资本随时间的推移而增加的过程。如果没有技术变革，资本深化将会带来人均产出的增长，带来劳动边际产品和工资的增加，同时还会导致资本边际收益的递减并降低边际收益率。在没有技术变革的情况下，资本深化带来的经济增长会停止在资本边际报酬为零的点，在这一点上，人均资本停止增长，人均产出不再增加，福利维持现状，经济进入稳定状态。②

索洛模型虽然可以满足竞争性均衡条件，但均衡的增长率仍然等于劳动力增长率。如果不存在外生的技术进步，经济就会收敛于一个人均收入不变的稳定状态，即零增长。这就是说，经济增长依赖于一个自己都无法把握的外生因素——技术进步。这个“不愉快的结果”使传统经济增长理论陷入了尴尬的局面。其根源在于它们将知识外生于物质生产过程，构造出来的生产函数是收益递减的，致使经济增长仅仅依赖于资本积累或人口积累，因而是收敛的、趋同的和短期的。各国经济增长率和人均收入水平长期而巨大的差别，在这种增长理论中无法得到解释。

二、内生增长理论

内生经济增长理论认为，长期增长率是由内生变量解释的，也就是说，在劳动投入过程中包含着因正规教育、培训、在职学习等而形成的人力资本，在物质资本积累过程中包含着因研究与开发、发明、创新等活动而形成的技术进步，从而把技术进步等要素内生化，得到因技术进步的存在，要素收益会递增而长期增

①② 张德生、傅国华：《现代经济增长论述》，《惠州学院学报》，2005年第2期。

长率是正的结论。依据以劳动投入量和物质资本投入量为自变量的柯布—道格拉斯生产函数建立的增长模型，把技术进步等作为外生变量来解释经济增长而得到的当要素收益出现递减时长期经济增长停止的结论恰好相反。内生经济增长理论认为，经济增长取决于经济系统本身，而不是像新古典增长理论那样是外生的。内生经济增长理论以新增长理论为代表，洛默则是新增长理论的标志性人物。他的内生型生产函数模型是新增长理论中最主要、最有代表性的。为了说明内生增长理论的内在思想，我们以一个生产函数为例：

$$Y = AK$$

式中，Y 是产出，K 是资本存量，而 A 是一个常数，衡量每一单位资本所生产的产出。需要注意的是，这个生产函数并没有反映出资本收益递减的性质。无论资本量有多少，额外的一单位资本生产 A 单位额外的产出，不存在资本收益递减是内生增长模型和索洛模型之间的关键差别。

我们假设收入中的一个比例 s 用于储蓄和投资，那么资本积累可以用下面的公式来表示：

$$\Delta K = sY - \delta K$$

这个公式表示，资本存量的变动等于投资和折旧的差。把这个公式与生产函数 $Y = AK$ 结合在一起，进行调整之后得到：

$$\Delta Y/Y = \Delta K/K = sA - \delta$$

该式表示决定产出增长率 $\Delta Y/Y$ 的是什么。要注意的是，只要 $sA > \delta$，即使没有外生技术进步的假设，经济收入也会永远增长下去。

新增长理论的出现，将决定长期经济增长的技术进步变量内生化，突破了新古典增长理论的研究框架，把技术纳入经济学的研究范围之内，强调了长期以来一直为主流经济学所忽视的经济联系的重要因素，应该说这一研究框架是比较合理的。新增长理论关于知识、技术是现代经济增长的决定因素的论证，有助于我们认识技术创新在现代经济中所具有的至关重要的作用。

三、中性技术增长理论

中性技术进步是指不影响生产要素投入组合比例，或不改变生产要素相对收入比例的技术进步。分为希克斯中性技术进步、哈罗德中性技术进步、索洛中性技术进步。

希克斯中性技术进步是指技术进步作用于产出，使资本、劳动两种要素的劳动效率同时提高。哈罗德中性技术进步是指资本—产出比率不变，技术作用于劳动使其发挥技术进步的功效。索洛中性技术进步指劳动—产出比例不变，技术作用于资本使其发挥技术进步的功效。

如果发生希克斯中性技术进步，那么生产函数就由 $Y=F(K, L, t)$ 演变为 $Y=A(t)F(K, L)$。它表明这种形式的技术进步使资本和劳动这两种要素的效率获得同时提高，即劳动的边际产量和资本的边际产量之比保持不变，而使产出得到增加。因此，称为“产出增长型”技术进步。这样，我们就可以写出一般生产函数 $Y=A(t)F(K, L)$ 的形式，然后，通过度量 $A(t)$ 来测算技术进步对经济增长的影响。

哈罗德中性技术进步是这样定义的：资本的边际产量不变，并假定它等于利润率 p。如果 K/L 比不变，那么技术进步会正常地提高资本的边际产量，为了保持资本的边际产量不变，K/L 比就必须提高。技术进步以后，使资本—产出比保持不变的 K/L 比水平也同样会使 p 保持不变。这种技术进步就是哈罗德意义上的中性技术进步。在数学表达上，如果技术进步属于哈罗德中性技术进步，那么生产函数为 $Y=F(K, A(t)L)$。在哈罗德中性条件下，无论 K/L 处于何种水平之上，只要它保持不变，产出就会以相同的速度增加，这个速度就是提供了衡量技术进步的标准。从服从哈罗德中性技术进步的特殊生产函数 $Y=F(K, A(t)L)$ 上可以看出，如果技术进步属于哈罗德中性技术进步，那么这种技术进步的作用主要是使劳动的效率得到提高，技术进步以后 L 数量的劳动能够做相当于从前 $A(t)$ 倍的工作。所以将这类技术进步称为“劳动增长型”技术进步。

索洛中性技术进步是与哈罗德中性技术进步相反的对称概念。索洛中性技术进步定义为：劳动的边际产出是一个常数，并假定它等于工资率 w，如果 K/L 比水平不变，那么技术进步会正常地提高劳动的边际产量。为了保持劳动的边际产量不变。K/L 比就必须降低。技术进步以后，使劳动—产出比保持不变的 K/L 比水平也同样使 w 保持不变。这种技术进步就是索洛意义上的中性技术进步。在数学表达上，如果技术进步属于索洛中性技术进步，那么，生产函数具有这样的特殊形式：$Y=F(A(t)K, L)$。从这一函数式我们可以看出，如果技术进步属于索洛中性技术进步，那么这种技术进步的作用主要是使资本的效率得到提高，技术进步以后 K 数量的资本能够做相当于以前 $A(t)$ 倍的工作。可以将这类技术

进步称为“资本增长型”技术进步，即产出不变，劳动力的边际产出不变，扩大资本的技术进步。

第四节　管理增长论

一、精细化管理增长论

所谓精细化管理，是指管理强调精细化，力求达到精准、精益求精的一种管理思想。在这种管理思想的指导和要求下，企业的管理程序和具体操作规则会不断细化。通过精细化管理的指导和实施，企业的管理更趋于正规化、标准化、高效化。在对精细化进行运用时，其精细程度一般会具体到每个项目、程序、细则。因此，可以得出精细化管理具有定位准确、目标细分、分工合理、标准考核等特点。其中，定位准确就是要求每个项目甚至到具体部门，在定位时达到准确的标准，尽量把误差保持到最小值；目标细分就是将企业管理目标具体细分到每一个可量化、可考核的指标，将责任具体到每一个部门、每一个人；合理分工指对员工的工作范围和工作流程进行细分；标准考核指建立量化的指标对各部门的经营业绩与目标进行考核，对经营运行行为与结果进行管理的过程，做到定量准确、考核及时、奖惩兑现。[①]

2004 年，《细节决定成败》中指出，精细化管理应该是一种系统的理论。之后国内企业或者组织才开始学习精细化管理，对于精细化管理有了一个确切的认识。不同学者对于精细化管理有不同的看法。有些学者认为，精细化管理旨在通过管理，提高管理效益。即通过精细管理，控制管理成本，提高资源利用率，最终提高企业效益。《细节决定成败》书中主张：精细化管理被看作是一种管理系统论，这种管理是与科学管理理论、组织管理理论、系统权变组织理论相结合的管理思想。通过精细化管理，能够实现企业管理由粗放式向集约式转变。

---

① 温斌：《基于作业成本法的物流企业成本精细化管理研究》，长安大学 2013 年硕士论文，第 11 页。

然而，温德诚（2005）在对精细化管理进行总结和定义中，强调精细化管理所体现出的实际操作意义。他指出，精细、操作是精细化管理所强调的特点。企业实行精细化管理的管理意图是及时找出企业运行中的弊端和漏洞，提高运行效率，从而进一步使企业利润和效率得到提高。孙念怀 2005 年认为，精细化管理表明了企业精细化管理的过程性，是企业提高经营管理水平的重要途径和方法。能够使企业成本得到控制和降低，通过对不同学者的观点进行总结，对于精细化管理内涵的理解，可以从以下四个方面入手：

其一，精细化管理是一种先进的管理思想。使企业管理力求更加高效、标准、精益求精。

其二，精细化管理的目标是清晰组织战略、规范内部管理、追求资源效益最大化。它能够整合企业整体利益和局部利益，整合组织利益和个人利益，整合长远利益和眼前利益。

其三，精细化管理以各类社会组织为研究对象，但对企业，特别是面临转型期、管理提升期的企业给予更多关注。

其四，企业实行精细化管理，不仅使企业管理更加高效，而且能够提高企业人员的整体素质。

综上所述，精细化管理主要是以细作为前提，管理目标突出的是“精”的特点，通过精细化管理的指导和实施，企业的管理更趋于正规化、标准化、高效化。不断控制企业管理成本，提高市场竞争力，从而提高企业效益。

二、企业家创新理论

熊彼特是企业家创新理论的开创者，他以“动态”和“发展”的观点分析了“企业家创新”，对“企业家”的内涵、特点与功能，“创新”的含义和作用，“生产要素的新组合”等做了开创性的精辟论述，不仅对企业家创新进行了深入的研究，也对创新与产业演化进行了分析。“创新”就是建立一种新的生产函数，即把一种从未有过的关于生产要素和生产条件的“新组合”引入生产体系。①

企业家是在创新变为现实生产力的过程中发挥着至关重要作用的因素。所以，搞清楚企业家身份对于我们的研究是很有必要的。一般来说，创造分为发明和创新

① 姚建华、朱卫平：《企业家创新理论研究新发展》，《经济学动态》，2009 年第 5 期。

两种，而发明和创新是不同的，以往的企业家其实就是发明家，他们的发明一般来自实验室和各种分析数据等；而熊彼特所指的多半是创新，也是一种再创造的过程，这种创新是将其纳入到生产过程中，从而商业化，将创新变为现实生产力。他指的企业就是“新组合的实现”，熊彼特把“新组合”的实现称为“企业”，企业就是执行新组合的场所。把以实现这种“新组合”为职业的人称为“企业家”。①

企业家创新的功能是多方面的，涉及个人与组织、科技与经济、宏观与微观等，也最早受到了大家的重视和研究，对企业家创新功能的研究至今没有停止。Oakey（2003）对技术型企业家在小型高新技术企业的形成和增长过程中的作用进行了分析，他认为企业家的作用是通过企业家动机、经营管理技巧和技术管理技巧三大因素相互影响来发挥的，动机因素通过控制机制决定经营管理和技术管理模式，技术管理技巧决定了企业提供的产品或服务，起初由技术型企业家处理的经营管理职能随着企业成长不断增加，以后技术企业家将退出经营管理或通过企业家联合体共同处理。企业家的价值创造轨迹，其实是因为环境的变化改变了顾客的认知，顾客认知的改变为企业家提供了更多创新以及创造价值的机会，进而促进企业家对机会的识别与创造，最终通过技术创新和管理创新等实现价值创造。

企业家创新也会推动技术扩散，企业家能力与资源和机会的成功匹配能够对技术创新扩散的速度产生强烈的影响。具体来讲，企业家能够发现别人不能发现的机会，即创新技术的商业机会，并对创新技术进行风险投资，建立企业家企业，这种企业对创新技术起到孵化器和传播的作用，如果公司失败，技术随之消亡，公司不断成长，则其他公司将进入该市场，从而形成竞争压力，促进销量增加、成本下降及质量改进，进一步为该技术广泛应用打下基础。在此过程中，金融资源是最重要的资源，它不仅是风险投资必不可少的，也能让企业家获得其他资源；企业家经验和隐性的经营知识是最重要的企业家能力，它们使企业家能够取得更好的风险投资业绩。新知识是由公共和私人研发产生的，通信技术使成文知识在全球可以轻松传播，而隐性知识需要面对面接触才能传播，地域相邻使其更容易，导致隐性知识的传播具有地域性，通过接触隐性知识将在附近地区间传播，即知识溢出。所以，越具有较高知识水平的地区，基于企业家创新行为的知识就越丰富，即企业家资本越丰富。企业家把对新知识的投资视为商业机会，并加以利用，从而转化为经济绩效。

---

① 李雪：《熊彼特的企业家创新与创业劳动理论研究》，郑州大学硕士文论 2015 年，第 10 页。

三、系统管理理论

1938 年，被誉为“现代管理理论之父”的美国新泽西贝尔电话公司前总裁巴纳德首次提出，应该将企业视作一个由物理的、生物的、个人的和社会的等四方面要素组成的“协作系统”来对待，从而开创了系统管理学说几十年来曲折发展历程之先河。在 20 世纪 30 年代，福莱特也曾提出了关于管理的整体性思想，她把企业组织看作一个不断运动着的整体，指明管理应着眼于整体内部的协调性。在她之后，管理科学学派也将系统分析视作一种基本方法来解决一些工程项目的规划和对复杂管理问题的决策。然而，应用一般系统理论来建立一种管理理论并形成一个学派，却是 20 世纪 60 年代的事情。①

系统管理的兴盛，发源于日益复杂化和规模化的现代管理的需要，因为现代管理的务实性需要新颖而渗透力强的系统思想的支撑。而系统管理的一度衰退，则归咎于过去系统观念的抽象、肤浅以及系统方法的难以操作和实施。但是随着包括管理学、系统科学和计算机技术在内的现代科学技术的发展，系统管理已从思想、观念到技术、方法和程序等诸方面都发生了巨大变化，有了长足的进展，使今天的系统管理更趋完善。

系统是由若干相互作用、相互依赖的组成部分综合而成的具有特定功能的有机体。系统理论，顾名思义是指把企业作为有机整体，将各项管理业务看作相互联系的网络的一种管理理论。简单来说，系统管理理论从系统理论的角度出发，将企业看作一个完整的系统来进行分析与管理，并试图脱离局部的局限，而从全局出发来改善企业这个宏观系统的各方面职能。系统管理理论运用系统理论的范畴与原理，全面分析与研究组织的运营活动与运营过程，重视对结构和模式的分析，并建立系统模型来进行科学分析。系统管理理论的主要观点有以下三点：

其一，组织是由许多子系统组成的。组织是开放的社会技术系统，是由五个不同的分系统构成的有机整体，这五个分系统包括：目标与价值分系统；技术分系统；社会心理分系统；组织结构分系统；管理分系统。这五个分系统之间既相互独立，又相互影响，不可分割，从而构成一个有机整体，而这些分系统还可以

① 陶丽平：《系统管理理论在企业管理中的应用》，《会计师》，2014 年第 7 期。

继续分为更小的分系统。

其二，企业是由人力、物资、机器和其他资源在一定的目标下组成的一体化系统，它的成长和发展同时受到这些组成要素的影响，在这些要素的相互关系中，人是主体，其他要素则是被动的。管理人员需力求保持各部分之间的动态平衡、相对稳定、一定的连续性，以便适应情况的变化，达到预期目标。同时，企业还是社会这个大系统中的一个子系统，企业预定目标的实现，不仅取决于内部条件，还取决于企业外部条件，如资源、市场、社会技术水平、法律制度等，它只有在与外部条件的相互影响中才能达到动态平衡。

其三，如果运用系统观点来考察管理的基本职能，可以把企业看成是一个投入—产出系统，投入的是物资、劳动力和各种信息，产出的是各种产品（或服务）。运用系统观点使管理人员不至于只重视某些与自己有关的特殊职能而忽视了大目标，也不至于忽视自己在组织中的地位与作用，可以提高组织的整体效率。系统管理理论揭示的原理丰富了管理者的思维方式和管理手段，进一步体现了管理的客观规律，使管理观念上升到一个崭新的时代。企业是一个整体，这个整体系统是由许多子系统组成的一个复杂的层次结构，但是不管其结构如何复杂，各子系统都要为整体系统所设定的目标服务，如果有哪一个子系统的功能不健全都可能会影响到整体系统功能和目标的实现。

因此，为了发挥企业系统的整体功能，就需要我们对这个系统进行认真的分析和比较，运用逻辑方法，搞清各子系统的属性、功能、地位及其内外关系、存在的问题，并在此基础上对系统目标、子系统的设置和相互关系、达到目标的方法、有限资源的配置以及行动策略提出改进意见。这种分析方法使事物层次分明，化繁为简，既不会忽略内部各子系统的相互关系，又能顾及外部环境影响，以有效的策略顺利达成系统目标的整体优化。

上述西方经济增长理论在一定意义上解释了西方发达国家的增长原因，也在一定意义上促进了西方国家的工业化和城镇化，将西方国家带入现代化的新境地。然而，这些西方经济增长理论大多是以西方国家的经济增长实践为数据来源和理论背景的，都是建立在假设基础上的数学模型分析，它解释了西方经济增长过程中的诸多现象，甚至还部分地解决了西方经济增长中遇到的问题，但是他们不能解释中国经济增长现象，更不能解决中国经济增长问题，这就需要我们从中国国情出发，以马克思主义理论为指导，在反思西方发展经济学实践缺憾与理论不足的基础上，形成具有中国特色的马克思主义发展经济学。

第二章

中国经济增长实践的客观评价

本章主要介绍社会主义思想出现之后中国的发展状况，重点阐述新中国成立后中国的经济发展情况，以及由此带来的中国如综合国力、国防实力等各个方面水平的提高。由于中国经济增长速度快、体量大，导致在经济迅速发展的同时，出现了诸如环境污染、政治腐败、社会差距拉大等问题，这就是中国经济快速增长付出的代价。重要的问题是，中国是如何化解这些经济快速增长中的矛盾，又是如何补偿快速增长中代价的。

第一节　评价中国经济增长的时空维度

一、在五百多年的社会主义历史中看待中国经济增长质量

近代社会主义思想起源于 1516 年英国托马斯·莫尔著《乌托邦》一书。习近平总书记说："从提出社会主义思想到现在，差不多五百年的时间。"这里就是从 1516 年出版的《乌托邦》一书算起的。

16 世纪初开始的社会主义思想为早期的空想社会主义，直到 19 世纪初，空想社会主义发展到顶峰。这一时期的空想社会主义的代表人物是圣西门、傅立叶和欧文。1824 年罗伯特·欧文在美国新和谐移民试验区的失败标志着空想社会主义的失败。19 世纪 30 ~ 40 年代后，马克思和恩格斯开始了科学社会主义的进

程，科学社会主义批判性地吸收了空想社会主义思想，结合欧洲工人运动经验建立起了十分完备的理论体系。随后的19世纪60年代，社会主义运动在欧洲轰轰烈烈地展开，但最终没能建立长久的无产阶级领导的政权。第一次世界大战期间，列宁在资本主义的链条上打开了一环，在俄国建立起了无产阶级领导的政权，并最终过渡到社会主义社会。随着马克思主义的传播和对俄国建立无产阶级政权经验的借鉴，第二次世界大战期间，中国无产阶级经过艰难的抗日战争和解放战争，最终在1949年成立了中华人民共和国。之后在亚洲的朝鲜、越南以及南美洲的古巴、委内瑞拉等国家也相继建立起无产阶级领导的社会主义国家。随着1991年苏联的解体，直到今天，只有中国、朝鲜、古巴等少数等几个国家依然坚持马克思主义思想指导的社会主义国家形态。

世界银行于2000年出版了题为《增长的质量》（托马斯等，2000）的研究报告，报告提出了人力资本、物质资本和自然资本三种重要资产增长的分析框架。报告认为，在资源总量一定的条件下，一个社会需要从人力资本、自然资本、物质资本中产生最大的收益，将这些方面的增长综合起来，就可以带来高质量的经济增长。发展的中心不仅在速度上，而且同样重要的是在质量上的增长，除有形资本带来的增长之外，人力资本和自然资本同样会直接或间接地影响福利，即发展的终极目标。为了在评估发展状况时综合考虑增长的质量，需要建立多重内容的福利指标，据此提出了一个评估增长质量的指标体系，包括三个方面：人类发展、收入增长、环境可持续性。评价五百多年的社会主义历史中中国经济增长质量，我们将从社会主义思想的起始点16世纪初期（中国处于明朝中期）开始算起，依照世界银行出版的《增长的质量》中的三个方面为标准，即人类发展、收入增长、环境可持续性。

（一）人类发展

1990年，联合国开发计划署（United Nations Development Programme，UNDP）创立了人文发展指数（HDI），也即人类发展指数，该指数分别以“预期寿命、教育水准和生活质量”三项为基础变量，按照一定的方法算出综合指数。但本部分评价的是五百年间中国经济增长质量状况，所以应增加人口数量这一项标准，鉴于古今具体生活环境不同，生活质量不具有对比性，将不再对五百年间的人民生活质量进行描述。

1. 人口数量

从16世纪到今天，中国人口数量得到极大的增长。经粗略统计，1502年中国人口数量为5090.86万，1620年为5165.54万，1712年为6462.13万，1812年为3.33亿，1910年为5.68亿，1949年为4.31亿，1978年为9.62亿，2000年为12.67亿，2015年为13.6亿。由此可见，16世纪到18世纪中国人口缓慢增长，18世纪到19世纪末20世纪初人口出现迅速增长，1910年到1950年人口出现短暂的徘徊，1950年到2000年人口再次出现快速增长，2000年以后人口增长速度相对出现很大程度的放缓。

2. 人口寿命

据统计，在宋朝时期，中国人口平均寿命为30岁，清朝为33岁，民国时期为35岁，1949年为35岁，1957年为57岁，1981年为68岁，2005年为71.8岁。民国以前，中国以自给自足的自然经济为主，经济发展形式落后，医疗水平相对较差，同时也由于朝代的更替导致的大规模战争等原因，人口平均寿命长时间维持在较低水平。民国时期，虽然经济形式以及医疗水平都有相当大程度的提高，但是由于抗日战争及解放战争消耗了大量国内青壮年人口，人口平均寿命依然没有得到大幅度的提高。新中国成立后，国民经济逐渐得到恢复和发展，人口平均寿命逐步提高，到20世纪80年代，人口平均寿命的提高出现了质的飞跃。之后，由于医疗水平的作用对人口寿命的作用逐渐达到人体机能的极限，人口平均寿命的提高再次进入低谷。

3. 教育水准

整个明朝期间以及清朝前期和中期为中国相对封闭的时期，中国教育以科举为主要目的，采用私塾授课的方式进行，没有出现现代化的教育方式。教育内容为人文科学，自然科学没有受到重视并未纳入教育范畴，且这个期间的教育对象主要是封建地主阶级，人数极少，教育并未普及。清朝后期，闭关锁国的状态被打开，中国也开始了近代化的过程，逐步开始了现代化的教育，且留学人数逐渐增多，然而受现代教育依然局限于少数地主阶级和资产阶级子弟。民国时期，中国的现代化大学开始出现，且数量逐渐增多，但受教育人数仍然不多。1949年中国的文盲率大约是80%，而且被视为识字的20%的人当中，已经包括那些只认识几百个中国汉字的人和在今天只能列为半文盲的人。

新中国成立后，中国教育水平得到突飞猛进的发展。评估报告显示，2014年全国幼儿园总数比2009年增加7.2万所，教职工人数比2009年翻了一番。义务教育学校标准化建设全面推进。高中阶段教育机会明显增加，2014 年初中毕业生升学率达 95.1%；高中阶段毛入学率达 86.5%。职业教育发展明显提速。高等教育区域结构进一步优化，新增设的 377 所普通高校 67.6% 在中西部；专业学位硕士研究生教育的学位类型由 2010 年的 19 个增加到 2014 年的 40 个，招生人数占研究生招生总数的比例从 2009 年的 14.1% 提高到 2014 年的 43.5%。

由此可见，中国在社会主义的五百年进程也是中国的教育水准处于不断提高不断发展的进程。

（二）收入增长

为了剔除物价波动和货币购买力的影响，我们将以恩格尔系数来表明五百年来人口的收入增长情况。明清时期，由于中国是自给自足的自然经济，人民的主要收入来源是农业。人民收入水平尚不能达到温饱或仅能够维持温饱。到乾隆时期，中国经济发展达到顶峰，人口数量也迅速增加。随后经济水平开始下降，人口数量也开始减少。清末民初直到新中国成立，国内军阀混乱，社会动荡，民不聊生，除了大官僚、大军阀和少数的资本家，人民收入毫无增长可言。新中国成立后，国家百废待兴，经过新民主主义社会的过渡时期，国家初步建立了国民经济基础，但具体到居民的收入增长，依旧没有大的起色，直到对外开放前，居民生活水平依旧处于温饱水平。改革开放以后，随着经济的快速发展，人民收入水平也快速增长，到 2015 年中国恩格尔系数降到 30.6%。以新中国成立为分界线，新中国成立前的四百多年里，人民收入增长徘徊，新中国成立后经过短暂的低谷期后，经过改革开放，中国经济发生翻天覆地的变化，人民收入实现了极大的增长。

（三）环境可持续性

明清时代，由于人口漫无节制地增长，使人们向自然界摄取的资源不断增加，以至超过了自然界稳定的支付能力，这就必然破坏生态平衡。明清时期全国范围内的盲目开垦，给整个生态系统的变化带来更深刻的影响。不仅造成了严重的水土流失，而且引发或加重了洪涝、干旱、风沙等一系列环境问题，特别是导致江河淤塞，减弱了宣泄调节的能力，以至水旱灾害频繁。民国时期，战争频繁，对生态环境造成了破坏。虽然明清和民国时期生态环境遭到人为的破坏，但是其基本上为地理地貌和地表植被等的破坏，容易得到恢复。到了当今，由于经济的发展，各种化学试剂使用，环境污染严重，对环境造成了难以恢复的影响，当代生态发展具体情况，下文将会详细分析。

五百年中，从明清时期到经济发展的今天，虽然都存在着生态的破坏，但由于当今破坏生态环境手段的复杂性，环境的可持续性进一步减弱。

二、在两百多年的全球工业化历史中看待中国经济增长速度

现代文明的本质就是工业文明。第一次工业革命始于18世纪60年代的英国，其标志是瓦特改良蒸汽机，由此世界进入蒸汽时代。第一次工业革命极大地促进了英国的经济发展，通过工业革命英国一跃成为资本主义头号强国，并且在世界各地开辟殖民地，成为历史上独一无二的“日不落帝国”。第二次工业革命始于19世纪下半叶，直到20世纪初。第二次工业革命是电气革命，通过电气革命美国、德国、法国等相继崛起，通过殖民等手段资本主义世界体系最终确立，并使世界紧密地联系到一起。第三次工业革命是以原子能、电子计算机、空间技术和生物工程的发明和应用为主要标志，涉及信息技术、新能源技术、新材料技术、生物技术、空间技术和海洋技术等诸多领域的一场信息控制技术革命，是继第一次和第二次工业革命以后的又一次飞跃。第三次工业革命对当今的经济模式、军事发展等都产生重大影响。迄今为止，我们仍然处于第三次工业革命的浪潮中。

从第一次工业革命开始的18世纪60年代至今已有两百多年的历史，这两百多年的历史也是一部全世界的工业化史。工业革命开始时，中国正处于清朝的乾隆年间。我们通过清朝、民国和新中国成立以后三个时间段来讨论中国两百多年来的经济增长速度。

（一）乾隆年间及其以后的清朝

清朝的经济水平在康熙和乾隆年间达到顶峰，史称“康乾盛世”。“康乾盛世”时期国库财政最高达8000万两，常年保持在6000万~7000万两。中国国内产值达到世界总产值的1/3。1400~1700年，中国的粮食总产量提高了46%，而1700~1850年，只提高了17%，这证实了清代经济增长的事实。但是可以看出

乾隆之后，清朝的经济增长速度开始放缓①。

清朝之所以经济增长放缓是由于人口的增加。清代以前从顺治到雍正朝代受清初人口衰减的影响，直到雍正二年全国21个直省的人口密度水平仍低于宋元时期。乾隆二十年（1755年）以后便开始持续大幅度增加，到嘉庆十七年，全国人口密度超过200人/平方公里的省份占全部省份的14%，50～200人/平方公里的省份占比约50%，其中江苏省、安徽省、浙江省、山东省、福建省和四川省人口总和超过2000万。相比之下，清初平均每平方公里超过20人的省份只占全部的9%，而10人以上的也只占28%。统计资料表明，清代家庭成员数绝对地增加了，从乾隆十八年（1753年）到宣统年间，约75%以上的家庭的人口由2～3人增加到5～7人的规模，也就是说，大多数家庭成为5～7口之家②。

由于清朝以来经过历代君主的有效治理，人口不断增加，投入到农业的劳动力不断增加，土地生产率不断提高，在康熙和乾隆年间达到峰值。然而，乾隆以后，根据边际报酬效率递减规律，劳动力的增加不能带来劳动生产率的进一步提高，从而导致粮食作物生产量的增量逐渐减少，但人口继续增加，对粮食的消耗继续增大，这就导致了粮食作物存量的逐渐减少，在以农业为主的社会里，经济增长速度也就逐渐放缓。

（二）民国期间

史学家们基本同意，1912～1949年，中国的总产出增加得非常缓慢，人均收入几乎没有增长，但也没有下降，但1937～1949年的战争期间，人均产出和人均收入可能还是显著下降③。

民国之所以经济发展停顿主要还是由于战争，先后发生的军阀混战、北伐战争、抗日战争、解放战争造成社会动荡，未能为经济发展创造良好的环境。战争时期，大部分国内资源都优先服从于战争的需求，极大地消耗了经济发展的资本，使资本无法积累。此外，战争期间不同政权组织的主要精力都用于争取战争胜利，无暇顾及经济发展，即使在某一特定时间内制定各种有利于经济发展的措施，也是出于战争的考虑。

①② 陈江：《清代经济增长轨迹试析》，《思想战线》，1991年第6期。

③ 杨小凯：《民国经济史》，《开放时代》，2001年第9期。

（三）新中国成立后

新中国成立后，国民经济处于恢复时期，经济逐步增长。但由于20世纪60年代和70年代的经济路线、方针的错误及“文化大革命”等原因，经济处于徘徊状态。改革开放以后，中国经济常年保持高速发展。到目前为止，中国经济处于世界第二位，仅次于美国。

由表2-1可知，新中国成立以后，中国经济水平大部分时期呈上涨趋势，由于自然原因和国际政治原因，个别年份经济出现负增长。

表2-1　1953~2012年GDP增长率

年份	GDP增长率	年份	GDP增长率	年份	GDP增长率	年份	GDP增长率	年份	GDP增长率
1953	15.6	1965	17.0	1977	7.6	1989	4.1	2001	8.3
1954	4.2	1966	10.7	1978	11.7	1990	3.8	2002	9.1
1955	6.8	1967	-5.7	1979	7.6	1991	9.2	2003	10.0
1956	15.0	1968	-4.1	1980	7.8	1992	14.2	2004	10.1
1957	5.1	1969	16.9	1981	5.2	1993	14.0	2005	11.3
1958	21.3	1970	19.4	1982	9.1	1994	13.1	2006	12.7
1959	8.8	1971	7.1	1983	10.9	1995	10.9	2007	14.2
1960	-0.3	1972	3.8	1984	15.2	1996	10.0	2008	9.6
1961	-27.3	1973	7.9	1985	13.5	1997	9.3	2009	9.2
1962	-5.6	1974	2.3	1986	8.8	1998	7.8	2010	10.4
1963	10.2	1975	8.7	1987	11.6	1999	7.6	2011	9.3
1964	18.3	1976	-1.6	1988	11.3	2000	8.4	2012	7.8

资料来源：《中国统计年鉴》，中国统计出版社，2013年出版。

在两百多年的全球工业化历史中，中国经济增长速度呈现出先下降，而后徘徊不前，再迅速上升的趋势。

三、在七十年的中华人民共和国成立历史中看待中国经济增长数量

中华人民共和国（以下简称新中国）成立于1949年10月1日，迄今为止已有七十年。在新中国成立的七十年里，中国的经济起初处于恢复发展时期，中间

经历了“文化大革命”时期的徘徊时期，改革开放之后，中国经济迎来腾飞。为了更全面地看待七十年的中国经济增长数量，需要分三个阶段来分别讨论。

（一）第一阶段：新中国成立后到“文化大革命”开始前

这一阶段也分为几个时期，1949 年到 1952 年为国民经济恢复时期，经过恢复时期，中国经济得到较快发展。1949 年新中国成立以后，国家没收官僚资本，并采取各种措施恢复农业和工业生产发展（见表 2－2、表 2－3）①。

表 2－2　1952 年主要农产品产量与最高年份和 1949 年比较

产品名称	单位	1952 年产量	最高年份 = 100	1949 年产量 = 100
粮食	万吨	16392	109. 3	144. 8
棉花	万吨	130. 4	153. 6	239. 7
油料	万吨	41. 3	69. 1	163. 5
甘蔗	万吨	711. 6	125. 9	269. 3
桑蚕茧	万吨	6. 2	28. 5	200. 0
茶叶	万吨	8. 2	36. 9	200. 0
烤烟	万吨	22. 2	124. 0	516. 3
大牲畜年底头数	万吨	7646	106. 9	127. 4
猪年底头数	万吨	8977	114. 3	155. 4
羊年底头数	万吨	6178	98. 9	145. 9
水产品	万吨	167	111. 3	371. 1

资料来源：根据《中国统计年鉴》整理。

表 2－3　1952 年主要工业品产量与最高年份和 1949 年比较

产品名称	单位	1952 年产量	最高年份 = 100	1949 年产量 = 100
电力	亿吨	73	121. 9	169. 8
原煤	亿吨	0. 66	102. 7	206. 3
原油	万吨	44	136. 3	366. 7
生铁	万吨	193	105. 5	772. 0
钢	万吨	135	146. 1	854. 4
硫铵	万吨	3. 9	80. 1	650. 0

① 李德彪：《中华人民共和国经济史简编》，湖南人民出版社 1987 年版本，第 105、110 页。

续表

产品名称	单位	1952 年产量	最高年份 = 100	1949 年产量 = 100
水泥	万吨	286	124. 8	433. 3
机床	万台	1. 37	254. 8	856. 5
棉纱	万吨	65. 2	147. 8	199. 4
棉布	亿米	38. 3	198. 3	202. 6
汽车外胎	万条	42	556. 2	1433. 3
纸	万吨	37	225. 3	336. 4

资料来源：根据《中国统计年鉴》整理。

在经济恢复过程中，人民生活也有所改善。全国国营厂矿职工的直接工资，1952 年比 1949 年平均增加 37% 左右，农民生活的改善更为明显。这从全国农村消费品购买力变化中可以看出[①]（见表 2 –4）。

表 2 –4　全国农村消费品购买力变化

年份	农村消费品零售额（亿元）	消费品购买力（元/人）
1949	77. 9	17. 24
1952	137. 1	27. 87

资料来源：根据《中国统计年鉴》整理。

1953 ~ 1956 年为新民主主义社会向社会主义社会过渡时期，过渡时期总路线是要在一个相当长的时期内，基本上实现国家工业化和对农业、手工业、资本主义工商业的社会主义改造。同时，1953 年国家计委制订了第一个五年计划（1953 ~ 1957 年），1957 年第一个五年计划胜利完成，在此期间，中国经济取得了较大发展。

1957 年全国工业总产值达到 783. 9 亿元，超过原定计划 21%，平均每年增长 18%。其中，生产资料的生产平均每年增长 25. 4%，消费资料的生产平均每年增长 12. 9%。重工业生产在工业总产值的比重达到 45%。主要工业的产量：钢为 535 万吨，原煤为 1. 3 亿吨，发电量达到 193. 4 亿度，分别比 1952 年增长

① 李德彪：《中华人民共和国经济史简编》，湖南人民出版社 1987 年版本，第 125 页。

296%、96%和166%。农业总产值达到604亿元（按1952年不变价格计算），完成原定计划的101%，平均每年增长4.5%①。

1953～1955年，在内地的投资中工业投资为55.3%，新建企业投资为73.9%。一批新兴的工业基地，如武汉、西安、兰州、太原、包头、洛阳等正在形成②。

1956年全国居民的消费水平比1952年提高了20.1%（未扣除物价变动因素）。具体如表2－5所示③：

表2－5　第一个五年计划中全国居民消费水平变化情况

年份	全国居民平均消费水平	农业居民	非农业居民
1952年（元）	76	62	148
1956年（元）	99	78	197
1956年比1952年增长（%）	20.1	15	23.7

资料来源：根据《中国统计年鉴》整理。

1957年到“文化大革命”前夕，我国计划并实行了第一个五年计划。据资料显示，1959年的粮食产量仅为3400亿斤，比1958年的实际产量4000亿斤减少600亿斤，1960年粮食产量又下降为2870亿斤，比1959年又减少了530亿斤，跌落到1951年的水平。棉花也跌落到1951年的水平，油料作物产量跌落到新中国成立前的水平。轻工业生产也急剧下降。由于农业生产的严重减产，城乡居民消费农产品的水平也严重下降。1960年同1957年相比，城乡居民平均的粮食消费量减少了19.4%，其中农村人均消费量减少了23.7%，植物油人均消费量减少23%，猪肉人均消费量减少70%。

工业与农业产值比例由1960年的4∶1调整为1965年的2∶1，工业内部轻重工业的产值比例由1960年的33∶67提高到1965年的51∶49。农业生产有较大发展，粮食产量由1960年的2870亿斤提高到1965年的3890亿斤，棉花产量1965年比1957年增产27%，烤烟生产1965年比1957年增产45%，甜菜产量1965年

① 胡绳：《中国共产党的七十年》，中央党史出版社1991年版，第326页。

② 赵德鑫：《中华人民共和国经济史纲要》，湖北人民出版社1988年版，第148页。

③ 同②，第149页。

比 1957 年增产 32%[①]。

1958 年为“大跃进”时期，经济方针的错误使中国经济受到严重损失。在 1958 ~ 1963 年的第二个五年计划时期，工农业总产值平均值平均每年仅增长 0.06%，其中，农业总产值年均增长则为 -4.4%。1961 年，中共中央确定了对国民经济实行“调整、巩固、充实、提高”的八字方针，从 1963 年起，国民经济开始恢复，并逐步实现了较快增长。1963 ~ 1965 年，工业生产年均递增 17.9%，农业生产年均递增 11.1%。钢和原油产量分别由 1963 年的 762 万吨和 648 万吨增加到 1965 年的 1223 万吨和 1131 万吨，都增长了近 1 倍。城市人民生活迅速恢复和提高，全民所有制单位职工工资年均增长 7.2%。

（二）第二阶段：“文化大革命”期间中国经济的增长

“文化大革命”打断了我国经济发展与经济增长方式改善的正常进程，1967 年、1968 年国内生产总值连续两年出现负增长。产业结构愈加失调。农、轻、重的比例关系由 1965 年的 37.3∶32.3∶30.4，变为 1975 年的 30.1∶30.8∶39.1，重工业比重提高了 8.7 个百分点，而农业、轻工业比重下降；在工业内部，采掘工业、原材料工业和加工业的比例由 1965 年的 11∶39.7∶49.2，变为 1970 年的 8.5∶38∶53.5，能源、原材料工业的“瓶颈”问题越来越突出。经济效益严重下降。全民所有制独立核算工业企业每百元固定资产原值实现利润额由 1965 年的 20.9 元降低到 1976 年的 12.1 元；每百元固定资产净值实现利税额由 39.8 元降低到 29.0 元；每百元流动资金实现利税额由 29.8 元降低到 19.3 元；每百元工业产值实现利润额由 21.3 元降低到 12.6 元。

从粉碎“四人帮”到党的十一届三中全会前的两年，我国经济分别以 7.6% 和 11.7% 的速度获得了较快增长。其中，工业总产值由 1976 年的 3158 亿元增加到 1978 年的 4067 亿元；农业总产值由 1976 年的 1378 亿元增加到 1978 年的 1567 亿元，农业开始恢复活力。从 1977 年起，城市人民生活开始有了较大改善。

总之，在改革开放之前的 30 年中，我国经济的总体增长速度较快。社会总产值由 1950 年的 683 亿元增加到 1978 年的 6846 亿元，1953 ~ 1978 年增长速度为 7.9%；国民收入由 1950 年的 426 亿元增加到 1978 年的 3010 亿元，1953 ~

① 柳随年、吴群敢：《大跃进和调整时期的国民经济》，黑龙江人民出版社 1984 年版，第 139 - 142 页。

1978 年年均增长速度为 6.0%；工业总产值由 1950 年的 191 亿元增加到 1978 年的 5790 亿元，1953～1978 年年均增长速度为 11.4%。其中，轻工业由 1950 年的 103 亿元增加到 1978 年的 2317 亿元，1953～1978 年年平均增长速度为 13.8%。

（三）第三阶段：改革开放后中国经济的增长

改革开放以来，我国经济取得了举世瞩目的成就，我国经济保持了 29 年的高速增长，年均增长 9.8%，比改革开放前的 1952～1978 年高出 3.7 个百分点。尤其是第一产业和第三产业年均增长率比改革开放前提高一倍甚至一倍以上。由于这 29 年的高速增长，第一产业和第三产业年均经济增长率从 1952～1978 年的 2.1% 和 5.4% 提高到 3.4% 和 8.2%，分别提高了 1.3 和 2.8 个百分点。2018 年中国 GDP 同比增长 6.6%，实现了 6.5% 的预期增长目标。从总量上看，GDP 首次突破 90 万亿元人民币大关，经济总量稳居全球第二。改革开放以来，在这么长的历史时期达到这样高的增长率，从全世界范围来讲都是十分罕见的。

第二节　中国经济增长业绩表现

一、物质财富的快速增加

新中国成立以后中国的经济开始了恢复发展时期和后来的快速发展时期，特别是 1978 年改革开放以后，中国步入了经济发展的快车道，物质财富也快速增加。新中国成立之前，我国是一个贫穷落后的农业国。截止到 1949 年，主要工业品最高年产量：纱为 44.5 万吨，布为 27.9 万吨，钢为 92.3 万吨，原油为 32 万吨，发电量为 60 亿千瓦小时。主要农产品的最高年产量：粮食为 1.5 亿吨，棉花为 84.9 万吨。这样落后的生产能力，还不断地遭到破坏，整个经济处于瘫痪状态。1949 年主要工农产品的产量大都仅相当于历史最高年产量的一半左右①。

① 国家统计局编：《奋进的四十年》，中国统计出版社 1989 年版，第 5 页。

新中国成立以来的60年，在固定资产投资方面虽然受到过“大跃进”的影响，但从总体上看还是取得了很大的成就。从新中国成立到1952年，在巩固国防、稳定物价和全面恢复、重点建设方针的指引下，我国很快地医治了战争的创伤，并开始了部分重点建设。一些煤矿、电厂以及原料工业项目的建设开始进行。自1953年开始的第一个五年计划，以156项重点工程、694个大中型建设项目为中心，进行了大规模投资，建成了一批国家工业化建设所必需的冶金、汽车、机械、煤炭、石油、电力、通信、化学、国防等基础工业项目，为国民经济的发展奠定了坚实的基础。农业生产持续增长，主要农产品产量和人均占有量大幅度提高，农业综合生产能力显著增加，依靠自己力量稳定解决了13亿人的吃饭问题。从总量上看，2008年我国农业增加值为34000亿元，按可比口径计算，比1952年增长98倍。2008年我国的粮食、棉花、油料、糖料、水产和猪牛羊肉分别是52850万吨、750万吨、2950万吨、13000万吨、4895万吨和7269万吨，分别是1978年同类产品产量的1.7倍、3.3倍、5.6倍、5.4倍、10.5倍和8.5倍，是1949年的4.6倍、16.7倍、11.5倍、45.9倍、109倍和32倍。主要农副产品长期供不应求的局面得到改变，我国粮食人均占有量由1949年的209千克增加到2007年的381千克。截止到2018年，全国粮食产量65789万吨，依旧是全球最大的粮食生产国。目前，我国主要农副产品的产量都跃居世界前列。其中，谷物、肉类、棉花、花生、油菜籽和水果等的产量已跃居世界第一位。

新中国成立以来，农村市场和城市市场均有较大发展，农村市场在多数时间里大于城市市场。特别是20世纪80年代，由于经济体制改革首先从农村展开，随着农业生产的增长，农民收入的增加，农村市场快速发展起来，到1989年，农村社会消费品零售总额达到3540亿元，比1952年的137亿元增长了24.8倍。1990年以后，由于经济体制的改革重点由农村转移到城市，城市市场发展开始加快，在规模上迅速扩大并远远超过农村市场。2008年农村市场实现社会消费品零售总额73735亿元，比1952年增加586倍；全社会消费品零售总额由1952年的262.7亿元，增加到1978年的1264.9亿元，2008年又进一步增加到108488亿元。随着互联网的发展，农村网络销售市场发展迅速，市场交易额的迅速增加，推动了各类商品市场的建设和发展。2018年全国农村网络零售额达到1.37万亿元，同比增长30.4%，全国农产品网络零售额达到2305亿元，同比增长33.8%，农村电子商务发展迅猛。目前，我国市场繁荣，各类商品丰富多彩、满目琳琅，商品质量不断提高；物价稳定，长期困扰我国的商品供不应求的局面得到根本改变，买方市场基本形成。

新中国成立后，特别是改革开放后，交通运输和邮电通信业有了长足的发展。交通运输能力明显增强。经过 70 年的不懈努力，铁路、公路、机场、管道和港口等交通基础设施实现快速扩张。铁路营运里程 1949 年仅有 2.2 万公里，2007 年底达到 7.8 万公里，居亚洲第一位，增长了 2.5 倍。公路里程 1949 年为 8.1 万公里，2007 年发展到 358.4 万公里，增长了 43.2 倍。内河航运里程由新中国成立初期的 7.36 万公里增加到 2007 年的 12.4 万公里，增长了 67.8%。民用航线里程 1952 年为 1.31 万公里，1978 年发展到 14.89 万公里，2007 年进一步发展到 234.4 万公里，其中国际航线里程为 104.7 万公里。在营运里程迅速增加的同时，各类运输线路的建设质量也大大提高。2018 年底，全国铁路营业里程达到 13.1 万公里，其中高铁营业里程 2.9 万公里以上；公路总里程 484.65 万公里，其中高速公路里程 14.26 万公里；内河航道通航里程 12.71 万公里，港口拥有生产用码头泊位 23919 个；颁证民用航空机场达 235 个。

邮电通信业的发展更为迅速，已基本建成覆盖全国、通达世界、技术先进、业务全面的国家信息基础网络。邮电业务总量由 1952 年的 1.64 亿元，增加到 2008 年的 23841 亿元。交换机容量由 1952 年的 47.1 万门，增加到 2008 年的 5.1 亿门。2008 年全国固定电话用户达到 34081 万户，其中城市电话用户 23200 万户，农村电话用户 10881 万户。移动电话用户从无到有，从 1990 年的 1.8 万户增加到 2008 年的 64123 万户。截至 2008 年末，全国固定电话及移动电话用户总数达到 98204 万户，电话普及率达到 74.3 部/百人。互联网上网人数 3.0 亿人，网络规模居全球第一，发展速度也位居世界前列。2018 年，新建光缆线路长度 578 万公里，全国光缆线路总长度达 4358 万公里。互联网宽带接入端口数量达到 8.86 亿个。交通运输和邮电通信的快速发展，不仅为新中国成立 70 年来的经济发展提供了有力支持，而且也为 21 世纪国民经济的进一步协调和可持续发展奠定了坚实的基础。

新中国成立之初，社会经济落后，国家财力枯竭。1950 年，国家财政收入仅为 65 亿元。经过 70 年来的建设，国民经济迅速发展，我国财政收入大幅度增加。同我国的经济发展道路的曲折性相关，各个不同历史时期财政收入的增长幅度差别较大。"一五"时期，在当时过渡时期总路线的正确指引下，经济建设大规模展开，国民经济高速发展，财政收入平均每年增长 11%。"大跃进"时期，在"左"的思想的严重干扰下，国民经济受到严重挫折，财政收入增长缓慢，平均每年仅增长0.2%。1963～1965年三年调整时期，在“调整、巩固、充实、提高”八字方针指导下，对“大跃进”造成的失误进行了纠正，国民经济得到迅速恢复和发展，财政收入也以平均14.7%的速度增长起来。“文化大革命”期间，国民经济遭受严重挫折，财政收入增长速度也就比较缓慢。改革开放后，国民经济的快速发展推动国家财政收入迅速增加。1999年跨上1万亿元台阶，达到11444亿元，2003年超过2万亿元，达到21715亿元，2007年，国家财政收入已经超过5万亿元，达到51322亿元，1979～2007年平均增长14.1%，2008年则达到61316.9亿元，比1950年增加了942倍。70年来，全国财政收入从1950年的62亿元增加到2018年的183352亿元，年均增长12.5%，增长了近3000倍。财力的增加对促进经济发展、加强经济和社会的薄弱环节、切实改善民生、有效应对各种风险和自然灾害的冲击提供了有力的资金保障。

二、综合国力的迅速提升

综合国力是指一个主权国家在一定时期内所拥有的生存和发展的全部实力。由资源、经济水平、宏观调控能力、对外经济影响力、社会发展、外交、军事等综合而成。由于经济发展速度和经济质量在前面的章节中详细讨论过以及军事将在下面进行具体阐述，这里对这两项就不再赘述。同时由于资源是固定不变的，这里也不再进行讨论。这里就宏观调控能力、对外经济影响力、社会发展、外交、教育科技进行阐述。

（一）宏观调控能力

宏观调控能力是指一个国家对宏观经济的驾驭能力和驾驭技巧，包括经济调控、行政调控和法制法规的调控能力。由于行政调控和法制法规调控难以量化，而且在经济手段中也只有财政手段相对来说比较容易进行量化分析和对比，所以本书采用“财政控制力”来代替“宏观控制能力”指标。

改革开放以来，伴随着放权让利、利改税等一系列财税体制改革，我国政府所占份额呈逐年收缩之势，财政收入占GDP的比重不断下降，进入2000年以来开始缓慢回升。由1978年的31.4%下降到1995年的10.2%，2015年回升到22.5%。

尽管如此，我国中央财政收入和财政支出占GDP的比重远远低于其他国家。

世界上发达国家的财政收入占 GDP 比重大都高于中国，例如法国为 51.5%、德国为 45.3%、英国为 41.4%、加拿大为 37.7%。

受财政收支比重偏低和政府最终消费少等因素影响，政府通过财政收支和政府消费对国民经济的引导和宏观调控能力明显低于发达国家，财政的再分配功能严重弱化。

（二）对外经济影响能力

1978 年前，长期实行的闭关锁国政策，割断了中国与国际经济的联系，中国进出口贸易总额每年都徘徊在几十亿美元的小规模上。随着国民经济的发展和改革开放的深入，中国与世界经济的联系日益密切，国际交往和对外贸易规模不断扩大，外贸总额年均增长速度超过了世界贸易的年均增长率。中国在世界市场和国际经济中的影响不断扩大，成为世界经济中一支不可低估的力量。

进出口商品总额，已从 1980 年的 378.2 亿美元，增加到 2015 年的 24.59 万亿美元，跃居世界第 1 位。进出口商品结构不断优化，2015 年，制成品出口占出口总额的比重达到 48.8%。

对外经济的发展，极大地密切了中国经济与世界经济的联系，缓解了中国经济建设和经济发展对资金、技术和市场的需求，有力地促进了中国经济的发展。2015 年，中国经济对外依存度达到 41.5%，高于美国、日本等发达国家。其中，进出口总额占 GDP 的比重 1997 年为 36.3%。虽然 2015 年我国的进出口贸易规模有所下降，但中国仍居世界第一。中国经济水平对世界经济有着强大影响力。

（三）人民生活及社会发展力

人民生活和社会发展力，是国家经济发达程度的最终体现和集中反映，是综合国力水平的集中表现。目前我国人民生活水平和社会发达程度不仅远远低于发达国家，而且与经济发展不够协调，社会发展程度在综合国力结构组成中明显落后。尽管纵向来看，改革开放以来我国人民生活得到极大改善，生活水平和生活质量不断提高，生存条件逐步改善。从某种角度横向比较看，我国人均消费水平也已基本接近发达国家水平，特别是食物结构、衣着结构等与发达国家相差不大。例如，我国 2012 年日人均能量摄入量为 2172 千卡，蛋白质摄入量为 65 克，脂肪摄入量为 80 克，碳水化合物摄入量为 301 克，略高于世界平均水平，同时截至 2010 年，中国 5 岁以下儿童死亡归因于营养不良的比例为 13%，低于世界平均水平。

但从整体消费水平上比较，我国仍处于相当低的水平，2014 年我国人均消费 14491 元，仅相当于美国人均消费的 1/10 左右。在居民消费中，食物消费仍占有较大比重，恩格尔系数 2015 年为 30.6%，高于日本的 23.4%，更远高于美国的 7%。

居住条件、交通条件、生存环境以及通信水平等，20 年来均有了大幅度改善。其中，2015 年全国每百人移动电话拥有数为 94.6 部，其中共有 10 个省份移动电话普及率超过 100 部/百人。这表明，我国城乡居民总体生活达到较高水平。

根据美国彭博社发布的“世界最健康国家”报告，新加坡在 145 个排名国家中位列第一，而中国的健康水平仅列世界第 55 位。这项报告是根据联合国、世界卫生组织和世界银行的数据整理而成，通过一国健康得分减去该国健康风险惩罚分从而算出总评分。据此，中国最后只得到 53.55 分，而新加坡则高达 89.45 分。伴随着经济发展、社会进步和人民生活水平的提高，我国城乡居民健康状况明显改善，竞技能力和预期寿命明显提高。2015 年中国人口人均寿命男性 74 岁、女性 77 岁，高于世界人口平均 71 岁寿命，但仍然低于美国女性平均寿命 81 岁、男性平均寿命 76 岁和日本女性平均寿命 87 岁、男性平均寿命 81 岁。

受上述条件约束，我国人民生活和社会发展水平虽高于世界平均水平，但仍然低于西方发达国家平均水平。

（四）外交水平

中国的和平外交政策，经受住了国际风云变幻，取得了辉煌成就，我国的国际地位和国际声誉不断提高，在国际政治舞台上发挥着日益重要的作用。例如：“一国两制”的宏伟构想和香港、澳门的相继顺利回归，为完成祖国的统一大业奠定了良好的基础；中国加入世界贸易组织，为中国融入世界经济铺平了道路。

30 年来，中国外交战线日益扩展，与中国建交的国家增加到目前的 171 个。在发展与西方发达国家发展关系过程中，中国秉持超越社会制度和意识形态差异发展国家关系的原则，求同存异，坚持对话，不搞对抗，妥善处理分歧和争端，扩大利益汇合点，建立了不同类型的战略伙伴关系与合作关系，形成了外交关系全面发展的良好局面。

（五）教育科技力

教育、科技是促进经济发展、社会进步的金钥匙，同时也是支持国防建设的关键。当今世界“科学技术是第一生产力”。高新技术产业已成为世界各国竞争的焦点和主战场，科技能力成为世界各国综合国力的重要内容。目前，西方发达国家在高科技领域中占有突出地位和绝对优势，教育科技力大都高于我国，成为这些国家综合国力处于领先地位的技术基础。教育是科学发展和技术进步的基础，是国民综合素质提高的关键。邓小平同志早就明确指出：发展经济，一靠科技，二靠人才，但归根到底是靠教育。从现有资料来看，尽管近年来我国政府采用积极的财政政策，大力发展教育科技事业，调动各方面力量，教育投入逐年提高，但是，与西方发达国家的差距仍然较大。

1993～2005 年，普通高中教育在校生数由 657 万人增加到 2409 万人，增长了 2.7 倍；高中阶段毛入学率由 28.4% 提高到 52.7%。同期，普通高中教育投入增长了 11.8 倍。其中，政府投入增长了 9.2 倍，所占比例由 62.5% 降低到 49.7%；多渠道教育经费投入增长了 16.2 倍，所占比例则由 37.5% 提高到 50.3%。

但按绝对值计算，2018 年我国人均教育经费为 640 美元，是美国 2010 年人均教育经费 3300 美元的 1/5；是 2010 年 OECD 组织国家和韩国人均教育经费 2200 美元的 1/3 左右，略低于中等收入国家智利人均教育经费 1000 美元；按相对值计算，2014 年我国教育总投入占 GDP 的 5.15%，美国 2010 年为 7.3%，韩国为 7.6%，智利为 6.4%，OECD 组织国家平均为 6.3%。其中，财政性教育投入占 GDP 比例，我国为 4.15%，低于美国的 5.3%、韩国的 4.8% 以及 OECD 组织国家的平均水平。社会和私人教育投入，我国 2014 年为 1.0%，低于美国、韩国、智利等国的投入水平。

在科技方面，我国技术人员总量较大。截止到 2014 年，我国专业技术人才总量已达 5550 万人，占我国人才队伍总数的 45.6%。早在 2011 年中国研发人员总量占到世界总量的 25.3%，超过美国研发人员总量的 17%，居于世界第一。据国家统计局、科学技术部、财政部昨日（23 日）联合发布的《2013 年全国科技经费投入公报》，2013 年全国共投入 R&D 经费 11846.6 亿元，比上年增加 1548.2 亿元，增长 15%；继 2012 年我国 R&D 经费总量突破万亿大关后，衡量大国科技投入水平的最为重要指标——R&D 投入强度首次突破 2%，表明我国科技实力不断增强，与美、日等发达国家的差距进一步缩小。根据这一增长趋势，中国的研发方面的总投入将于 2022 年超越美国。

百年大计，教育为本。只有大力发展教育事业，才能不断提高国民素质，不断为经济发展提供高科技人才，才能促进科技的进步，才能够不断提高综合国力。

三、国防实力的整体提高

国防实力是国家经济力量的组成部分，是实现国家防卫的军事物质基础，包括武装力量的规模和水平、武器装备的数量和质量、战略资源状况和国防科技能力等，是一个民族、一个国家强盛的重要标志。新中国成立以来中国国防实力的提高主要表现在以下几个方面。

（一）人民解放军已经由单一军种的军队发展成为诸军兵种合成的强大军队

新中国成立时，人民解放军只是单一陆军，没有空军，没有海军。陆军也基本上是步兵，炮兵和装甲兵部队极为有限，军队武器装备基本上是在抗日战争和全国解放战争中缴获的日军和国民党军队的武器装备，性能落后，型号繁杂，威力弱小。新中国成立初期，人民解放军在这样的基础上迅速发展起来，建立了海军、空军等军种和陆军的炮兵、装甲兵、工程兵、铁道兵等技术兵种部队，并都形成了作战能力，空军和陆军各技术兵种都有部队参加了抗美援朝战争。1966年组建了战略导弹部队——第二炮兵。此后，随着军事技术发展，又相继组建了电子对抗部队和陆军航空兵部队。70年来，人民解放军全面履行保卫祖国、保卫人民和平劳动的根本职能，胜利完成了保卫国防作战任务，严密守卫边防、海疆，依法履行香港、澳门防务职责，震慑、打击危害国家安全和统一的各种分裂、破坏活动，为国家繁荣发展提供了可靠的安全保障；参加抢险救灾，保护人民生命财产，支援国家建设，有力支持了国家经济社会发展；参加国际维和、反恐、公海护航活动，为维护世界和平发挥了重要作用。经过多次精简整编和70年的现代化建设，人民解放军已经规模适度，结构明显优化，现代化水平和作战能力大为提高，形成了陆军、海军、空军、第二炮兵等诸军兵种合成的强大人民军队。此外，还建立了中国人民武装警察部队，建立了民兵与预备役相结合的后备力量体制。2015年12月31日，中国人民解放军火箭军正式成立，是由第二炮兵更名而来，是在习近平总书记的亲自领导下形成的国家重要安全力量，是继陆军、海军、空军后的新军种。与火箭军同时成立的还有中国人民解放军战略支援部队，是中国陆、海、空、火箭之后的第五大军种。

（二）建立了完整的国防科技和国防工业体系

新中国成立时，国防工业的基础也极为薄弱，主要包括两大部分：一部分是由中国共产党领导的、在革命战争年代创建并发展起来的根据地兵工厂，共有94座，职工9万余人。这些工厂条件简陋，规模较小，技术水平较低，一般只能生产枪弹、手榴弹、地雷、中小口径迫击炮弹等，也生产少量枪械和小口径火炮。另一部分是接管的原国民党政府的军事工厂68座，职工10万人。这些企业的设备条件和人员的文化技术水平都比共产党自己创办的兵工厂好得多，但中国的整个工业水平和技术水平低，这些企业也只能从事旧杂式武器装备的修配和小批量生产，不能生产坦克、大炮、飞机、舰艇等武器装备。新中国的国防工业就是在这样的基础上建立和发展起来的。20世纪50年代苏联援助中国156个建设项目中，有41个是国防工业建设项目，到50年代末，中国就建成了包括兵器工业、航空工业、船舶工业、电子工业等一大批军工骨干企业，初步形成了自己的国防工业体系，先后成功仿制飞机、坦克。其间，决定研制导弹、原子弹，制定了《国防科学技术研究工作（1958～1967年）规划纲要》。1964年10月至1970年4月，第一颗原子弹爆炸、首次导弹核武器发射、第一颗氢弹爆炸和第一颗人造地球卫星发射先后试验成功。正如邓小平所指出的："如果六十年代以来中国没有原子弹、氢弹，没有发射卫星，中国就不能叫有重要影响的大国，就没有现在这样的国际地位。"改革开放后制订了"863"工程计划，军队信息化建设在指挥自动化建设基础上，已由分领域建设为主转为以跨领域综合集成为主的全面建设，军事综合信息网已开通，一体化联合作战指挥控制系统建设取得进展。陆基洲际导弹试验、潜地导弹发射成功，导弹核潜艇建成下水，通信卫星、实用通信广播卫星、气象卫星先后发射成功。从1999年12月1日神舟一号发射成功，到2008年9月25日，神舟五号、神舟六号和神舟七号载人飞船先后发射成功。2007年10月24日探月工程"嫦娥"一号发射成功。中国国防科技事业已经走在世界的前列。2008年11月7日胡锦涛同志在庆祝神舟七号载人航天飞船飞行圆满成功大会上的讲话中指出：神舟七号载人航天飞船飞行获得圆满成功，"实现了我国空间技术发展的重大跨越。这一举世瞩目的伟大成就向世界宣告，中国已成为世界上第三个独立掌握空间出舱关键技术的国家。"这是中国人民攀登世界科技高峰的又一伟大壮举，是中华民族为人类探索利用外层空间做出的又一卓越贡献。今天，中国人民解放军的武器装备，除空军一部分飞机和海军一部分舰艇是购买的以外，陆军和第二炮兵武器装备基本都是自行研制的，并正在制造航空母舰。2012 年 9 月 23 日，由苏联航母“瓦良格”号改装的第一艘航母正式交付海军。2017 年 4 月 26 日，中国首艘国产 001A 航母在大连正式下水。

（三）建立了比较完善的军事法规体系

新中国成立伊始，如何建设国家，如何建设国家军事，都没有经验，都是向苏联学习。在学习过程中，1952 年 12 月中央人民政府人民革命军事委员会和政务院联合颁布了《中华人民共和国民兵组织暂行条例》，1955 年 7 月第一届全国人民代表大会第二次会议通过《中华人民共和国兵役法》。同年，人民解放军实行薪金制、军衔制和义务兵役制三大制度。人民解放军的一些规章，除《中国人民解放军政治工作条例（草案）》是总结解放军政治工作历史经验制定的以外，其他基本是照搬或参照苏联红军的一些军事规章。从 20 世纪 50 年代末期开始，军事建设贯彻“以我为主”的方针，从中国国情、军情出发，编写制定自己的条令、规章。改革开放后，特别是进入 20 世纪 90 年代后，军事法规建设明显加快，先后颁布了《中华人民共和国军事设施保护法》《中华人民共和国人民防空法》《中华人民共和国国防法》《中华人民共和国国防教育法》《中华人民共和国现役军官法》《中华人民共和国预备役军官法》等。至 2005 年底，形成了以《中华人民共和国国防法》为龙头，15 部专门规范国防和军队建设的法律以及有关法律问题的决定、181 件军事法规、88 件军事行政法规、3000 多件军事规章的法律体系。

（四）全面展开了军事人才队伍建设

新中国成立时，人民解放军队伍中除有极少量的知识分子和懂技术的干部外，总体文化素质很低。据 1951 年底调查统计，全军部队战士的文化程度，初小以下者约占 80%，其中识 500 字以下者占 30% 左右；干部中不及高小程度者约占 68%，其中初小以下者占 30% 左右。这与建设现代化、正规化强大国防军的任务要求不相适应。1952 年 6 月至 1953 年 5 月，全军进行一年速成文化教育，部队文化水平发生明显变化，一大批文盲、半文盲的军人达到高小毕业程度，初小以下文化程度者已从 1951 年的 67.4% 下降到 30.2%，初小毕业以上者由 16.4% 上升到 42.1%。从新中国成立初期起，全军逐渐建立了正规的各级各类军事指挥院校和专业军事技术学校，培养军事指挥和专业军事技术干部。改革开放

后，中共第十二次全国代表大会通过的《中国共产党章程》明确规定："努力实现干部队伍的革命化、年轻化、知识化、专业化"。此后军队各级领导班子的历次调整，严格按"四化"要求选配干部。进入20世纪90年代，建立了依托普通高等院校教育培养军队干部制度。21世纪以来，中央军委和总部出台一系列政策法规，采取措施大力加强军事人才队伍建设，以建设指挥官队伍、参谋队伍、科学家队伍、技术专家队伍和士官队伍"五支队伍"为重点，造就大批适应信息化建设、胜任信息化条件下作战任务的高素质新型军事人才。今天，人民解放军各级领导班子文化程度均在大专程度以上，硕士、博士学位的领导干部所占比例越来越大，五支队伍建设已初具规模。同时，采取措施鼓励全日制本科毕业生入伍当战士。

在庆祝中国人民解放军建军80周年大会上时任主席胡锦涛讲话中指出："人民解放军已经由过去弱小的单一军种的军队发展成为诸军兵种合成、具有一定现代化水平并开始向信息化迈进的强大军队。我们建立起完整的国防科技和国防工业体系，国防实力不断增强。人民解放军走出了一条符合我国实际的军队建设道路，创造了适应我国国情的人民战争战略战术，优化了军队体制编制，提高了后勤和装备综合保障能力，形成了反映现代军事发展规律、体现人民军队性质和优良传统的军事法规体系，培养造就了一大批高素质新型军事人才。所有这些，为人民解放军更好地履行职能使命提供了力量支持，为基本实现国防和军队现代化奠定了坚实基础。"

第三节 中国传统经济增长的分析

一、不同阶段的增长轨迹

前面已经详细叙述了改革开放前的经济增长情况，下面将详细介绍我国在改革开放后辉煌的经济成就。改革开放以来经济增长大体包括五个阶段：

（一）改革初期和第六个五年计划时期的经济增长（1979～1985 年）

改革开放极大地调动了人民群众的积极性，推动了国民经济的迅速增长。“六五”时期，国民经济计划所规定的绝大部分任务指标提前或超额完成，使 1981～1985 年成为新中国成立以来经济增长最快的时期之一。5 年中，国内生产总值平均每年增长 10.7%，国民收入平均每年增长 9.7%，工农业总产值平均每年增长 11%。在生产发展的基础上，人民生活改善。5 年中，农民消费水平平均每年增加 10.1%，非农业居民消费水平平均每年增长 5.6%。“六五”计划的编制经历了近 3 年的详细调查和反复研究的过程，它是以提高经济效益为中心，首次把经济发展、科技发展与社会发展结合起来通盘考虑的计划，因而这也就使它们成为这一时期经济运行的显著特点。除此之外，这一时期的经济增长还同改革开放紧密地结合起来，在农村，伴随着人民公社体制的废除和家庭联产承包责任制的建立，广大农民的生产积极性和创造性得以大大发挥；在城市，“调整、改革、整顿、提高”的八字方针得以贯彻，对内搞活经济、对外实行开放的政策得到积极推行。但这一时期，在提高经济效益方面还缺乏有力的措施和有效的监督；企业生产技术进步缓慢，产业结构和产品结构不合理等问题仍然存在。

（二）第七个五年计划时期的经济增长（1986～1990 年）

“七五”时期是我国改革开放全面推进的时期，这一时期，伴随着全国农业与工业、农村与城市、改革与发展相互推动齐头并进的繁荣局面的形成，整个国民经济提高到一个新的水平。总的来看，这一时期经济发展很快，整个国民经济提高到一个新的水平，国内生产总值平均每年增长 7.9%，国民收入平均每年递增 7.5%，工农业总产值平均每年增长 11.3%，均超过计划的要求。但由于各种原因（包括历史积累的因素在），这一时期也出现了一些经济困难，突出地表现在通货膨胀明显加剧、总量不平衡、结构不合理和经济秩序混乱等方面。鉴于此，1988 年 9 月，中共中央作出决定：在此后的一段时间里，重点进行经济环境的治理和经济秩序的整顿工作。1989 年和 1990 年两年国内生产总值分别增长 4.1% 和 3.8%，与“七五”时期前三年分别增长 8.8%、11.6% 和 11.3% 的形势形成鲜明对照。

（三）第八个五年计划时期的经济增长（1991～1995年）

1991年4月，七届全国人大四次会议审议批准了关于1991～1995年国民经济和社会发展的计划。正如前面所讲，这个计划是与1991～2000年中华人民共和国经济和社会发展十年规划一同制定，而且是新中国成立以来执行效果最好的五年计划之一。1992年邓小平视察南方的重要谈话，以及党的十四大确立的建立社会主义市场经济体制的改革目标，大大推动了改革开放的进程，国民经济呈加速增长趋势。5年中，国内生产总值年均增长12%。其中第一产业年均增长4.2%，第二产业年均增长17.4%，第三产业年均增长10.0%，人均国内生产总值年均增长10.7%。国民经济的快速发展，使我国在1995年提前完成了党的十三大确定的“到2000年实现国民生产总值比1980年翻两番”的战略任务。但这一时期也存在着一些问题和困难，突出的是某领域过热，出现了比较严重的通货膨胀，5年中零售物价年均上涨11.4%。因此，这一时期，在保持改革开放和现代化建设快速推进的总趋势的同时，中共中央从1993年6月起，着手实施以控制通货膨胀为重点的宏观调控举措。

（四）制定跨世纪发展战略与第九个五年计划时期的经济增长（1996～2000年）

1996年第八届全国人民代表大会第四次会议审查批准的《中华人民共和国国民经济和社会发展“九五”计划和2010年远景目标纲要》（以下简称《纲要》），是一个跨世纪的宏伟纲领。《纲要》提出“九五”时期的奋斗目标：全面完成现代化建设的第二步战略部署，2000年在总人口将比1980年增长3亿左右的情况下，实现人均国民生产总值比1980年翻两番；基本消除贫困现象，人民生活水平达到小康水平；加快现代企业制度建设，初步建立社会主义市场经济体制。2010年，实现国民生产总值比2000年翻一番，使人民的小康生活更加宽裕，形成比较完善的社会主义市场经济体制。在改革开放的有力推动下，实施“九五”计划和2010年远景目标纲要，开局良好，经过强有力的宏观调控，在上一个五年计划实施中一度出现的某些领域过热、物价上涨幅度过高的问题得到克服，既保持了经济的快速增长，又有效抑制了通货膨胀。

“九五”计划前3年即1996～1998年国内生产总值分别增长9.6%、8.8%和7.8%，人均国内生产总值分别增长8.4%、7.6%和6.7%。1999年上半年国内生产总值比1998年同期增长7.6%。其中1998年的高速增长是在抵御亚洲金融危机的冲击和战胜国内特大洪涝灾害的情况下实现的，实属不易。但在这一时期经济生活中也出现了一些新情况、新问题。1997 年下半年以来，消费需求不振，固定资产投资放慢，物价持续下滑，外贸出口增长大幅度回落。针对这些情况，1998 年和 1999 年两年里，党和政府采取了一系列积极的财政金融政策和措施，通过增加投资和刺激消费来拉动经济。

（五）第十个五年计划至今的经济增长（2001～2016 年）

2001 年中国加入世界贸易组织，标志着中国社会主义市场经济体制在自身不断完善和发展的同时，开始迈向全球，全球一体化已经成为影响中国经济发展的重要因素。2002 年党的十六大正式确立了全面建设小康社会的目标，这意味着中国社会进入了一个新的全面发展的阶段。2006 年创建和谐社会成为经济社会发展的主题，这一系列阶段目标也表示了中国经济发展进入一个调整的阶段，原有经济增长方式在 2007 年党中央提出的科学发展观的指导下发生了转变，产业结构和区域结构调整不断加快，使中国国力进一步提高，经济体系逐渐强大，并走在世界前列。

2000～2008 年，中国实际 GDP 的增速显著超过同时期各个经济体包括其他新兴市场和发展中国家的增速。2004～2007 年，我国经济是在经过近 30 年年均增长 9.8% 基础上的又一个高增阶段，增长速度均超过 10%，“十五”计划的 5 年中，GDP 平均增长率为 10.8%。我国 2006 年三次产业构成是：第一产业所占比重为 11.3%，第二产业所占比重为 48.6%，第三产业所占比重为 40.1%，国内人均生产总值超过 2000 美元。农业所占比重逐步下降，在国家促进服务业发展新政策的作用下，服务业的比重逐步下降，在国家促进服务业发展新政策的作用下，服务业的比重不断增加，尤其是现代服务业的发展促进了中国产业结构的调整和优化，提高了中国经济的技术能力和知识创造能力。2008 年国际金融危机对中国经济造成了严重的影响，同时也更加确定了中国进行产业和区域经济协调发展战略的必要性，党和政府采取了一系列积极的财政和货币政策，扩大了基础设施投资，带动各个产业保持较好的增长状况，2008 年 GDP 增长率仍然达到 9%。

到 2012 年、2013 年中国 GDP 均增长 7.7%，经济增长有所回落，但发展速度依然较快。2014 年我国 GDP 增长率为 7.4%，创下了 1990 年以来新低，也低于预期目标 7.5%。2015 年各地分别调低了 GDP 预期，最终 2015 年全年 GDP 增

长6.9%。由此党和政府提出了经济新常态和供给侧改革，以认清中国现阶段的经济形势和促进经济继续发展。

二、中国农业发展的巨大成就

1949年中华人民共和国成立之前，由于帝国主义、封建主义和官僚资本主义的重重压迫和剥削，农业生产发展极为缓慢，生产水平十分落后。新中国成立后，在中国党和政府的领导下，农业生产全面快速发展，人民生活水平稳步提高，取得了举世瞩目的成就。突出表现在以下几个方面：

（一）农业综合生产能力显著提高，农产品供给实现了由长期短缺到供求基本平衡、丰年有余的历史性转变

经过几十年努力，特别是1978年改革开放以来，中国粮食和其他绝大多数农产品生产能力大幅度提高，许多主要农产品总产量跃居世界前列，人均占有量达到或超过世界平均水平，市场供给充足，告别了全面短缺的状况，实现了由长期短缺到总量大体平衡、丰年有余的历史性跨越。可以说，中国创造了农业综合生产能力大跨越的世界奇迹。

粮食生产能力和安全水平大幅度提高。粮食总产量由1949年的11318万吨迅速增加到1993年的45000万吨，1996年突破50000万吨大关。1996年之后粮食总产量连续4年都稳定在50000万吨左右。其主要原因是单位面积产量大幅度提高，每公顷产量由1949年的1035公斤提高到1978年的2532公斤，2001年达到4627公斤，比1949年增长了3.5倍。2012年以来，我国人均粮食占有量稳定在400公斤左右，粮食储备量保持在历史最高水平。中国共产党和政府成功地解决了近14亿人口的吃饭问题，为国家自立、社会稳定、经济发展奠定了坚实的基础。

经济作物和养殖业快速增长，供给充足。目前，我国棉花、油料、水果、蔬菜、肉类、禽蛋、水产品产量都居世界第一位，人均棉花、油料、肉类、禽蛋和水产品等已经达到或超过世界平均水平。2001年，全国棉花总产量532.4万吨，比1978年增加1.5倍，比1949年增长11倍；油料总产量2864.9万吨，比1978年增加4.5倍，比1949年增长10.2倍；糖料总产量8655.1万吨，比1978年增加2.6倍，比1949年增长29.6倍；肉类总产量6333.9万吨，比1978年增长了6.4倍，

比1949年增长近28倍；牛奶产量1025.5万吨，比1978年增长10.6倍，比1949年增长；禽蛋产量2336.7万吨，比1980年增长8.1倍；水产品总产量为4382.1万吨，比1978年增长8.4倍，比1949年增长近97倍。根据有关专家的估算，在111种农副产品中，供过于求的商品占56.8%，供求基本平衡的商品占40.5%，两者共占97.3%。据2018年国家统计局公布的2017年国民经济和社会发展统计公报显示，全年粮食产量61791万吨，比上年增加166万吨，增产0.3%。

同时，农业科技取得了历史性进步，农业装备水平明显提高，我国农业科技水平与世界先进水平的差距进一步缩小。改革开放以来，我国农业科技实力不断增强，农业装备水平不断提高，农业技术与生产条件得到了明显改善。特别是以现代科技广泛应用为标志的现代农业快速发展，使我国农业科技水平稳步提高，部分领域已经跃居世界先进行列，科技对农业发展的贡献率已达到42%。

农业科技不断取得积极成果。据统计，仅1988年以来，全国共取得各类获奖农业科技成果两万多项，其中国家科技奖励成果773项。特别是基础研究和高新技术研究发展迅速，在基因工程、植物细胞和组织培养、单倍体育种及其应用研究等方面都有重大突破；在航天育种、杂交水稻和油菜的研究与利用上，动物疫病、基因疫苗、动植物的营养与代谢、生物反应器等方面的研究，都达到或接近国际先进水平。2018年9月20日，中国农业科学院院长唐华俊发布了《中国农业农村科技发展报告（2012~2017）》。报告指出，我国农业科技进步贡献率由2012年的53.5%提高到2017年的57.5%，在超级稻、转基因抗虫棉、禽流感疫苗等方面取得突破性成果。

（二）中国工业发展状况

旧中国工业基础十分薄弱，部门残缺不全，技术水平极其落后，严重依附西方发达国家。新中国成立后，经过60年的建设，特别是近30年的改革开放，建成了独立的、门类比较齐全的社会主义工业体系，工业生产能力迅速提高，工业发展突飞猛进，成为改革开放30年以来中国经济高速增长的主要动力之一。2008年，我国工业增加值达到129112亿元，按可比价格计算，是1949年的612倍。按现价计算，在2008年比1978年新增的297045.9亿元GDP增加值中，工业贡献率占42.9%。2007年，我国能源生产总量达到23.5亿吨标准煤，比1949年增长了101倍。2018年全国规模以上工业企业实现利润总额6.64万亿元，比2017年增长10.3%。2018年规模以上工业企业实现主营收入102.2万亿元，比

2017 年增长 8.5%。十八大以来，我国的煤炭、钢材、服装、水泥、化肥、电视机、发电量、化学纤维、棉布产量和其他一些重要的工业产品如平板玻璃、工程机械、汽车、家电、手机、工业机器人、集成电路、高铁等产量均居世界前列。

新中国成立以来，农村市场和城市市场均有较大发展，农村市场在多数时间里大于城市市场。特别是 20 世纪 80 年代，由于经济体制改革首先从农村展开，随着农业生产的增长，农民收入的增加，农村市场快速发展起来，到 1989 年，农村社会消费品零售总额达到 3540 亿元，比 1952 年的 137 亿元增长了 24.8 倍。1990 年以后，由于经济体制的改革重点由农村转移到城市，城市市场发展开始加快，在规模上迅速扩大并远远超过农村市场。2008 年农村市场实现社会消费品零售总额 73735 亿元，比 1952 年增加 586 倍；全社会消费品零售总额由 1952 年的 262.7 亿元，增加到 1978 年的 1264.9 亿元，2008 年又进一步增加到 108488 亿元。市场交易额的迅速增加，推动了各类商品市场的建设和发展。目前，我国市场繁荣，各类商品丰富多彩、满目琳琅，商品质量不断提高；物价稳定，长期困扰我国商品供不应求的局面得到根本改变，买方市场基本形成。

新中国成立后，特别是改革开放后，交通运输和邮电通信业有了长足的发展。交通运输能力明显增强。经过 70 年的不懈努力，铁路、公路、机场、管道和港口等交通基础设施实现快速扩张。铁路营运里程 1949 年仅有 2.2 万公里，2007 年底达到 7.8 万公里，居亚洲第一位，增长了 2.5 倍。公里里程 1949 年为 8.1 万公里，2007 年发展到 358.4 万公里，增长了 43.2 倍。到 2018 年底，中国高铁运营里程超过 2.9 万公里，占全球高铁运营里程的 2/3 以上。内河航运里程由新中国成立初期的 7.36 万公里增加到 2007 年的 12.4 万公里，增长了 67.8%。民用航线里程 1952 年为 1.31 万公里，1978 年发展到 14.89 万公里，2007 年进一步发展到 234.4 万公里，其中国际航线里程为 104.7 万公里。在营运里程迅速增加的同时，各类运输线路的建设质量也大大提高。例如在公路方面，等级公路所占比重逐年上升，1998 年达到 83%。我国高速公路发展迅速，到 2007 年底达到 5.4 万公里，已跻身世界前列。截止到 2018 年 12 月 28 日，中国高速公路里程已达到 14 万公里，位居全球第一。管道输油（气）里程由 1978 年的 0.83 万公里增加到 2007 年的 5.45 万公里，增加 5.6 倍。沿海主要港口货物吞吐量由 1985 年的 3.1 亿吨增至 38.8 亿吨，增长 11.5 倍，连续五年居世界第一。截止到 2018 年底，我国长输管道总里程累计达 13.6 万公里。

（三）服务业迅速发展

新中国成立70年来，特别是改革开放以后，服务业迅速发展，从极为落后发展成先进的现代化服务业，形成了完善的服务业体系，下面以金融业为例。

金融业从单一的存贷款功能发展为适应市场经济要求的现代化金融体系，有力地促进了经济增长和扩大就业，成为国民经济中的重要行业之一。从新中国成立到改革前，1952~1978年，我国服务业增加值从195亿元增长到905亿元，年均增长5.4%，服务业所占比重较低。改革开放以后，1978~2012年，我国服务业增加值从905亿元增长到244852亿元，年均增长10.8%，比1952~1978年年均增速快倍，比GDP年增速高0.9个百分点。党的十八大以来，2012~2018年，我国服务业从244852亿元增长到469575亿元，年均增长7.9%，高出GDP年均增速0.9个百分点，还高出第二产业1.3个百分点。2018年服务业在国内生产总值中的比重达52.2%。2018年底，服务业就业人数达35938万人，比重达到46.3%，成为吸纳就业最多的产业。

服务业结构优化，服务质量逐渐提高。一是传统服务业占比下降。批发和零售业，交通运输、仓储和邮政业，住宿和餐饮业等传统服务业比重不断下降，2018年分别为17.9%、8.6%和3.4%，较新中国成立之初比重下降近一半，其总和已不足30%。二是金融业作用凸显。2018年金融业占服务业增加值比重达14.7%，比1952年上升8.7个百分点。与此同时，金融业对实体经济的促进作用也日益增强。三是生产性服务业成长迅速，支撑中国制造业走向价值链和产业链的中高端。信息传输、软件和信息技术服务业实现从无到有的快速发展，与制造业密切相关的生产性服务业发展速度较快。2018年，规模以上工程设计服务、质检技术服务、知识产权服务、人力资源服务、法律服务和广告服务业营业收入较上年分别增长18.0%、10.3%、25.1%、20.1%、17.5%和17.5%。在此，生产性服务业支持我国制造业实现了向高端转变。

三、不同地区的增长绩效

考察我国区域经济发展的特征，可以通过新中国成立以来我国各地区与各省的经济发展水平加以分析和比较。由于党中央、国务院历来高度重视区域经济发展，根据各地区不同优势和不同短板，做出了一系列重大区域发展战略部署，使区域经济发展取得重大成就。

显著的经济增长和各省间经济增长差异使我国改革开放政策所取得的最主要的成果就是经济的高速增长。改革开放前后经济增长率差异明显，全国实际人均GDP增长率由改革开放前（1952～1978年）的年均4.06%提高到改革开放后（1978～2008年）的年均8.67%。目前，我国是世界上经济增长速度最快的国家之一。1952～1978年，东部、中部、西部地区人均GDP年均增长率分别为4.79%、3.17%和3.62%。从整体来看，东部地区各省增长速度最快，其中北京、天津、辽宁、上海的增长速度从全国来看都是最高的，对地区均值的贡献显著。其他两个地区的增长速度均低于全国平均水平，中部地区人均GDP增长率最低。1953～2018年，按不变价格计算，东部、中部、西部、东北地区生产总值分别年均增长9.4%、8.1%、8.6%和8.1%，取得了令世人瞩目的区域发展成就。其中，1979～2018年，东部、中部、西部、东北地区生产总值分别年均增长11.3%、10.3%、10.3%和8.9%，改革开放后，经济增长速度明显加快，呈现出东部地区领跑全国的发展态势。

中国地区之间收入差距主要表现为东、中、西部之间的差距。一方面，在中国不同的地区，生态环境、资源禀赋等方面存在较大的差异，东部地区靠近沿海，有其独特的地理条件、环境和资源，而西部地区深居内陆、自然条件恶劣、交通也不便利，这些属于历史的和客观的因素。另一方面，中国的政策和体制等因素也促进了差距的拉大。在改革开放的初期，政府鼓励一部分人和地区先富起来，以带动后富的人和地区，东部地区由于其得天独厚的条件，自然成为政府优先发展的地区，经济特区的设立等优惠倾斜政策使东部沿海城市的经济实力突飞猛进。而西部地区国有经济成分比重比较大，市场化进程也发展缓慢，相对于东部地区，它的发展就缓慢滞后得多。这样，多种因素就造成了东、中、西部地区贫富差距的悬殊。虽然国家后来也实施了“西部大开发”“中部崛起”等一系列措施来缩小差距，提高中西部的发展水平，但是要想彻底改变这种现状还需大量时间。

东、中、西部地区之间的差距，不仅可以从经济增长速度上表现出来，还可以通过居民个人平均收入水平表现出来。下面我们先通过对这三个地区的GDP总量进行比较，然后对各地区城乡居民人均可支配收入水平进行比较来说明现状。

从GDP我们可以看出各地经济增长速度的快慢，表2－6已经清楚地显示出，改革开放以来，无论中国GDP总量还是各地GDP总量均在逐年提高，但在历年中，东部地区产值均远远超过中西部地区，甚至超过了中西部经济总量之和，而且中部地区也略高于西部地区，西部地区一直处于落后的状态。在总量和规模上，东部地区始终占据着绝对领先的地位，它的发展速度远远高于中西部地区。从各地区 GDP 所占比重，我们也可以很容易看到这一点。在历年 GDP 所占比重中，东部地区均超过 50%，也就是全国 GDP 的一半，中西部地区加起来也没有东部地区高。

表 2-6　中国 2000~2014 年东、中、西部 GDP 总量及比重

年份	GDP 总量（亿元）			GDP 所占比重（%）		
	东部	中部	西部	东部	中部	西部
2000	55689.6	24865.2	16389.1	57.4	25.6	16.9
2001	61393.2	27164.3	17175.9	58.1	25.7	16.2
2002	68289.1	29650.7	18919.5	58.4	25.4	16.2
2003	82018.5	35451.5	18069.1	60.5	26.2	13.3
2004	99494.7	39489.0	28066.3	59.6	23.6	16.8
2005	117933.7	45601.2	32496.3	60.2	23.3	16.6
2006	137542.3	53466.2	38745.2	59.9	23.3	16.9
2007	163369.9	64390.6	46549.2	59.6	23.5	17.0
2008	191041.1	75822.4	56183.9	59.1	23.5	17.4
2009	194092.8	77939.0	63321.2	57.9	23.2	18.9
2010	249396.1	81293.2	67293.8	62.7	20.4	16.9
2011	285909.3	85392.3	70459.5	64.7	19.3	15.9
2012	321069.3	105041.7	89337.4	62.3	20.4	17.3
2013	349336.5	154670.0	119734.8	56.0	24.8	19.2
2014	378727.5	167522.2	131263.0	55.9	24.7	19.4

注：东部地区包括上海市、北京市、天津市、浙江省、河北省、福建省、山东省、辽宁省、江苏省、广东省和海南省；中部地区包括河南省、湖北省、山西省、安徽省、吉林省、黑龙江省、江西省、湖南省；西部地区包括四川省、重庆省、陕西省、甘肃省、贵州省、宁夏回族自治区、广西壮族自治区、云南省、西藏自治区、青海省、新疆维吾尔自治区、内蒙古自治区。

资料来源：根据《中国统计年鉴 2015》计算整理得出。

由表 2-7 和表 2-8 可以明显看出，各地区无论是城镇居民可支配收入水平还是农村居民的人均纯收入水平，近些年均在持续提高。与总 GDP 规模相比，

在人均收入水平上，中西部地区的差距均小于总体收入的差距。但是东部地区无论是城镇居民还是农村居民的人均收入水平均远大于中西部地区特别是西部地区。中西部的城镇居民的收入差距不是太大，基本趋于平衡，而中部地区农村居民的人均收入较西部地区高。

表 2-7　东、中、西地区城镇居民人均可支配收入差距　　单位：元

年份	东部	中部	西部	东部/中部	东部/西部	中部/西部
2000	7681.9	5164.7	5681.1	1.5	1.4	0.9
2001	8448.0	5641.3	6186.0	1.5	1.4	0.9
2002	9185.6	6334.1	6673.2	1.5	1.4	1.0
2003	10150.7	7033.8	7202.7	1.4	1.4	1.0
2004	11286.8	7861.5	7914.0	1.4	1.4	1.0
2005	13375.0	8809.0	8783.0	1.5	1.5	1.0
2006	14967.0	9902.0	9728.0	1.5	1.5	1.0
2007	16974.0	11634.0	11309.0	1.5	1.5	1.0
2008	19203.5	13225.9	12971.2	1.5	1.5	1.0
2009	20953.2	14367.1	14213.5	1.5	1.5	1.0
2010	23272.8	15962.0	15806.5	1.5	1.5	1.0
2011	26406.0	18323.2	18159.4	1.4	1.5	1.0
2012	29621.6	20697.2	20600.2	1.4	1.4	1.0
2013	32472.0	22736.1	22710.1	1.4	1.4	1.0
2014	33905.4	24733.3	24390.6	1.4	1.4	1.0

资料来源：根据历年《中国统计年鉴》计算整理而得。

表 2-8　东、中、西地区农民人均纯收入差距　　单位：元

年份	东部	中部	西部	东部/中部	东部/西部	中部/西部
2000	3271.3	2077.6	1661.0	1.6	2.0	1.3
2001	3450.5	2169.5	1721.2	1.6	2.0	1.3
2002	3629.2	2278.5	1820.9	1.6	2.0	1.3
2003	3864.2	2368.7	1935.9	1.6	2.0	1.2
2004	4253.8	2692.3	2157.9	1.6	2.0	1.3
2005	4720.3	2956.6	2378.9	1.6	2.0	1.2

续表

年份	东部	中部	西部	东部/中部	东部/西部	中部/西部
2006	5188.2	3283.2	2588.4	1.6	2.0	1.3
2007	5855.0	3844.4	3028.4	1.5	1.9	1.3
2008	6598.2	4453.4	3517.7	1.5	1.9	1.3
2009	7155.5	4792.8	3816.5	1.5	1.9	1.3
2010	8142.8	5509.6	4417.9	1.5	1.8	1.3
2011	9585.0	6529.9	5246.7	1.5	1.8	1.2
2012	10817.5	7435.2	6026.6	1.5	1.8	1.2
2013	12052.1	8376.5	6833.6	1.4	1.8	1.2
2014	13144.6	10011.1	8295.0	1.3	1.6	1.2

资料来源：根据历年《中国统计年鉴》计算整理而得。

综合而言，在中国，东、中、西三个地区之间的差距是显而易见的，三者无论是在经济发展水平还是人均收入水平上都表现的相当不平衡，从统计数据可以直观地看到，地区之间的差距现状不容乐观。为了解决中国的区域发展差距，中央高层已经开始为改变区域差距而进行新布局。党的十八大以来，“一带一路”倡议稳步实施，京津冀协同发展大力推进，长江经济带建设正在发力，粤港澳大湾区建设开始发挥带动作用，脱贫攻坚成效显著。上述这些区域发展策略在很大程度上起到了缩小地区差距、贫富差距的作用。

第四节　中国传统经济增长的代价

中国的传统经济增长速度快，但是高速增长也带来了突出问题，这一突出问题就是环境污染严重。无论是大气污染，还是水污染和土壤污染，都达到了生态环境承载力的边缘。这说明中国的经济增长方式有待改善，经济增长质量有待提高，粗放型经济增长必须要向集约型经济增长方式转变，向绿色经济转变，向循环经济转变。

一、环境成本巨大——生态破坏、环境污染严重

随着经济发展，我国生态环境遭到了比较严重的破坏，具体体现在以下几个方面。

（一）生态恶化加剧

我国是生态森林资源稀缺的国家，加之长期以来对森林资源的不合理利用甚至乱砍滥伐，使森林生态系统呈现衰退的趋势。对此，中国政府给予了高度重视。1984 年颁布实施了《中华人民共和国森林法》，1998 年启动了天然森林资源保护工程，而后又开始实施了六大林业重点工程。2005 年初完成的第六次全国森林资源清查结果显示，全国森林面积达 1.75 亿公顷，森林覆盖率已达到 18.21%。尽管如此，我国森林生态系统退化的形势仍然相当严峻。

我国草原面积广阔，但由于过度放牧，草原退化、沙化现象严重。调查显示，全国 90%的可利用天然草原不同程度地退化，其中严重退化的草原已达到 1.8 亿公顷，而且每年还在以 200 万公顷的速度增加。

森林与草原退化是导致我国水土流失的主要原因。从 2018 年全国水土流失动态监测新闻发布会上获悉，根据 1985 年、1999 年、2011 年、2018 年 4 次监测结果，我国水土流失面积持续减少。2018 年全国水土流失面积达 273.69 万平方公里，占全国国土面积（不含港澳台）的 28.6%。其中，水力侵蚀面积 115.09 万平方公里，风力侵蚀面积 158.60 万平方公里。

我国的土地荒漠化总体上呈恶化趋势。目前全国荒漠化土地面积 262 万平方公里，占国土面积的 27.3%，而且还在以平均每年 3436 平方公里（相当于一个中等县的面积）的速度不断扩大。由此带来的直接后果是土地生产力下降，经济损失不可估量。

（二）环境污染依然严峻

由于我国现在正处于迅速推进工业化和城市化的发展阶段，对自然资源的开发强度不断加大，加之粗放型的经济增长方式，技术水平和管理水平比较落后，污染物排放量不断增加。从全国总的情况来看，我国环境污染仍然在加剧。中国环境监测总站发布的数据表明，中国环境污染形势非常严峻，有六大“顽疾”

影响着百姓的生活质量。

一是城市空气污染严重。2005 年共有 522 个城市开展了空气质量检测，其中空气质量为一级的城市有 22 个，占 4.2%；二级的城市有（适宜居住）293 个，占 56.1%；三级的城市有 152 个，占 29.1%；劣于三级的城市有 55 个，占 10.6%。影响城市空气质量的主要污染物为颗粒物，主要分布在山西、河北、甘肃和贵州等省。2018 年底，全国 338 个地级以上城市平均空气质量优良天数比例为 77.0%，轻度污染比例为 15.1%，中度污染天数比例为 4.6%，重度及以上污染天数比例为 3.3%。按照城市环境空气质量综合指数评价，空气质量相对较差的排名前 10 位城市依次是临汾、漯河、安阳、南阳、许昌、保定、邯郸、石家庄、乌鲁木齐、开封。空气质量较好的排名前 10 位城市是海口、舟山、福州、惠州、黄山、厦门、南宁、深圳、贵阳、昆明。

二是部分地区酸雨强度加大。2005 年，在全国开展酸雨检测的 696 个城市中，357 个城市出现酸雨，占 51.3%，其中浙江省东阳市、象山县、安吉县，福建省邵武市，江西省瑞金市逢雨必酸。浙江省台州市、江西省贵溪市、广东省连州市、贵州省清真市降水 pH 年均值小于 4.0，酸雨污染最严重。从区域上来看，华东地区特别是浙江省酸雨污染进一步加重；华南地区的珠江三角洲酸雨污染也在加重。2012 年以来，在习近平总书记生态文明思想指导，华东、华南的酸雨有所减少。

三是地表水中度污染。2005 年我国地表水总体上属于中度污染，在国家水环境监测网 744 个断面中，优良类、污染类和重度污染类断面分别为 36%、36% 和 28%。海河、辽河、淮河、黄河以及松花江水系的部分支流，特别是城市河段污染依然严重。主要污染指标为氨氮、石油类、高锰酸盐指数等。

四是城市道路交通噪声超标。2005 年，在全国 350 个城市中，63.7% 的城市区域环境噪声高于城市居住噪声环境质量标准，属轻度污染的占 33.7%，属中度污染的占 1.7%，属重度污染的占 0.9%。

五是二氧化硫排放总量失控。2005 年，我国化学需氧量和二氧化硫排放量分别为 1413 万吨和 2549 万吨，均比 2004 年有所增加。这主要是因为当年能源消费量达到 22.2 亿吨标准煤，比 2000 年增加了 55.2%，导致二氧化硫排放总量失控。2018 年“两会”期间，李克强总理在政府工作报告中指出，2018 年二氧化硫、氮氧化物排放量要下降 3%，化学需氧量、氨氮排放量要下降 2%。

（三）自然灾害频繁

自1970年以来，全球自然灾害频繁，严重地破坏着人类赖以生存的粮食和能源生产以及生态环境，对世界各国经济产生了巨大的不利影响。我国幅员辽阔，横跨多个气候带，又处于季风气候区，是世界上自然灾害最严重的国家之一。我国自然灾害种类多，发生频率高、分布地域广、造成损失大。我国每年因气象、洪涝、地质等自然灾害造成的直接经济损失达2400多亿元，全国损失3000多亿元人民币。

显而易见，我国目前的环境状况对经济发展已构成严重制约，不利于经济的持续发展。学者武亚军提出了自然资源定价的基本框架——MOC估算法，即真实成本＝生产成本＋耗竭成本＋环境成本。其中，耗竭成本是指不可再生资源，由于今天的使用，使后代无法使用而造成的净利益损失；环境成本是指对资源的供应和使用对环境、生态造成的损失。武亚军通过对湖南省、湖北省水稻生产环境成本的估算，"计算出每公斤（千克）水稻的环境成本为0.05～0.15元（1995年），预计到2020年达到0.20～0.32元"。在《中国的环境保护（1996～2005年）》白皮书发布会上被透露，关于生态环境的破坏或者环境污染的影响对国民经济造成的损失到底有多大，中国政府相关部门的研究显示，1990年中期该损失占到国内生产总值的8%，而世界银行计算的结果更是高达13%。"我们在西部调查的基础上又作了一个分析，损失大约为11%。这几个数字强调的角度不同，差别比较大，总的来说，大概10%。"

（四）国际压力不断加大

从国际上来看，全球环境保护活动日益活跃，越来越成为国际事务的重要内容之一。中国作为一个正在崛起的大国，不可避免地面临比其他国家更大的压力。例如，中国是二氧化硫和温室气体排放总量最多的国家之一。以二氧化硫为主的温室气体排放被多数人公认为是造成全球气候变暖的主要原因。发达国家出于国际政治、经济关系的考虑，不断对中国施压，要求我国减少排放量。1997年12月，联合国京都气候会议已要求中国制定自己削减温室气体排放目标。同时，环境保护正成为国际贸易和投资的重要条件之一。1990年以来，发达国家不断制定和实施进口产品的环保法规。1992年5月欧共体（现为欧盟）正式实施生态标签制度；1993年7月正式推出欧洲环境标志；1995年4月，由发达国家控制的国际标准化组织开始实施《国际环境标准督查标准制度》，等等。国际贸易中的这些“环保壁垒”，给我国对外贸易和国际竞争带来了很大的压力。

二、社会福利损失严重——贫富差距拉大

中国的贫富差距情况比较复杂，对这个问题的研究离不开对现状的分析。广义而言，贫富差距是指一个社会中社会内部成员之间在收入方面和财富方面存在的差距。“收入”一般是指一个人或家庭在一定时间（通常为一年）内所获货币的总量，如工资、股息、租金、转移性支出收入等。“财富”一般是指一个人或家庭在一定时点上所拥有的有形资产以及金融资产的总量，如金融资产、房产、消费品拥有量等。它是某一时间点个人所拥有的可支配资源，也是对收入流量的一种沉淀。所以，本书主要通过收入差距角度对贫富差距现状进行定量分析，并分别从城乡、行业和阶层这三个方面入手进行深入剖析。

（一）城乡差距

与改革开放前相比，中国农民的收入确实是增加了，但是相对于城镇居民的收入来说，中国农民的收入水平还是很低的。一方面，农村的交通情况比较差，基础设施也很薄弱，很难受益于科技进步带来的成果；另一方面，农民主要以种地为生，从事的是需要廉价劳动力的“传统产业”，农业生产方式没有实质性的变化，生产率偏低。而城镇人口利用高端的知识、技能和经验进行着脑力劳动，所从事的一般是制造业、服务业、信息业等“现代产业”。这些从事脑力劳动的人群由于经验的不断积累和技术水平的不断提高，收入会越来越多，而那些从事初级农产品种植的体力劳动者所得到的报酬只能满足基本的温饱水平。由于资源的有效配置，越来越多受过高等教育以及掌握先进技术水平的人才涌进大城市，而农村更多的是没有受过高等教育的农民。长此以往，城乡之间的收入差距不断扩大化的趋势就会愈演愈烈。

城乡之间的收入差距可以说是在整个收入差距中最大的一个影响因素。尽管政府在这些年采取了大规模的财政转移支付等一系列措施，试图遏制这种不断扩大的趋势，但总的来看，差距拉大的幅度虽然在缩小，但趋势仍然处于拉大的状态。城乡居民之间的收入差距日趋拉大已是不争事实。下面根据国家统计局官方统计的数据，对城乡居民人均可支配收入进行比较，以说明中国现阶段城乡之间

的差距到底达到何种程度。

2000～2014 年中国城乡居民之间的收入差距以及变化趋势如表 2－9 所示。

表 2－9 2000～2014 年城乡居民人均收入年表

年度	城镇居民人均可支配收入（元）	增幅（增长的比例）（%）	农民人均纯收入（元）	增幅（增长的比例）（%）	城乡收入比	城乡收入差（元）
2000	6280. 0	—	2253. 4	—	2. 8	4026. 6
2001	6859. 6	9. 2	2366. 4	5. 0	2. 9	4493. 2
2002	7702. 8	12. 3	2475. 6	4. 6	3. 1	5227. 2
2003	8472. 2	10. 0	2622. 2	5. 9	3. 2	5850. 0
2004	9421. 6	11. 2	2936. 4	12. 0	3. 2	6485. 2
2005	10493. 0	11. 4	3254. 9	10. 8	3. 2	7238. 1
2006	11759. 5	12. 1	3587. 0	10. 2	3. 2	8172. 5
2007	13785. 8	17. 2	4140. 4	15. 4	3. 3	9645. 4
2008	15780. 8	14. 5	4760. 6	15. 0	3. 3	11020. 2
2009	17174. 7	8. 8	5153. 2	8. 2	3. 3	12021. 5
2010	19109. 4	11. 3	5919. 0	14. 9	3. 2	13190. 4
2011	21809. 8	14. 1	6977. 3	17. 9	3. 2	14832. 5
2012	24564. 7	12. 6	7916. 6	13. 5	3. 1	16648. 1
2013	26955. 1	9. 7	8895. 9	12. 4	3. 0	18059. 2
2014	29381. 0	9. 0	9892. 0	11. 2	3. 0	19489. 0

资料来源：根据《中国统计年鉴》(2015) 计算整理得出。

由表 2－9 我们可以得知，21 世纪以来，中国的城乡居民人均收入总体上均呈现增长的趋势，而且从 2004 年起由于国家施行了降低、减免农业税等优惠政策，农村居民的收入开始以两位数的增幅增长。但是，城乡居民的收入比例由 2000 年的 2. 8 增长到 2002 年的 3. 1，而且此后一直保持在 3 以上。根据世界银行的相关报告以及国际劳动组织的数据可知，世界上绝大多数国家的城乡人均收入比均低于 1. 6，只有三个国家超过了 2，中国就是其中一个。并且英美等发达国家的城乡人均收入比一般均保持在 1. 5 左右，而中国的城乡人均收入比却保持在 3 以上，可见中国的城乡收入差距已经到了一个比较严重的程度，亟待解决。

中国城乡、不同群体居民收入差距依然较大。2017 年全国居民收入基尼系数超过 0.4。由于实施精准扶贫等政策，农民收入增长较快，城乡居民收入正在缩小。2018 年农民人均可支配收入达 1.45 万元，城乡收入倍差降至 2.68。

（二）行业间差距

行业之间的差距即为城镇内部不同行业之间的个人收入之间的差距，原来在计划经济的体制下，中央高度集权，实行的是单一的公有制经济，市场经济成分单一，职工的工资收入以及各种生活消费品都由计划控制，不同行业之间的个人收入差距微乎其微。但是，自从改革开放以后，随着社会主义市场经济体制的建立，打破了传统计划经济体制下的分配制度，虽然各行各业的收入水平都得到了极大的提高，但不同行业的性质不同、效率不同，竞争机制和收入机制也不同，这样就使各行各业提高的程度和速度各不相同，长此以往，不同行业间的收入差距就形成了，并且开始明显扩大化。如果这种差距扩大到一定的规模，特别是出现一些灰色、黑色收入导致差距更大的时候，社会矛盾必然会爆发，中国经济的发展就会受到严重危害，社会稳定也会受到严重影响。所以，我们很有必要对中国当前行业之间的收入差距进行了解和分析。为此我们统计了近年各行业就业人员平均工资，以对比不同行业的人均收入水平。如表 2－10 所示。

表 2－10　2007～2014 年各行业就业人员平均工资表　　单位：元

年份	2007	2008	2009	2010	2011	2012	2013	2014
农林牧渔业	10847	12560	14356	16717	19469	22687	25820	28356
采矿业	28185	34233	38038	44196	52230	56946	60138	61677
制造业	21144	24404	26810	30916	36665	41650	46431	51369
电力、热力燃气、水	33470	38515	41869	47309	52723	58202	67085	73339
建筑业	18482	21223	24161	27529	32103	36483	42072	45804
批发零售	21074	25818	29139	33635	40654	46340	50308	55838
交通运输、仓储和邮政业	27903	32041	35315	40466	47078	53391	57993	63416
住宿餐饮	17046	19321	20860	23382	27486	31267	34044	37264
信息传输、软件和技术服务	47700	54906	58154	64436	70918	80510	90915	100845
金融业	44011	53897	60398	70146	81109	89743	99653	108273
房地产业	26085	30118	32242	35870	42837	46764	51048	55568
租赁和商务服务业	27807	32915	35494	39566	46976	53162	62538	67131

续表

年份	2007	2008	2009	2010	2011	2012	2013	2014
科学研究和技术服务业	38432	45512	50143	56376	64252	69254	76602	82259
水利、环境和公共设施管理	18383	21103	23159	25544	28868	32343	36123	39198
居民服务、修理和其他服务	20370	22858	25172	28206	33169	35135	38429	41882
教育	25908	29831	34543	38968	43194	47734	51950	56580
卫生和社会工作	27892	32185	35662	40232	46206	52564	57979	63267
文化、体育和娱乐业	30430	34158	37755	41428	47878	53558	59336	64375
公共管理、社会保障和社会组织	27731	32296	35326	38242	42062	46074	49259	53110
极值差	36853	42346	46042	53429	61640	67056	73833	79917
极值比	4.4	4.4	4.2	4.2	4.2	4.0	3.9	3.8

注：极值差为当年最高收入行业与最低收入行业工资之差；极值比为当年最高收入行业与最低收入行业工资之比，且没有单位。

资料来源：根据历年《中国统计年鉴》整理得出。

从表 2－10 中我们可以清楚地看到，目前中国收入比较高的行业主要是国有垄断行业以及新兴的高新技术业，如电力电信、金融、信息技术等；而收入比较低的行业还是传统的农业、建筑业以及住宿餐饮和公共管理等附加值较低的服务行业。2008 年以前，收入最高的是信息传输、软件和技术服务业，2009～2018 年收入最高的是金融行业，农林牧渔业则一直是最低收入行业。数据显示，中国这些较高行业就业人员的平均工资基本是其他行业就业人员平均工资的 2～3 倍，若是再加上一些工资之外的收入和职工福利等，他们之间的实际收入差距可能会达到 5～10 倍。而且，由极值比可以看到，中国最高收入行业和最低收入行业之比基本保持在 4 倍以上，国际上公认的行业之间的收入差距应该保持在 3 倍以下才是合理水平，英国、法国、日本为 1.6～2 倍，美国、韩国、德国、加拿大在 2.3～3 倍，这些表明中国的行业收入差距已经达到很高的水平，事实上差不多已经是世界第一了。并且，由极值差可以看出，中国最高收入行业与最低收入行业之间的绝对差距仍然处于不断拉大的状态之中。

（三）阶层差距

阶层之间的差距是指在经济发展中社会各阶层所得收入之间的差距，近几年网上流行的“官二代”“富二代”以及“拆二代”等新鲜词汇均是对阶层差距的形象表述。在中国，高收入阶层主要集中在房地产、证券、矿产、金融机构管理人员、企业高级雇员、高级技术人员、歌星、影星、主持人、知名运动员、作家、经济学家、律师以及私营企业家等行业中；低收入阶层主要包括超市货架员、餐饮服务员、游离在城市中的农民工等大量从事服务行业的人员以及一些靠领取最低保障生活费的人群。据媒体报道，高收入阶层总人数不及全国人口总数的10%，拥有着82%的城乡居民储蓄总额，而占全国总人口90%的普通阶层和低收入群体，却只占据存款总额的18%。上市国企的高管与一线工人的收入差距一般在30倍左右，国有企业高管的工资与社会平均工资差不多相差28倍。管理层与非管理层的职工在工资待遇各方面相差比较悬殊。2015年2月，胡润研究院最新发布的《2015年全球富豪榜》显示，中国内地总共有430个人上榜，富豪数量仅次于美国。而按每天一美元的标准，中国仍然还有1.5亿的贫困人口。由此可见，中国不同社会阶层的人在收入、财富以及生活水平等方面都存在着天壤之别的差距。社会成员之间的收入差距不断扩大化，阶层划分日益严重已经成为中国当前面临的一个突出典型又现实的问题。

表2-11根据国家统计局公布的统计数据，分别对2010~2014年城镇内部各阶层之间以及农村内部各阶层之间的收入水平进行比较。

由表2-11和图2-1可以看出，近五年来中国城镇居民内部各阶层之间的收入差距仍然在不断拉大。2014年，20%的城镇高收入居民的收入占当年城镇居民总收入的40%，高低收入差距为5.5倍。

表2-11　按收入五等份分组的城镇居民人均可支配收入　　单位：元

年份	低收入户	中等偏下户	中等收入户	中等偏上户	高收入户	高低户收入差
2010	7605.2	12702.1	17224.0	23188.9	41158.0	33552.8
2011	8788.9	14498.3	19544.9	26420.0	47021.0	38232.1
2012	10353.8	16761.4	22419.1	29813.7	51456.4	41102.6
2013	11433.7	18482.7	24518.3	32415.1	56389.5	44955.8
2014	11219.3	19650.5	26650.6	35631.2	61615.0	50395.7

资料来源：根据历年《中国统计年鉴》计算得来。

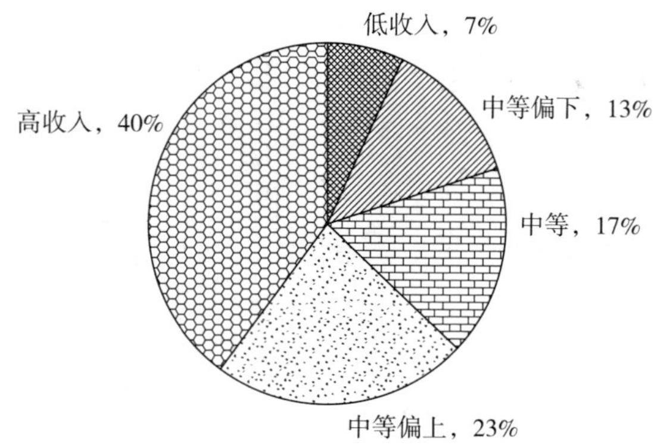

图 2－1　2014 年按五等份城镇居民可支配收入所占比

由表 2－12 和图 2－2 可以清楚得知，近五年来中国农村居民内部阶层之间的收入差距也在不断拉大，到 2014 年，20% 高收入者的收入占当年农村居民总收入的 42%，而低收入者仅占 5%，高低收入差距比城镇居民之间的差距更严重，达到 8.7 倍。

表 2－12　按收入五等份分组的农村居民人均纯收入　　单位：元

年份	低收入户	中等偏下户	中等收入户	中等偏上户	高收入户	高低户收入差
2010	1869.8	3621.2	5221.7	7440.6	14049.7	12179.9
2011	2000.5	4255.7	6207.7	8893.6	16783.1	14782.6
2012	2316.2	4807.5	7041.0	10142.1	19008.9	16692.7
2013	2583.2	5516.4	7942.1	11373.0	21272.7	18689.5
2014	2768.1	6604.4	9503.9	13449.2	23947.4	21179.3

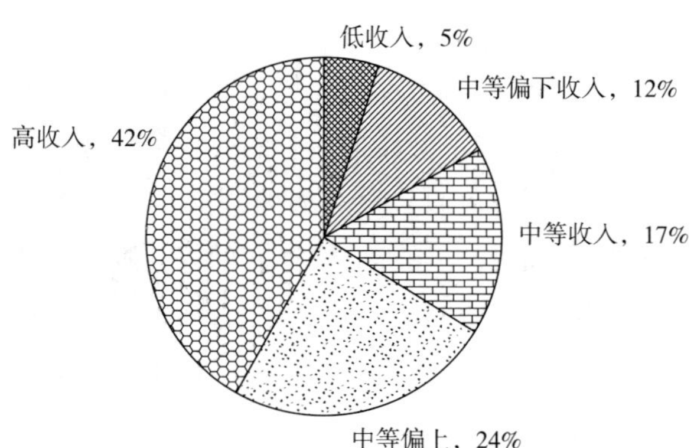

图 2－2　2014 年农村居民按五等份人均收入所占比

经过以上比较，已经清楚地表明，中国目前无论是城乡之间的差距、地区间的差距还是行业之间的差距、阶层之间的差距均呈现出越来越大的趋势，阶层的划分日益严重，越来越明显化。

三、潜规则显性化——腐败严重

随着市场经济的发展，我国经济制度的不完善导致权力寻租现象严重，而且越来越明显，具体表现在以下几个方面。

（一）腐败手段越来越高明

以高级领导干部的腐败犯罪案件为例，有关研究数据表明：平均潜伏期越来越长，也就是说，“隐形”腐败越来越严重。从这些贪官的堕落史可以看出，他们都身居高位（副厅以上），作案手段隐蔽狡猾，智能化、伪装性十分突出，充分利用公共投资与公共支出来做掩护大搞地下腐败是最大特点。

同时腐败的手段也越来越隐蔽。在现实生活中，领导干部工作的工作圈居于“人前”，属于相对规则性的任职行为，而“人前”以外的生活圈、娱乐圈、社会圈居于“人后”，属于非规则性任职行为，其特征是活动比较隐蔽，很少有人确知其行为踪迹，透明度较差，缺乏相应的监督。正因为如此，有的领导干部当面一套，背后一套。事实表明，生活和社交中的庸俗堕落，最终会导致权力主体的腐败，这是目前领导干部监督工作的薄弱环节。大量案例证明，领导干部之所以走上腐败犯罪的道路，大都是工作圈之外的生活圈、交际圈中发生质变的，但由于工作圈以外的行政权力行为具有繁杂性、隐蔽性和分散性，很难受到足够的监督制约。

在党和政府不断加大防治腐败力度的形势下，腐败官员的腐败犯罪手段趋向多样化、智能化，具有明显的隐蔽性。他们有的钻政策和法律的空子，用模糊行为混淆腐败犯罪行为，用“灰色收入”混淆非法收入；有的利用鉴定、试用、宣传作伪装接受大件物品、名贵字画和股票；有的以打牌、下棋等娱乐形式接受贿赂；有些权钱交易的腐败犯罪活动往往混杂在合法的执行公务之中，以合法形式掩盖腐败犯罪实质；有的精心编织关系网、寻求保护伞，一旦有风吹草动，就四处活动；有的在发展前预谋策划，犯罪中步步为营，犯罪后毁匿证据，逃避制裁。受贿是官员腐败的普遍行为和主要罪行。从研究成果来看，许多个案受贿金额巨大，但行贿人数较多，这表明大多数涉案官员在作案手法上是比较谨慎的，但是得到的个人收益并不少，这大大减少了被发现的风险。

（二）贪污腐败金额数量越来越大

在经济发达地区，大案特大案甚至占案件的大多数。在相对贫穷地区，大案、特大案也时有发生。日益严重的权力主体腐败犯罪行为不仅破坏了法治建设，扰乱了社会秩序，降低了政府的威信，而且也恶化了党群干群关系，破坏了社会发展的良好环境，严重地影响了一方经济的发展。单从腐败犯罪导致国有资产大量流失来看，其影响就触目惊心。有资料显示，1992～1995年由于贪污、挪用公款、行贿、受贿等导致的国有资产流失，每年金额已逾千亿元，给国家造成了巨额的经济损失。仅据广东省检察机关统计，1993年1月至1996年3月，全省共有431名贪污贿赂犯罪分子携款潜逃，带走公款11亿多元。仅党的十八大以来至2018年底落马的省部级及以上官员人数就达145人。其中，苏荣、徐才厚、周永康、令计划、郭伯雄等都是新中国成立以来特大腐败案，震惊全国。

（三）群体性高官腐败犯罪现象明显上升

与改革开放初期腐败以单人腐败为主相比，腐败方向群体化方向的取向已有发展。不少地方和单位出现了领导班子成员集体腐败的现象，串案、窝案增多；有的部门，如海关、国土等部门，贪污受贿官员形成了有严密分工的“一条龙”犯罪集团。自20世纪90年代以后，腐败案件涉及的高官人数越来越多，层次越来越高，新的腐败窝案、串案，仅涉及省部级以上的高层官员的就有200多起。

20世纪80年代，在党内外产生较大震动的省部级高官案，有原江西省委书记、省长倪献策腐败案。倪因滥用职权、生活腐化、包庇走私被开除党籍，且被依法判处两年有期徒刑，给全国社会各界以强烈的震撼和冲击。

到了20世纪90年代，特别是1992年中纪委二次全会以后，中央不断加大审查力度。“刑上省部级”已经不再新鲜。仅在1998年，查处省部级领导干部就有12人。

中纪委在向党的十六大所作的工作报告中指出：自1997年10月到2002年9月的5年间，共查处省（部）级领导干部98人。也就是说，每年平均查处19人多，有资料披露，全国现有省部级干部2000多人，其中在一线工作的有1000多人，根据这个数字可以计算出每年受到惩处的省部级领导干部人数约占一线干部的1%到2%。中共十八大以来查处的省部级以上干部人数，是2008~2012年5年间的4倍。

（四）腐败干部年轻化

年轻公务员腐败的发生日益呈现出上升的趋势，干部腐败年轻化已成为反腐败斗争中一个重要的新课题。对年轻公务员来说，绝大多数人没有什么权力或权力太小，但是，他们受社会不良风气的影响极大，辨别力和自控力较差，在关键岗位上或刚走上领导岗位没多久就栽了跟头。从“59岁现象”“39岁现象”到“26岁现象”，呈现在我们面前的事实是两极分化——腐败官员的职位越来越高和腐败官员的年龄越来越小，但胃口却越来越大。

四、道德失范——文化缺失

在当代社会，文化的重要性越来越凸显。文化是一个民族在全球化进程中的名片，是一个民族的灵魂和血脉，是一个表示人类本质和社会文明的概念。《周易·贲·彖传》云：“观乎天文，以察时变；观乎人文，以化成天下。”意即用人文教化百姓、治理天下。文化的内涵非常丰富，是构成民族国家竞争力的核心要素。然而经济的快速发展使当今文化缺失严重，具体表现为社会信任的缺失、对传统文化继承的缺失和对道德继承的缺失。

（一）社会信任的缺失

信任存在于人们的日常生活中，对人们生活的各方面都有着重要作用，中国历来也曾有俗语：人无信不立，业无信不兴。在现代社会，信任机制的构建要求人、自然、社会三者相互和谐发展，对成为爱国、敬业、诚信、友善的中国公民，对实现自由、平等、公平、法制的社会，对建设富强、民主、文明、和谐的中国特色社会主义强国，都有相当重要的作用。市场经济的发展使人们都更加注重自己的经济利益，社会信任逐渐缺失。中国社会科学院社会学研究所的社会心态蓝皮书《中国社会心态研究报告（2012~2013）》指出，“中国社会的总体信任进一步下降，已经跌破60分的信任底线。”

社会信任的缺失主要表现在人际关系信任的缺失，例如人与人之间的合作关系因为猜疑等遭到破坏；社会合作的缺失，例如社会上出现的摔倒老人无人敢扶

起的现象；对公共权力信任的缺失，如人民对政府部门的不信任；经济交易的不信任，如“医闹”和“校闹”现象。

（二）优秀传统文化继承的缺失

中华优秀传统文化是我国古代劳动人民伟大智慧的结晶，是我国几千年来代代相传的宝贵精神财富。只有继承优秀传统文化才能保持中国文化的特色，然而中国在从农业国过渡到工业国的进程中，许多优秀传统文化都被现代人所抛弃。尽管我国的传统文化是农业社会的产物，在某些方面不适于现代社会的发展，应予以摒弃，但依然有相当一部分的传统文化是值得当代人继续传承，并发扬光大。

传统文化继承的缺失主要表现如下：

1. 语言文字的乱用

语言文字是人类重要的交际工具、思维工具和信息载体。标准规范的语言文字是人们准确地传递和理解信息的重要因素。随着社会的发展、科技的进步，人们的交际范围和交际方式也有了很大的变化，同时对语言文字的规范化也提出了更高要求。人类进入文明的标志是以文字发明和使用为起点，中国有五千多年的文明史，汉字具有三千多年的历史，先后经历了甲骨文、金文、篆书、隶书、楷书等五种正式字体，真可谓是博大精深、源远流长。在漫长的历史长河中，中国人民在科技、军事、文化、卫生等各个方面都创造了很多震惊世界的“神话”，这些文明之所以能流传至今，流传到世界各地靠的就是语言文字。在改革开放的今天，中国正在向着世界性的强国迈进，中国要把更多的中国文明传播到世界去，要打出中国的形象靠的也是汉语言文字。汉语是中华民族的母语，也是世界上使用人数最多的语言之一，更是联合国规定使用的国际语言。因此，用好汉语就显得尤为重要。

随着经济的发展，互联网也进入每个人的生活中，网络社交成为当今一种重要的交际方式。随着网络社交的迅速发展，网络用语不规范，任意造出并不存在的字，如“囧”字或词语“屌丝”等，这些字和词都缺乏精神内涵，不利于文化的传承和日常的交流。

2. 对传统节日的淡漠

节日是文化传播和传承的重要载体，承载了厚重的文化内涵。中国的传统节日经历了漫长的发展过程，积淀了形式多样、内容丰富的文化资源，是中华民族悠久历史文化的一个组成部分。在漫长的历史发展进程中，中华民族许多优秀的文化都沉淀在其中，对于整个民族来说是一笔巨大的精神财富，对于塑造民族品质、培育民族精神都有积极作用。

然而现在世界经济的频繁交流，人们接触到和学习到的外国文化越来越多，使相当部分的中国人热心于西方节日，如圣诞节、万圣节等，却忽略了中国的传统节日，如重阳节、端午节等。

3. 忽略国学经典

章太炎先生曾说："夫国学者，国家所以成立之源泉也。"中国之所以能成立，它背后精神性的东西就是国学。如果没有国学，这个国家就不能自立。"吾未闻国学不兴而国能自立者也"就是这个意思。在《左传》里也有一句话体现了这种思想，叫"国于天下，有与立焉"。一个国家在天下，一定要有足以立国兴邦的基础，文化问题成为立国兴邦的必要条件。如果一个国家失去了它的精神文化，这个国家就不能立足于天下。所以一个国家、一个民族要立足于世界，一定有它立国兴邦的基础。这个基础是在长期的历史发展当中所形成的共同的民族文化心理和它的凝聚力。所以，有的学者又把国学叫作国魂，即一个国家的灵魂。一个民族如果失去了这种文化认同、这种凝聚力、这种自尊心，那么国将不国。

第三章 中国新型发展理念的全新阐释

近年我国经济持续、快速增长，取得了令人瞩目的成绩。如何在继续保持一定经济增长速度的同时，着力提高经济增长的质量和效益，促进整个经济的良性循环，是经济增长的本质要求，并已成为我国经济持续、快速、协调、健康发展的关键。为此，习近平总书记针对中国存在的主要问题，提出了创新发展、协调发展、绿色发展、开放发展和共享发展五大发展新理念。认真贯彻落实这五大发展理念就是解决中国经济增长问题的重要原则。

第一节 经济增长质量的丰富内涵

一、增长

所谓“增长”，就是指连续发生的经济事实的变动，其意义就是经济事实在每一单位时间的增多或减少。在经济学中增长有广义、中义和狭义之分：狭义指GDP增长；中义指能够用货币来计算的经济总量增加、国民收入提高（GDP增长）与经济规模扩大；广义包括能够用货币来计算的与不能用货币来计算的社会财富的增加，既包括社会财富量的增加，也包括社会财富质的提高。增长属于宏观经济范畴。广义的增长是狭义的增长向发展转化的中间环节。①

二、经济增长

对于经济增长，在不同经济学流派里的论述各不相同，古典经济学家亚当·斯密和大卫·李嘉图认为，经济增长就是国民财富的增长，表现为社会总产品的增加。马克思强调经济增长是社会物质财富的积累过程，是鉴于对经济增长“过程”的强调。马克思的扩大再生产理论深刻刻画了社会生产的动态过程。保罗·萨缪尔森将经济增长定义为一个国家潜在国民产量或者潜在的实际国民生产总值的扩展，是生产可能性边缘随着时间向外推移。这个概念强调经济增长是生产能力的扩展，即便这种生产能力并没有完全转化为实际产出。西蒙·库兹涅茨认为，经济增长是一个国家向其人民提供品种日益增加的经济商品的能力的长期上升，这个增长的能力，是基于改进技术以及它所要求制度和意识形态的调整。②

早期的经济增长理论认为，经济增长就是经济发展。1980 年出版的《新大英百科全书》将经济增长与经济发展两个词条作了区分，指出经济增长适用于人均收入较高的发达国家，而经济发展适用于发展中国家或不发达国家。其实经济增长与经济发展并不是等同的概念。美国经济学家查尔斯·p. 金德尔伯格、布鲁斯·赫里克在他们合著的 *Economic Development* 一书中是这样定义经济发展的：“物质福利的改善，尤其是对那些收入最低的人们来说；根除民众的贫困，以及与此相关联的文盲、疾病和过早死亡；改变投入与产出的构成，包括把生产的基础结构从农业转向工业活动；以生产性就业普及劳动适龄人口而不是只基于少数具有特权的人的方式来组织经济活动；以及相应地使有着广大基础的集团更多地参与经济方面和其他方面的决定，从而增进自己的福利。”可见，与经济增长相比，经济发展是各种经济因素的全面、协调发展，其内涵是十分丰富的。它不仅包括增加经济收入，提高劳动者的文化素质，变革经济结构，还包括民主管理等等一系列内容。美国经济学家 W. 阿瑟·刘易斯也认为，增长与发展之间确实存在着差别。他在《经济增长理论》一书中将经济增长界定为人均产量的增长，而没有赋予经济增长更多的内容。“大多数情况下我们往往只说是‘增长’或

① http：//www. chinareform. org. cn/people/C/chenshiqing/Article/201504/t20150418_ 223286. htm.

② 刘海英：《中国经济增长质量研究》，吉林大学 2005 年博士论文，第 17 页。

‘产量’……无论使用哪个短语，都应理解为‘人均’的，除非有特别说明，或者根据上下文显然是指总产量。”可见，“经济增长”这个概念的含义是明确的，它所涉及的是社会经济在规模上、在数量上的变化。而与之相对应的“经济发展”所涉及的则是社会经济在结构上和本质上的变化。①

经济增长的内涵表现为：计划年的产出量大于报告年的产出量；计划年的产出总量大于计划年的资源消耗量；经济增长是产出总量和产出质量的统一。而经济发展的内涵则表现为：经济规模的扩大，即马克思所指出的扩大再生产；产业结构的优化和升级，即经济系统实力的提升；产出总量的增长。②

事实上，经过改革开放多年的快速增长，中国经济在“量”上取得了巨大成功，量变的积累已经达到一定程度，开始步入可能出现“中等收入陷阱”的关键阶段，我们不仅要思考经济增长的速度与可持续性这种“量的扩张”问题，更应该从发展“质变”的角度，研究经济增长量变过程中所蕴含的“质的提升”，由此反思经济增长模式的发展绩效，为新的历史时期制定包容性增长与发展战略提供理论支撑和政策依据。③

三、经济增长质量与发展

从古典经济学开始的经济增长理论，关注的是经济增长的源泉、动力和形成机制，这是一种数量型的增长理论；而经济增长质量关注经济增长的后果和前景。经济增长本身并不是目的，而只是为人类谋福利的一种手段，只有经济增长质量才是发展的根本。依据国际国内关于经济增长质量的界定，经济增长质量是经济的数量增长到一定阶段的背景下，经济增长的效率提高、结构优化、稳定性提高、福利分配改善，创新能力提高，从而使经济增长能够长期得以提高的结果。数量型增长反映的是经济增长的速度，而质量型增长反映的是经济增长的优劣程度。④

其一，经济增长质量是数量增长到一定阶段的产物。如果没有一定的经济增长数量，不可能论及经济增长质量，只有当经济的数量增长到一定阶段，才需要考虑经济增长的质量问题。发展中国家在发动经济增长的初期，一般都追求数量和速度，随着工业化的全面推进，片面追求数量和速度的粗放型增长方式必然要

---

①② 刘海英：《中国经济增长质量研究》，吉林大学 2005 年博士论文，第 18 页。

③ 叶初升：《发展经济学视野中的经济增长质量》，天津社会科学，2014 年第 2 期。

④ 任保平：《经济增长质量：理论阐释、基本命题与伦理原则》，《学术月刊》，2012 年第 2 期。

出现大量的矛盾。现实中，已经和正在凸显的矛盾包括增长与效益的矛盾、增长与环境生态的矛盾、经济增长与社会发展的矛盾、经济增长与自主创新能力不足的矛盾，归结起来就是传统的数量型增长模式的矛盾。在这种背景下，就需要更多地强调经济增长的质量。

其二，经济增长质量是一个复合概念。经济增长质量包含诸多内容，包括经济增长的效率提高、结构优化、稳定性提高、福利分配改善、生态环境代价低、创新能力提高等诸多方面。从经济增长的效率来看，单位投入获得的产出越多，要素生产效率越高，经济增长质量越高；从结构优化来看，如果产业结构合理，则资源配置就是有效的，它会带来经济的持续、快速、稳定增长；从经济增长的稳定性来看，剧烈的经济波动意味着产出的巨大损失，增长率过高往往导致通货膨胀，增长率过低又会造成通货紧缩，这样会破坏经济长期稳定增长的基础，影响未来经济的发展；从福利分配来看，高质量的经济增长应使更多的人从经济增长中受益，如果经济增长率很高，而居民消费水平增长率较低，长期的贫富两极分化，失业率有增无减，这样的经济增长是低质量的，也是不可持续的；从生态环境代价来看，只有在自然资源被有效利用和生态环境得到有效保护的前提下，经济增长才是可持续的；从创新能力来看，技术创新既是企业竞争力的源泉，也是提高经济增长质量的关键。

其三，经济增长质量关系经济增长的结果和前景。经济增长质量内涵中所包含的诸多方面，都涉及经济增长的结果和前景。经济增长质量涉及两个方面的内容：一是经济增长的结果，即一种经济带来的结果是什么。由于经济增长是数量型的，经济增长和经济发展不一定一致，可能会出现“有增长无发展”的局面。联合国《1996 年人类发展报告》的主题就是讨论增长与人类发展的联系，其中指出了五种有增长而无发展的情况：无工作的增长、无声的增长、无情的增长、无根的增长、不可持续的增长。当经济增长和经济发展不一致，出现上述五种“有增长无发展”的局面时，这种经济增长就是没有质量的。二是经济增长的前景问题。经济增长质量关注的问题是经济增长能否达到潜在最大水平，这种经济增长能否得到长期持续的发展。

其四，经济增长质量研究是一种规范分析。规范分析方法是以一定的价值判断作为出发点和基础，提出行为标准，并以此作为处理经济问题和制定经济政策的依据，探讨如何才能符合这些标准的分析方法。经济增长质量研究主要分析一种经济增长的优劣判断，已从效率提高、结构优化、稳定性提高、福利分配改善、生态

环境代价、创新能力提高等诸多方面提出衡量经济增长优劣的价值判断，为经济增长方式和经济增长结果的评价以及经济增长政策的制定提供价值判断。

（一）经济增长质量的特征

1. 经济增长质量要求关注经济增长过程中投入与产出的合理性

在经济增长的过程中，等量的投入带来的产出越多，经济增长的质量就越高；反之亦然。在经济增长的低级阶段，由于产品加工深度低、技术含量低，能源、原材料消耗高，致使等量或同样的原料、资源投入所创造的价值少，这种经济增长的质量就比较低，是一种高投入、低产出的经济增长。这种经济增长往往会加大社会资源的供给紧张，为经济的持续发展造成障碍。为了实现经济的持续发展，在现代经济增长阶段就必须提高经济增长的质量，在经济发展过程中要提高投入产出比例，“提高资源的组合质量和资源的利用效率，降低投入，提高产出”。在宏观经济层面上，以最小的成本消耗或最小的代价来谋求经济增长。①

2. 经济增长质量要求合理利用资源和保护环境

追求质量型经济增长的关键是合理利用自然资源和保护环境。首先，从合理利用自然资源来看，在经济增长的过程中合理利用自然资源，减少对资源的浪费性使用。从资源的开发利用到资源的生产和再生产，按照经济规律进行投入与产出管理。其次，提高经济增长质量客观上要求在经济增长的过程中，既要重视经济再生产的支配作用和劳动对自然生态系统的调节和干预作用，又不能错误地以生态环境破坏为代价来换取经济增长。正如马克思所指出的：“社会化的人，联合起来的生产者，将合理地调节他们和自然之间的物质交换，把它属于他们共同控制之下，而不让它作为盲目的力量统治自己，靠消耗最小的力量，在无愧于和最适合于他们的人类本性的条件下来进行这种物质交换。”② 最后，提高经济增长质量还要保持人与自然的和谐关系。改变把自然界片面地看作是征服对象的错误认识，把产业系统与生态系统相对接，把技术系统与环境系统相对接，保持经济系统与生态系统的协调性。

3. 提高经济增长质量要求提高人民的福利水平

从经济增长的结果来看，无论是提高经济增长的数量还是提高经济增长的质

---

① 任保平：《经济增长质量：理论阐释、基本命题与伦理原则》，《学术月刊》，2012 年第 2 期。

② 马克思：《资本论》第 3 卷，人民出版社 1975 年版，第 926 页。

量，其根本出发点和归宿都是为了人的生存与发展，为了提高人的生活水平。而人的生活水平的提高则包括两个方面：从数量方面来看，通过经济增长要解决物品的短缺，提供丰富的物质产品，满足人民的物质文化生活的需要；从质量方面而言，通过经济增长要提高人的生活的舒适程度与便利程度，为人们提供无公害、有益健康的绿色食品，提供清新的空气、清洁的生活环境。

4. 提高经济增长质量要求坚持公平原则

在经济增长过程中，需要耗费各种要素和资源，而资源具有稀缺性，一部分人使用会排斥另一部分人使用，因而，在经济增长的资源利用中要坚持公平原则。这一公平原则包括两层含义：一是代际之间的公平。资源是经济增长的基础性条件，但这些资源是稀缺性的，因而，在提高经济增长质量的过程中，要坚持代际公平原则，使当代人在使用资源时，要考虑未来的经济增长，不能因为当代人的使用而损害后代经济增长的条件，要给后代留有公平利用自然资源的条件。二是有限资源的公平分配。使有限的资源在当代人之间，当代人与未来人之间保持公平分配，从而为经济发展提供公平的条件。

（二）经济增长质量的内涵

经济增长质量是增长过程中表现出来的国民经济的优劣程度。经济增长质量的内涵具体来说包括七个方面的内容。分别从不同层面反映了经济增长质量的内涵。①

1. 经济增长的有效性

经济增长的有效性反映的是经济增长的效率，即经济增长过程中投入与产出的比率。显然单位投入获得的产出越多，要素生产效率越高，经济增长质量越高。经济增长的直接源泉有两个：一是要素投入量的增加；二是要素生产效率的提高。两者在经济增长中的构成比例决定了经济增长质量和经济增长方式。如果前者在经济增长中起主要作用，则经济增长质量较低，经济增长方式为数量型；如果后者在经济增长中起主要作用，则经济增长质量较高，经济增长方式为质量型。有效性是经济增长质量的一个集中反映，也是经济持续增长的重要保障。需要指出的是，经济效率与经济效益是有区别的，后者反映的是企业经营状况，应属于微观意义上的概念；而前者反映的是经济增长的效率，应属于宏观意义上的概念，因此流行的“提高经济增长的质量和效益”的提法，将“质量”和“效

① 李俊霖：《经济增长质量的内涵与评价》，《生产力研究》，2007 年第 15 期。

益”并列，似乎有不妥之处。

2. 经济增长的充分性

经济增长的充分性反映的是经济增长过程中资源的利用程度。高质量的经济增长应有利于吸纳闲置资源，使各种生产要素都得到充分利用。充分性是从资源充分利用的角度反映了增长质量。实现了充分性也就意味着当前条件下所允许的最高增长速度。因此，所谓“高速”没有绝对的数量标准，对美国来说4%的经济增长率是高速增长，对中国来说9%的经济增长率才算高速增长。

3. 经济增长的稳定性

经济增长的稳定性反映的是经济增长过程中的波动幅度。稳定性的含义不在于经济增长率保持某一个数值不变，而是潜在经济增长率附近窄幅波动，实现资源的充分利用。剧烈的经济波动意味着产出的巨大损失。增长率过高往往导致通货膨胀，增长率过低又会造成通货紧缩，这样会破坏经济长期稳定增长的基础，影响未来经济的发展，降低一个较长时期经济增长的速度。因此，稳定性是经济增长质量的重要标志之一。

4. 经济增长的创新性

经济增长的创新性主要指技术创新和制度创新在经济增长中作用的大小。技术创新既是企业竞争力的源泉，也是提高经济增长质量的关键。从19世纪下半叶开始，以科学为基础的技术就成为当时发达国家经济增长的主要源泉。进入21世纪，知识经济的兴起使技术创新推动经济增长的作用更加明显。制度创新可以改善资源配置效率，继而提高投入产出效率，从而提高经济增长质量。制度创新主要表现为制度变迁，我国宏观制度的变迁主要表现在产权制度变迁、市场化程度提高、分配格局变化和对外开放扩大四个方面。技术创新和制度创新是经济增长的源泉，技术创新与制度创新的结合能促进经济的持续增长。创新能力的大小决定了经济增长的潜力。

5. 经济增长的协调性

经济增长的协调性反映的是经济结构的协调程度，经济结构包括需求结构、产业结构、区域结构、贸易结构等，在各类经济结构中，产业结构在整个国民经济中居于主导地位，产业结构的变化对经济增长起着重要的作用。如果产业结构合理，则资源配置就是有效的，它会带来经济的持续快速稳定增长；如果产业结构扭曲，无效投入就会增大，资源配置的效果就会降低，经济的持续快速稳定增长不可能实现。因此产业结构的协调性或合理性也是经济增长质量的重要内容。

世界经济发展的历史表明，经济的高速增长总是与产业结构的适时调整相伴，因此从动态的角度来理解产业协调，还应包括产业结构的合理演进和转换，即逐步实现产业结构高度化的过程。

6. 经济增长的持续性

一般来说，经济增长的持续性指的是经济持续增长的能力。在本文中经济增长的持续性仅指资源、环境的承载经济长期增长的能力。经济增长过程是经济要素与自然资源和生态环境有机整合的过程。忽视增长质量的经济增长给资源和环境带来了巨大压力，严重地损害了可持续增长的物质基础。只有在自然资源被有效利用和生态环境得到有效保护的前提下，经济增长才是可持续的。因此付出巨大资源和环境代价的高经济增长并不可取，是低质量的增长。

7. 经济增长的分享性

经济增长的分享性反映的是经济增长的效果。指经济增长对于减少贫困，提高居民生活水平的作用。一国经济增长的最终目的是不断提高居民的生活水平，高质量的经济增长应使更多的人从经济增长中受益。如果经济增长率很高，而居民消费水平增长率较低，长期的贫富两极分化，失业率有增无减，这样的经济增长是低质量的，也是不可持续的。因此居民能否分享经济增长的成果反映了经济增长质量的高低。

显然上述七个方面，彼此之间并非相互独立，而是存在着相互联系，相互影响的关系。例如：实际上经济结构、技术创新和制度创新对经济增长的作用可以在经济增长的效率中反映出来；充分性的发挥意味着稳定性的实现，而稳定性的实现又意味着经济的持续增长。这是大国经济长期发展的内在要求，也是大国经济行稳致远的必然要求。

第二节　经济增长质量的评价方法

一、定性评价和定量评价

辩证唯物论的认识论认为：“质（性质、本质）是认识的基础，量是认识的

深化和精确化。从认识的秩序来讲，人们总是先认识事物的质，然后才进入量的认识”。“如果我们对事物的量不作基本分析，对情况和问题没有量的认识，那么，对事物就不能有全面的、正确的科学认识，也不能把握事物的整体及其在客观世界中的地位和作用，也就不能把工作做好”。①

所以定性评价是先于定量评价存在。对事物用数量化的方法进行价值评定，叫做定量评价；用非数量化的方法进行价值评定，叫作定性评价。定量评价的主要方法：用数量表示评价标准、用数量描述事物现象、用数量分析事物状态、用数量表示评价结果等；定性评价的主要方法：等级评价法、评语评价法、评定评价法等。②

人们在认识某一事物的初期，最先采用的总是定性（确定成分与性质）分析。但是随着人们对事物认识要求的提高，对事物的认识就不再满足于“是什么”或作大致判断了，而是要求对事物进行定量（确定各成分的数量）评价。再说，人们对事物单纯的定性评价难免发生认识上的错误，而采用定量分析则可以大大降低这类错误的发生率。如 1998 年发生特大洪涝灾害之后，人们普遍认为，我国粮食会大幅度减产，而国家对粮食产量情况进行全面统计的结果却是：“我国今年又是一个粮食丰收年”。这个例子说明，准确地定量分析要比单纯地定性分析科学、正确。人们认识事物的过程是一个“定性—定量—再定性—再定量”的发展过程。其中的定性认识，则是人们的一种自觉的或不自觉的行为。一个有理智的人几乎是无时无刻、自觉或不自觉地在对自己或周围事物进行优劣、对错等评价。如果谁想从人们工作或生活中的某一段时间内否定这种定性评价，都是绝对不可能的。定性评价作为人们评价事物的一种必不可少的方法，自然适用于所有的事物。至于定量评价则不然。评价事物的全过程实际上是一个区分优劣的过程，要区分优劣就必须有两个以上可供比较的对象。如果只有一个评价对象，就算是再“定量”也没有可比性。因此，采用定量评价一般要有两个以上评价对象。定量评价是一种确定评价项目与统一评分标准的评价方法。如果评价对象的评价项目不是基本相同的，那就谈不上统一评分标准了。评分标准不统一，其评价结果就不具备可比性，就不能作为区分优劣的依据了。因此，要对一组评价对象实施定量评价的根本条件是，各评价对象的评价项目基本相同。

定量评价的基本特点是定量。如果我们一定要制定一个所谓“一部分定量，

① 李大坤、赵建文：《哲学》，广西师范大学出版社 1982 年版，第 130 页。

② 余志伦：《浅谈定性评价与定量评价》，《中小学管理》，1999 年第 1 期。

一部分定性”的评价方案，那么在评价对象的心目中就难免不出现“硬指标”“软指标”之类的概念，在工作上就难免不出现“一手硬，一手软”的现象了。因此，要采用定量评价方法，则必须使各评价项目可以进行，而且应该进行比较恰当的定量评价。

二、直接评价和间接评价

直接评价法是指从经济事物本身选取评价指标，即从经济事物的数量增长程度、结构特征、发展水平等方面来评价其质量的方法。由于评价指标来源于事物内部，也可称为内部因素评价法。

直接评价法直观、简单、易行，是评价经济增长常用的方法之一。又由于直接评价法的各个指标都是来源于经济事物的内部，能够科学、合理、全面地衡量经济增长的态势，因此，人们也非常重视直接评价法。例如，我们经常用投资结构、贸易结构、产业结构、就业结构、区域结构等来衡量经济增长的结构特征，这就是典型的直接评价法的运用。

间接评价方法就是通过测量和评价与经济事物关系密切的因素以间接获取经济增长质量的方法。与经济事物关系密切的因素可以分为两类：一类是受到经济增长质量影响的因素，如地区经济发达程度受到经济增长质量的影响；另一类是影响经济增长质量的因素，如地区的交通、政策优惠等因素也会影响经济增长质量。故这种方法又可称为外部因素评价法。

经济增长不是单纯的由经济内部因素决定的，它和政治、文化、社会、安全、生态、基础设施建设、国防与军队建设等都具有密切的联系。一方面，它们都是建立在经济增长基础上的，这就是马克思所说的经济基础对社会发展的决定作用，而文化、意识形态、军队与警察等这些上层建筑都是以经济基础为根基的；另一方面，它们又都不同程度地影响经济基础，特别是作为意识形态形式的上层建筑决定经济发展方向，规定着经济发展道路的选择，正是从这个意义上讲，间接评价法也是非常重要的评价方法。有时候我们必须借助间接评价法才能判断一个国家经济增长的根本性质和本质属性。

三、总体评价和具体评价

运用多个指标对多个参评单位进行评价的方法，称为总体评价方法。其基本思想是将多个指标转化为一个能够反映综合情况的指标来进行评价。如不同国家经济实力，不同地区社会发展水平，小康生活水平达标进程，企业经济效益评价等，都可以应用这种方法。

现代总体评价方法包括主成分分析法、数据包络分析法、模糊评价法等。下面着重介绍这几种方法：

（一）主成分分析法

主成分分析法是多元统计分析的一个分支。是将其分量相关的原随机向量，借助于一个正交变换，转化成其分量不相关的新随机向量，并以方差作为信息量的测度，对新随机向量进行降级处理，再通过构造适当的价值函数，进一步做系统转化。

（二）数据包络分析法

数据包络分析法即 DEA 方法，它是创建人以自己名字命名的。DEA 法不仅可对同一类型各决策单元的相对有效性做出评价与排序，而且还可进一步分析各决策单元非有效的原因及其改进方向，从而为决策者提供重要的管理决策信息。

（三）模糊评价法

模糊评价法是基于模糊数学的综合评价方法。它不仅可对评价对象按综合分值的大小进行评价和排序，而且还可根据模糊评价集上的值按最大隶属度原则去评定对象的等级，即根据模糊数学的隶属度理论把定性评价转化为定量评价，就是用模糊数学对受到多种因素制约的事物做出一个总体的评价。

第三节　新执政范式下的发展理念转型

一、从资本要素驱动到创新发展

经过几十年的持续快速发展，我国经济总量跃居世界第二，人均 GDP 接近 8000 美元。但同时，产业层次低、发展不平衡和资源环境刚性约束增强等矛盾愈加凸显，处于跨越“中等收入陷阱”的紧要关头。当前我国经济发展进入新常态，基本特点是速度变化、结构优化和动力转换，其中动力转换最关键，决定速度变化和结构优化的进程和质量。从国际经验来看，“二战”后只有少数经济体从低收入成功迈向高收入，迈过“中等收入陷阱”实现了现代化，他们的一条重要经验在于紧紧依靠科技创新打造了竞争的新优势，从而提升了自身在全球价值链条中的优势。未来五年是全面建成小康社会的决胜阶段，能否成功转变发展方式，能否成功推进产业升级，能否成功跨越“中等收入陷阱”，关键是看能否依靠创新打造发展新引擎，创造一个新的更长的增长周期。①

现代社会的发展，始终面临着需求无限性和能力有限性之间的矛盾，持续增加要素有效供给并形成高效组合，不断提高生产力水平，一直都是各国长期努力的方向。在传统的发展方式下，土地包括水资源和矿产资源、劳动力、资本等，对经济发展起主导作用，决定着经济增长的规模和速度。而创新驱动的基本特征是，全社会持续的知识积累、技术进步和劳动力素质提升成为推动经济增长的基本方式。在创新驱动的发展方式中，土地、资本等传统要素仍然发挥着不可替代的作用，但创新上升到了第一位。创新不仅能提高传统生产要素的效率，还能够创造新的生产要素，形成新的要素组合。特别是通过技术、制度、管理、商业模式等方面的创新，引导创新要素和传统要素形成新组合，实现从土地、资本等传统要素主导发展转为创新驱动主导发展，为经济持续发展提供源源不断的内生动

① 刘延东：《学习贯彻十八届五中全会精神，深入实施创新驱动发展战略》，《中国科技产业》，2015 年第 12 期。

力。自然资源会越用越少，而科技和人才等创新要素却会越用越多。世界上拥有资源禀赋差不多的国家，由于创新能力的不同，综合国力截然不同。在我们这样一个人口规模大、人均自然资源少的国家，创新对发展的速度、规模、结构、质量、效益越来越起决定性作用，只有充分发挥“第一动力”的作用，才能创造新常态下的新优势。[①] 这些深刻的变革包括在以下几个方面：

创新是全方位的，包括理论创新、制度创新、科技创新、文化创新等各方面创新；创新具有穿透力，是贯穿党和国家一切工作的战略主线，是经济社会发展的基础动力；创新具有社会性，离不开全社会形成创新风尚。坚持创新发展，靠创新塑造增长新动力、打造发展新引擎，才能推动发展方式从要素驱动转向创新驱动、从依赖规模扩张转向提高质量效益，为引领经济发展新常态、实现转型升级提供坚实支撑和强劲动力。理论、制度、文化创新，将是一场建立“中国叙事”的变革——终结西方“元叙事”，打破西方价值体系垄断，使不同的制度、文化、文明共存互鉴，引领思想和模式的深刻变革。[②] 这些深刻的变革包括以下几个方面：

一是培育发展新动力。优化劳动力、资本、土地、技术、管理等要素配置，激发创新创业活力，推动大众创业、万众创新，释放新需求，创造新供给，推动新技术、新产业、新业态蓬勃发展。技术创新供给是最重要的创新引擎。“中国制造 2025”提出了以要素驱动向创新驱动转变为首的四大转变理论，“中国智造”正逐渐成为创新驱动发展理念全新的名片走向中国发展的各个领域，给企业技术创新创造良好的环境与氛围，加快形成一批有国际竞争力的创新型领军企业，更多地涌现蓬勃发展的科技型中小企业，提高劳动密集型产品科技含量和附加值，营造资本和技术密集型产业新优势，提升我国产业在全球价值链中的地位。从“中国制造”到“中国质造”向“中国智造”的理念转变，是对于创新驱动发展理论最好的诠释。[③]

二是拓展发展新空间。我国物质基础雄厚、人力资本丰富、市场空间广阔、发展潜力巨大，但发展不平衡、不协调、不可持续问题仍然突出，中国的创新能力还有很大提升空间。要在区域创新方面下大气力，要形成沿海、沿江、沿线经

① 刘延东：《学习贯彻十八届五中全会精神，深入实施创新驱动发展战略》，《中国科技产业》，2015 年第 12 期。

②③ 庄丽贞：《浅谈以创新驱动发展——学习贯彻党的十八届五中全会精神》，《福建党史月刊》，2016 年第 1 期。

济带为主的纵向、横向经济轴带，培育壮大若干重点经济区，实施网络强国战略，实施“互联网+”行动计划，发展分享经济，实施国家大数据战略。要深入实施创新驱动发展战略，发挥科技创新在全面创新中的引领作用。世界知识产权组织在日内瓦发布的报告称，中国已经在3D打印、纳米技术和机器人工程学3项前沿技术的专利申请方面表现抢眼：2005年以来，在全球3D打印和机器人工程学领域的专利申请中超过1/4来自中国，为世界各国之首；在纳米技术方面，中国占全球申请量的近15%，居全球第三。在这3项有潜力促进未来经济增长的前沿技术创新中，中国是新兴中等收入国家中唯一向先进工业化国家靠近的国家。

三是构建发展新体制。“牵一发而动全身”，创新驱动发展战略不仅需要以理论为引领，更需要实质性的制度创新为依托。要加快形成有利于创新发展的市场环境、产权制度、投融资体制、分配制度、人才培养引进使用机制，深化行政管理体制改革，进一步转变政府职能，持续推进简政放权、放管结合、优化服务，提高政府效能，激发市场活力和社会创造力，完善各类国有资产管理体制，建立健全现代财政制度、税收制度，改革并完善适应现代金融市场发展的金融监管框架，以制度创新保障创新驱动发展战略目标的实现。改革开放的一条重要发展经验就是解放思想、勇于创新。唯有改革者进，唯有创新者强，唯有改革创新者胜。创新永远是推动一个国家、一个民族向前发展的重要力量。以时不我待的紧迫、锲而不舍的定力、奋发有为的进取，扎扎实实推进创新发展，齐心协力建设创新型国家，我们就一定能为全面建成小康社会、实现中华民族伟大复兴提供不竭的动力源泉。

二、从非均衡增长到协调发展

世界各国区域经济发展的一般规律：在经济发展的早期，必须把有限的资源配置在某些条件较好的核心地区，当经济发展到一定阶段后，刺激需求培育新的经济增长点就成为保持国民经济稳定增长的重要条件，这时，区域经济平衡目标与经济增长的要求一致，中国是一个发展中的大国，在工业化初期，资金瓶颈十分突出，邓小平敏锐地认识到世界区域经济发展的规律和我国贫穷落后的现实国情，指出共同富裕必然是一条波浪式的道路，“一部分地区有条件先发展起来，一部分地区发展慢点，先发展起来的地区带动后发展的地区，最终达到共同富裕。”抓住重点，集中力量优先发展“有条件地区”，最终实现共同富裕，这是早期追求的区域经济发展的基本方略。①

根据邓小平的上述思想，中央对区域发展政策进行了调整，充分利用东部沿海地区的优势，让一部分地区先富起来，以迅速提高国家的整体经济实力。为了加速东部沿海地区的发展，在对其进行投资倾斜的同时，还在这些地区率先实行对外开放：在东南沿海建立了深圳、珠海、汕头、厦门等 4 个经济特区之后，1984 年开放了大连、秦皇岛、天津、烟台、青岛等 14 个沿海港口城市，在这些城市实行特殊优惠政策；1985 年 2 月，党中央决定将珠江三角洲、长江三角洲和闽南厦漳泉三角地区的 61 个市、县开辟为沿海经济开放区；1988 年 4 月，七届全国人大一次会议通过设立海南省并正式设立海南经济特区的决定。1990 年 4 月，党中央作出了开发开放浦东的重大决策，浦东的开发开放作为一项国家战略，带动了长三角迅速发展成为中国最发达的地区。东部沿海省市紧紧抓住机遇，充分利用国家在投资、外贸、财政、税收、金融、工资和价格等方面所给予的特殊优惠政策，凭借自然区位优势吸引国外的生产要素流入，发展外向型经济，实现了经济的高速增长。②

在东部沿海地区改革开放迅速推进的大背景下，1988 年 9 月，邓小平高瞻远瞩地提出了“两个大局”的区域发展思路：“沿海地区要加快对外开放，使这个拥有两亿人口的广大地带较快地先发展起来，从而带动内地更好地发展，这是一个事关大局的问题。内地要顾全这个大局。反过来，发展到一定的时候，又要求沿海拿出更多的力量来帮助内地发展，这也是个大局。那时沿海也要服从这个大局。”“两个大局”发展思想打破了过去计划经济体制下片面遵循平衡布局的传统模式，集中了有限的资金、人力、物力，促进了东部沿海地区经济的优先发展，从整体上提高了我国的综合经济实力。随着改革开放的不断深入，我国国民经济取得了举世瞩目的成就，但与此同时，中西部发展滞后、地区差距日益拉大的问题日渐突出。为此，中央在区域发展方面除继续强调效率目标之外，注意区域公平的目标取向，着手构建以效率优先、兼顾公平、充分发挥各地区比较优势为显著特征的区域协调发展格局。党的十五大确定了以合理布局、协调发展、效率为主、兼顾公平为特色的区域协调发展思想，并提出要在保持东部地区经济迅

---

① 张永红、曾长秋：《从非均衡发展到协调发展——邓小平区域经济发展理论评述》，《理论改革》，2008 年第 6 期。

② 徐铁：《从“非均衡”到协调发展》，《宏观经济管理》，2008 年第 11 期。

速发展的前提下，加快中西部地区的发展。

1999 年 6 月 17 日，时任中共中央总书记的江泽民指出："加快开发西部地区是全国发展的一个大战略、大思路，加快西部地区的经济发展是保持国民经济持续、快速、健康发展的必然要求，也是实现我国现代化建设第三步战略目标的必然要求。"从此，我国正式提出了"西部大开发"战略，拉开了西部大开发的序幕。2000 年 10 月，党的十五届五中全会通过的《中共中央关于制定国民经济和社会发展第十个五年计划的建议》，对西部大开发战略作了专题阐述。2000 年 12 月，《国务院关于实施西部大开发若干政策措施》正式出台，标志着我国实施西部大开发战略迈出实质性的步伐。党的十六届三中全会以后，在继续实施西部大开发战略的同时，中央实施了振兴东北地区等老工业基地、促进中部崛起等一系列战略举措，着力形成区域经济协调发展的局面。党的十七大报告进一步强调指出："继续实施区域发展总体战略，深入推进西部大开发，全面振兴东北地区等老工业基地，大力促进中部地区崛起，积极支持东部地区率先发展。"至此，区域协调发展政策进一步完善。回顾改革开放以来我国区域经济发展可以看出，随着西部大开发、振兴东北地区等老工业基地和中部崛起战略的实施，随着我国鼓励有条件的东部地区率先基本实现现代化，东部沿海地区与中部地区、西部地区互联互动、优势互补、协调发展的新格局正在形成。

三、从单纯经济发展到绿色发展

改革开放以来，我国经济社会建设迅猛发展，人民物质文化生活水平快速提高。然而，在以追求经济增长和 GDP 崇拜为主导的发展理念支配下，人们对自然界进行了不加约束的开采和利用，生态秩序受到破坏，人与自然关系发生异化，经济社会陷入发展—污染—再发展—再污染的恶性循环中。真正把科学发展见诸于行动、变成现实需要对传统发展理念和发展模式进行彻底反思和变革性创新，从盲目服从、盲目改造自然到自觉掌握、能动利用自然，以较低的生态消耗获得较大社会福利，推动人与自然的共生共荣、共同演进，实现人、社会、自然三大系统的和谐统一。绿色发展观正是既要人类社会持续发展，又要建设生态运行有序和生态环境良好的发展观。它把马克思主义生态思想和社会发展理论与当代中国发展实际相结合，回答了在资源环境约束下“怎样实现科学发展”的问题。①

绿色发展是在传统发展基础上的一种模式创新，是建立在生态环境容量和资源承载力的约束条件下，将生态保护作为实现可持续发展重要支柱的一种新型发展模式。绿色发展包含四层主要的内涵：第一，生态健康。绿色发展把保持自然生态系统健康作为基本内核。生态系统是维持人类赖以生存和发展的生命支持系统，是国家生存之基，是国家财富之源，国家经济社会发展要以不损害生命支持系统的服务功能和健康状况为基本原则。该原则称之为“生态健康”原则。维护自然生态系统健康，实现人与自然的友好共存、协同进化和可持续发展，这是绿色发展要实现的第一个目标。第二，经济绿化。绿色发展强调“自然规律先于经济规律”，经济规律、市场规律最终要受到自然法则、生态规律的约束。经济绿化就是要求经济发展必须是自然环境和人类自身可以承受的，不会因盲目追求经济增长而造成社会分裂和生态危机，不会因为自然资源耗竭而使经济无法持续发展，主张从社会及其生态条件出发，建立一种“可承受的经济”。第三，社会公平。绿色发展坚持以人为本，把社会公平、社会发展、社会分配、利益均衡等作为基本内容，把“经济效率与社会公平取得合理的平衡”作为绿色发展的重要指标和基本手段。第四，人民幸福。“坚持生产发展、生活富裕、生态良好的文明发展道路，建设资源节约型、环境友好型社会，实现速度和结构、质量、效益相统一，经济发展与人口资源环境相协调，使人民在良好生态环境中生产生活，实现经济社会永续发展。”走绿色发展之路，必须建设“幸福型”国家，更加深刻理解、把握和执行“为民谋福”“藏富于民”“民福国康”等新一代国家发展理念和发展战略。②

针对中国经济发展阶段能源需求量不断增大、能源消费仍以煤炭为主、第二产业比重过大从而碳排放量巨大的现状，要在短时期内有效地、迅速地降低碳排放量是不可能的。我们认为，在绿色发展悖论一时难以解决的情况下，解决中国乃至世界经济的绿色发展要有更加全面而系统的思路及途径。③

全面树立珍惜自然资源，合理利用自然资源的意识。根据马克思主义生态理

---

① 王永芹：《当代中国绿色发展观研究》，武汉大学博士论文 2014 年，第 1 页。

② 霍艳丽、刘彤：《生态经济建设：我国实现绿色发展的路径选择》，《企业经济》，2011 年第 10 期。

③ 蒋南平、向仁康：《中国经济绿色发展的若干问题》，《当代经济研究》，2013 年第 2 期。

论，自然资源蕴藏的自然力可以无偿获得，但不能滥用。因此，人类在社会生产过程中，如果没有珍惜自然资源的意识，把自然界仅看成无生命、无意识可以无偿取得而滥用的资源，必然产生破坏生态环境的种种不利行为，忽视生态补偿、忽视生态平衡、加剧碳排放的现象必然越来越严重，必然无法实现经济的发展。

尽快制定中国乃至世界性的自然资源、能源的消耗及补偿标准，保证经济真正绿色发展。根据马克思主义经济学的观点，尽管自然资源、能源不创造使用价值，但却是形成商品使用价值的重要条件。天然的自然资源及能源，形成商品的初始使用价值。一方面，劳动在创造价值及使用价值的过程中，不断消耗自然资源及能源；另一方面，形成大量商品。在劳动生产率越来越高的情况下，商品被生产得越多，自然资源及能源消耗得越多，特别是天然的自然资源及能源消耗得越多，伴随的碳排放量也越多。因此，制定自然资源、能源的消耗及补偿标准，并认真地实施，才能使碳排放量有减无增，回归其自然资源的原始经济状态，真正实现绿色发展。

改变不合理的社会关系以摆脱不合理的社会束缚，避免资本对自然资源的统制力造成对生态的破坏。根据马克思主义生态思想的观点，自然生态的破坏在很大程度上是由人为的社会因素造成的，而资本是破坏自然生态环境的一个非常重要的社会束缚。资本作为具有追求最大剩余价值内在冲动的社会关系，剥夺自然环境是十分残酷的，破坏生态是严重的。在市场经济条件下，资本肆无忌惮地追求价值特别是无限度地追求剩余价值，是碳排放量加剧的主要根源。因而改变不合理的社会关系以摆脱不合理的社会束缚，削弱资本对自然生态的统制力，是绿色发展的根本举措。

发展低碳经济，以加速生态的修复及经济的发展。根据马克思主义生态理论，自然生态呈现的自然力能够代替劳动力，但这需要科技手段。科学技术是一把双刃剑，既可以加速资本雇佣劳动，驱使劳动力创造过度剩余价值，造成资源恶性损耗，破坏生态，又可以使自然力代替劳动力，形成污染少、质量高并能满足人们需要的丰富的使用价值或社会财富。因此，利用科技手段发展低碳产业，避免利用科技去发展高碳产业，既可以加速生态的修复，又可以促进经济的发展，这正是绿色发展的要义。

四、从利益保护到共享发展

巨大的中国成就与巨大的中国问题的紧密纠缠，是当今中国社会现实的一个重要特征。其中一个典型表现：中国在实现了多年经济快速增长的同时，也完成了从一个绝对平均主义的国家向一个存在严重贫富差距的国家的转变，利益公平分配的问题逐渐突出。根据国家统计局公布的数据，我国居民收入基尼系数2003年为0.479，2008年达到最高点0.491，之后逐年下降，2014年基尼系数是0.469。而在20世纪80年代初，全国收入差距的基尼系数是0.3左右。贫富差距不仅体现在收入差距的方面，还体现在财产差距方面。北京大学中国社会科学调查中心发布的《中国民生发展报告（2014）》显示，1995年我国财产的基尼系数为0.45，2002年为0.55，2012年我国家庭净财产的基尼系数达到0.73，顶端1%的家庭占有全国1/3以上的财产，底端25%的家庭拥有的财产总量仅在1%左右。中国的财产不平等程度明显高于收入不平等的程度。①

"十三五"规划第七部分以"坚持共享发展，着力增进人民福祉"为题，从增加公共服务供给、实施脱贫攻坚工程、提高教育质量、促进就业创业、缩小收入差距、建立更加公平、更可持续的社会保障制度和推进健康中国建设等八个方面对如何实现共享发展做出了一系列战略部署。比如，就如何缩小收入差距的问题"十三五"规划提出："坚持居民收入增长和经济增长同步、劳动报酬提高和劳动生产率提高同步，持续增加城乡居民收入。调整国民收入分配格局，规范初次分配，加大再分配调节力度。贯彻落实共享发展的战略部署，不仅要注重技术层面的设计和安排，也需要注重制度层面的建构和完善。"基于经济基础和上层建筑两个层面的统一，共享发展需要思考和讨论一系列重大现实问题。这里特别需要指出的是，所有制问题和劳动权益实现问题，是共享发展必须正确认识和处理的两大关键性问题。

1. 正确认识和处理所有制的问题

在马克思主义看来，生产关系与分配关系具有一致性。这一原理在当下中国现代化实践中得到充分证明。生产关系的变化无疑是考察和分析当今中国社会贫富差距问题的一个重要方面。由此决定了共享发展的实践必须高度关注所有制结

① 吴波：《共享发展理念与中国道路的新探索》，《中共贵州省委党校学报》，2015年第6期。

构变化的问题并作出战略性的安排。概括而言，拒绝大规模私有化和完善国有经济是正确处理所有制问题的两个主要着力点。

所有制结构的改革与调整必须坚决拒绝大规模私有化的思路和主张。对私有化的拒斥决定于社会主义制度的根本要求，改革开放以来中国的现代化建设之所以取得巨大成就，在恢复和发展非公经济的同时，始终坚持公有制经济为主体、多种所有制经济共同发展的社会主义初级阶段基本经济制度，是其中一个重要原因和重要经验。"关键的改革并非私有化，而是让国有企业引入竞争机制，相互之间、与外国公司之间，特别是与大量新建的私有、半私有和集体所有制企业之间展开竞争。有学者在此基础上进一步分析后认为，之所以没有实行完全私有化，不是从共产党的意识形态出发，而是根据中国自身的经验教训来思考这个问题。由于中国历史上土地兼并、农民流离失所这样的教训班班可考，所以中国才不会轻易地跨出完全私有化这一步。"① 自身的经验教训固然是拒斥私有化的一个重要根据，但这一分析显然严重忽略了社会主义原则对所有制结构变化的决定性影响和作用。

在现代化实践中全面推进国有经济与公有制经济一致性。国有经济一直面临着如何进一步贯彻和体现与公有经济价值原则的问题，这一问题随着改革开放的逐步深入越来越突出地表现出来。国有经济之所以有存在的必要，主要的根据就在于它承担着贯彻和体现社会主义价值的功能，这是社会主义市场经济条件下的国有经济与资本主义市场经济条件下的国有经济的本质区别。应该看到，在当前种种关于针对国有经济的诟病中，有些问题比如国企垄断论和国有存在无意义论等在一定意义上是伪问题，诚如有人所言："国有经济的改革从来不是要与不要的问题，而是如何更有效和公平的问题；从来不仅仅是一个经济问题，而更是一个政治课题。"由此需要进一步讨论的是，国有企业所遭受的种种诟病中，有些问题（比如国企领导人高薪论和行业收入差距论等）确实不容忽视，必须正视并加以解决，否则国有经济之于社会主义的意义不但会被严重削弱，而且有丧失国有经济作为社会主义市场经济基础意义的可能。

2. 正确认识和处理劳动权益实现的问题

在马克思主义看来，资本与劳动各自的地位决定了它们两者之间没有真正的机会均等。正如有学者指出：财富的异化不仅体现为创造财富的劳动主体的异化，还表现为分配的异化。资本主义财富增加的一个突出现象，就是社会财富的

① 朱云汉：《高思在云——中国兴起与全球秩序重组》，中国人民大学出版社 2015 年版，第 138 页。

增长与创造财富的劳动者的贫困成正比。马克思主义还认为，经济和政治之间具有不可分割性。资本的权力不仅体现在生产和分配领域，还蔓延和渗透到政治社会生活的每一个角落。埃及萨米尔·阿明指出："当下西方在经济上的垄断化和寡头化，带来了政治上极大的变化，即权力的集中和民主的衰退。今天，资本不仅操纵了选举，还操纵了媒体、网站、学校，操纵了反抗的可能性。"其实，这一切只不过是在资本的强力作用下资本主义民主实质的充分暴露而已，资本毫无疑问是侵蚀和扭曲西方社会权力结构的根源。社会主义初级阶段私人资本存在的合理性决定了讨论共享发展的实践，首先必然涉及作为人民群众主体的劳动群众与资本之间的矛盾，必然涉及经济、政治、文化的因素在劳动与资本利益关系中的安排，由此形成共享发展必须面对的一个重大现实问题。

共享发展，就是要把"蛋糕"分配好，注重解决好社会公平、正义问题。让广大人民群众共享改革发展成果，是我们党坚持全心全意为人民服务根本宗旨的重要体现。改革开放以来，我国经济发展的"蛋糕"不断做大，但分配不公平问题还比较突出，收入差距、城乡区域公共服务水平差距较大。为此，我们必须坚持发展为了人民、发展依靠人民、发展成果由人民共享，从解决人民群众最关心、最直接、最现实的公平正义问题入手，作出更有效的制度安排，增加公共服务供给，提高公共服务共建能力和共享水平；实施精准扶贫、精准脱贫；健全再分配调节机制，明显增加低收入劳动者的收入，扩大中等收入者比重，形成两头小、中间大的橄榄型的收入分配格局；坚守底线、突出重点、完善制度、引导预期、注重机会公平，保障基本民生，形成人人共享发展成果的良性生态链。

五、从着眼国内发展到开放发展

经济全球化的发展，决定了我国实行对外开放发展战略的必然性和长期性。基于全球战略思维，邓小平深刻把握了世界"和平与发展"的时代主题，主张实行全方位对外开放。在经济全球化时代背景下，世界市场的活动主体不仅有发达资本主义国家，还有广大的发展中国家，它们各具优势、各有特色，都有值得我们学习的地方。[①] 当今世界，任何国家都难以在封闭的状态下得到发展，因

① 罗成翼、代艳丽、黄秋生：《创新 协调 绿色 开放 共享——中国共产党对发展规律的新认识》，《南华大学学报（社会科学版）》，2015 年第 6 期。

此，我们必须“努力提高对外开放水平”，更加积极地推进全方位、多层次、宽领域的对外开放。

开放是国家繁荣、发展的必由之路。党的十八届五中全会从国际政治经济深刻变化的现实出发，从人类命运共同体的高度对外开放发展理念作出了新阐述。其一，开放的基本国策不动摇。改革开放是中国的基本国策，也是今后推动中国发展的根本动力。改革开放以来，尤其是加入世贸组织以来，中国顺应产业分工不断深化的全球趋势，开放型经济实现了迅猛发展。2014 年，中国货物进出口总额为 43030.4 亿美元，中国进出口增速比全球贸易增速高出 2.7 个百分点，也高于美国、欧盟、日本、印度、巴西等主要经济体的增速，全球第一货物贸易大国地位进一步巩固。主要原因在于贸易结构不断优化，出口商品结构在 20 世纪 80 年代实现了由初级产品为主向工业制成品为主的转变，到 20 世纪 90 年代实现了由轻纺产品为主向机电产品为主的转变，形成了全方位和多元化进出口市场格局，服务贸易竞争力的逐步提高，贸易规模增长迅速，服务贸易大国地位显现。2014 年中国服务进出口总额首次突破了 6000 亿美元大关，达到 6043 亿美元，比 2013 年增长 12.6%。高端服务贸易增长迅猛，提升了中国服务业现代化水平，为中国产业结构调整做出了积极贡献。2014 年我国吸收外资规模首居世界第一，吸收利用外资从规模速度型转向质量效益型。十八届五中全会强调开放发展理念号召全党全国各族人民要坚定不移走改革开放的强国之路，更加注重改革开放的系统性、整体性、协同性，做到改革不停顿、开放不止步。要坚持对外开放的基本国策不动摇、不封闭、不僵化，打开大门搞建设、办事业。

其二，开放要与世界深度融合。在新的历史条件下，必须继续全面深化改革，坚持开放发展。要放眼长远，努力塑造各国发展创新、增长联动、利益融合的世界经济，坚定维护和发展开放型世界经济。要顺应我国经济深度融入世界经济的趋势，奉行互利共赢的开放战略，坚持内外需协调、进出口平衡、引进来和走出去并重、引资和引技引智并举，发展更高层次的开放型经济，积极参与全球经济治理和公共产品供给，提高我国在全球经济治理中的制度性话语权，构建广泛的利益共同体。只有坚持开放发展，才能赢得经济发展和世界竞争的主动权。

其三，创造性推出了“一带一路”和设立自贸区等开放发展新举措。“一带一路”倡议就是在经济全球化和世界格局变化的大背景下产生的，是中国为推动经济全球化深入发展而提出的国际区域经济合作新模式，是当代中国开放发展的新举措。其核心目标在于促进经济要素有序自由流动、资源高效配置和市场深度

融合，推动开展更大范围、更高水平、更深层次的区域合作，共同打造开放、包容、均衡、普惠的区域经济合作架构。共建“一带一路”并非是“另起炉灶”，而是致力于维护全球自由贸易体系和开放型世界经济。“一带一路”倡议是中国在新自由主义经济全球化条件下，为推动经济全球化进一步发展的治理模式改革进行的有益尝试。当前，我们党所倡导的“一带一路”新战略是惠及世界的“大路”，致力于建立和加强沿线各国互联互通伙伴关系，构建全方位、多层次、复合型的互联互通网络，实现沿线各国多元、自主、平衡、可持续的发展，对促进我国东中西区域协调、陆海统筹发展，形成全方位开放新格局具有重要的现实意义。上海、广州、天津和福建自贸区的设立以及中韩、中澳等 14 个自由贸易协议的签订彰显了我国改革开放的决心，同时也是经济新常态下推动经济发展的新举措。中国的开放不仅为实现自身的繁荣发展创造了条件，也为世界走向共享包容的人类命运共同体贡献力量。

改革开放只有进行时没有完成时。没有改革开放，就没有中国的今天，也就没有中国的明天。改革开放中的矛盾只能用改革开放的办法来解决。开放带来进步，封闭导致落后。站在新的历史征程上，丰富开放发展内涵和提升开放发展水平是中国走向全球中心的大势所趋，是中国经济增长的动力所在，是世界各国形成深度融合的必然选择。坚持开放发展，着眼互利共赢，致力通力合作，才能使中国梦同世界梦紧密相连、息息相通。正如十八届五中全会《中共中央关于制定国民经济和社会发展第十三个五年规划的建议》所言：“坚持开放发展，必须顺应我国经济深度融入世界经济的趋势，奉行互利共赢的开放战略，发展更高层次的开放型经济，积极参与全球经济治理和公共产品供给，提高我国在全球经济治理中的制度性话语权，构建广泛的利益共同体。”总之，开放既是中国的国策，也是中国融入世界经济的途径，更是中国参与全球治理实现共享发展的主要举措。

第四章
中国发展阶段的理性判断

中国的社会主义发展过程是不断完善的过程。新中国经济发展经历了仅仅七十年的时间，怎样认识这七十年是需要我们冷静分析的。因为这关系着未来中国经济的发展历程能否一帆风顺。科学判断我们所处的经济发展阶段既是避免盲目自高自大和妄自菲薄以及骄傲自满情绪产生的内在原因，也是避免自暴自弃、自我否定、盲目悲观的主要依据。中国社会主义经济的发展阶段理论不仅源于马克思主义思想，而且也包含了毛泽东、邓小平等几代领导人的思想。对中国发展阶段的理性判断不仅指导了中国的现代化建设，同时也是对马克思主义思想的极大丰富。在这里，中国社会主义发展主要包括经济发展、政治发展和社会发展等社会经济整体的发展。

第一节　马克思主义经典作家的发展阶段理论

一、马克思的三阶段理论

马克思的三阶段理论即人的依赖性阶段、物的依赖性阶段、人的全面发展阶段。这三大阶段分别对应前资本主义、资本主义和共产主义这“三个阶段”，其具体表现形式可分为两种：一是欧洲社会形态的演进模式；二是东方社会形态的

演进模式[①]。这三阶段理论是在对哲学的改造中逐步确立的，在《1857～1858年经济学手稿》中首次全面提出。

（一）人的依赖性阶段

“人的依赖关系（起初完全是自然发生的），是最初的社会形态，在这种形态下，人的生产能力只是在狭窄的范围内和孤立的地点上发展着[②]。”人的依赖关系阶段是资本主义之前的人类状态，它包含着封建社会的皇权集中以及宗族的关系网络等。

在这种早期的社会形态中，由于人类的弱小和自然界的强大，人只能依附于、服从于自然，而不能主动的改造自然。“自然界起初是作为完全异己的，有无限威力和不可制服的力量与人对立，认同自然界的关系完全像动物与自然界的关系一样，人们就像牲畜一样慑服于自然[③]。”“个人被置于这样一种谋生条件下，其目的不是发财致富，而是自给自足[④]”；在这种状态下，人类的生存空间狭小，人类发展缓慢。

由于当时人类的生存基本上依附于自然，人类需要依靠集体的力量才能抵抗大型动物的侵袭或大自然的灾害，为了获取这种集体的力量都集聚生活在一起，人类的思想意识也基本相一致，也不利于独立主体的形成。所以在这种环境中生存的人类的思想意识都还处于早期的发展过程中，没有形成独立的个体性的意识，需要依靠地缘或血缘形成的共同体。

在这种生产力不发达的社会，人类的生存需要依靠自然，人类的有限需求基本上可以自身或家庭在自然环境中的努力劳动获得，人类个体的生产也只是为了满足自身的需求，而非为了交换。这种经济方式后来被称为自然经济。“自然经济，也就是说，经济条件的全部或绝大部分，还是在本经济单位中生产的，并直接从本经济单位的总产品中得到补偿和再生产。此外，它还要以农村家庭工业和

① 俞金吾：《社会形态理论与中国发展形态道路》，《上海师范大学学报》（哲学社会科学版），2011年第2期。

② 《马克思恩格斯全集》第30卷，人民出版社1995年版，第107－108页。

③ 穆艳杰、张士才：《论三种社会形态与三种实践观》，《内蒙古民族大学学报》，2003年2月第1期。

④ 张晓东：《马克思“三大社会形态学说”的伦理内涵及在当代中国的表现》，《青海社会科学》，2001年第3期。

农业相结合为前提[①]。”

综上可以看出，第一阶段人类的生活是以依赖自然为主，自然的客观力量支配着人类。处于这一状态中的人类的交往也基本限于血缘或地缘形成的共同体。之所以出现这种状况，其直接原因在于自然环境的限制、生产和交通工具的落后，根本原因在于生产力的低下。

“在这一形态中，真正的交换只是附带进行的，或者大体说来，并未触及整个共同体的生活，不如说只发生在不同共同体之间，绝没有征服全部生产关系和交往关系[②]。”这种自然经济是自给自足的小农经济，具有很大的封闭性。人类要继续向前发展就要打破这种封闭性，这就要求生产力的发展。为交换而进行生产的商品经济就逐渐转变为主要的生产方式，这一转变就形成了马克思三阶段理论中的第二阶段。

（二）物品的依赖性阶段

“以物的依赖性为基础的人的独立性，是第二大形态，在这种形态下才形成普遍的社会物质变换、全面的关系、多方面的需要以及全面的能力体系[③]。”以物的依赖性为基础的社会形态，“就是存在于一切文明国家中的资本主义社会，它或多或少地摆脱了中世纪的杂质，或多或少地由于每个国度的特殊历史发展而改变了形态，或多或少地有了发展[④]。”

“物的依赖关系无非是与外表上独立的个人相对立的独立的社会关系，也就是与这些个人本身相对立而独立化的、他们相互间的生产关系[⑤]。”马克思认为，资本主义社会出现的物的依赖关系主要有三种基本形式：“交换者的相互关系对货币或交换的依赖；劳动对资本的依赖；劳动对机器体系的依赖”。[⑥] 对于此观点马克思在其著作中作了相关的论述：“个人的产品或活动必须先转化为交换价值的形式，转化为货币，并且个人通过这种物的形式才取得和证明自己的社会权力”；“劳动只有对资本来说才是使用价值，而且是资本本身的使用价值，也就是使资本自行增值的中介活动”；“劳动现在仅仅表现为有意识的机件，它以单

---

① 《资本论》第3卷，人民出版社2004年版，第896页。

② 《马克思恩格斯全集》第46卷上册，人民出版社1979年版，第105页。

③ 《马克思恩格斯全集》第30卷，人民出版社1995年版，第107－108页。

④ 《马克思恩格斯全集》第25卷，人民出版社1995年版，第28页。

⑤ 《马克思恩格斯全集》第30卷，人民出版社1995年版，第114页。

⑥ 韩庆祥、郭立新：《马克思的人的理论及其当代价值》，《中国人民大学学报》2002年4期。

个的有生命的工人的形式分布在机械体系的许多点上，被包括在机器体系本身的总过程中，劳动自身仅仅是这个体系里的一个环节，这个体系的统一不是存在于活的工人中，而是存在于活（能动）的机器体系中。”①

以交换为目的的商品经济发展促使人们交流范围的扩大，打破原有的封闭的交际圈。同时也促使人们不再仅仅被动地依附于自然，而是能够主动地更深刻地认识自然，发挥主观能动性改造自然。改造自然的过程中不再满足于只凭借生活经验和使用简单的工具，而是运用理性来发现并创造科学的理论，发明并使用先进的工具，利用科学的理论和先进的工具进行改造自然。另外，商品经济的发展使人们生产的物品不再是满足自身的需要，而是供他人使用，这就使个人的生产成果与自己脱离，表现为一种与自己相异的、无关的东西。“不管活动采取怎样的个人表现形式，也不管活动的产品具有怎样的特性，活动和活动的产品都是交换价值，即一切个性、一切特性都已被否定和消灭的一种一般的东西。”②

商品经济的发展促进人们进行大规模的分工生产，推动了社会的进步。不同的分工使不同个人处于不同的环境中，从而培养了个体不同于其他人的意识，即个性化意识得到发展。在这种社会状态下，人的独立性受到社会的承认和保护，人摆脱了被动地服从于自然，而是能够主动地改造自然。

虽说人在这一阶段具有独立性，但仅仅是摆脱了人对人的依赖，而不是全面的独立性。人对人的依赖被人对物的依赖所替代，商品经济的发展使人的生产活动分工也越来越细化，人的生活空间越来越狭小，对其他物品的需求也越来越多，这样人便受到物的统治，具体表现为货币或交换的统治。“对于每个个人来说，只有通过交换价值，他自己的活动或产品才成为他的活动或产品；他必须生产一般产品——交换价值，或本身孤立化的、个体化的交换价值，即货币。另一方面，每个个人行使支配别人的活动或支配社会财富的权力，就在于他是交换价值的或货币的所有者③。”

（三）个人全面发展阶段

“建立在个人全面发展和他们共同的、社会的生产能力成为从属于他们的社

① 杨文圣、焦存朝：《社会形态嬗变与人的发展进程研究》，首都经济贸易大学出版社 2011 年版，第 208 页。

② 《马克思恩格斯全集》第 30 卷，人民出版社 1995 年版，第 107 页。

③ 同②，第 106 页。

会财富这一基础上的自由个性，是第三个阶段[①]。”第三个阶段就是未来的共产主义社会，这是“确立个人对偶然性和关系的统治，以之代替关系和偶然性对个人的统治”的社会[②]。

这一阶段，生产力高度发达，人类思维和人的交往也逐渐完善，人能够合理地改造自然为人类造福。人类的思维和实践与所处的环境高度契合。生产活动也不再是人生存所必需的，而是符合人类思维方式，能使人处于自由状态。“一个人在通常的健康、体力、精神、技能、技巧的状况下，也有从事一份正常的劳动和停止安逸的需求”，这种正常的劳动是人的“自我实现，主体的物化，也就是实在的自由。”“是这样的劳动，这种劳动还没有为自己创造出这样一些主观的和客观的条件，在这些条件下劳动会成为吸引人的劳动，成为个人的自我实现[③]”。

在这种状态的社会里，人实现了全面的自由，人的行为实践与人的本质相吻合。“任何人都没有特殊的活动范围，而是都可以在任何部门内发展，社会调节着整个生产，因而使我有可能随自己的兴趣今天干这事，明天干那事，上午打猎，下午捕鱼，傍晚从事畜牧，晚饭后从事批判，这样就不会使我老是一个猎人、渔夫、牧人或批判者[④]。”

二、列宁的两阶段理论

在马克思恩格斯的社会发展阶段理论后，列宁继承并进一步发展了社会发展理论。列宁第一次明确地把共产主义社会的第一阶段称为社会主义社会。他说：“通常所说的社会主义，马克思把它称作共产主义社会的‘第一’阶段或低级阶段。既然生产资料已成为公有财产，那么‘共产主义’这个名词在这里也是可以用的，只要不忘记这还不是完全的共产主义。”列宁的这一划分，丰富了马克思恩格斯关于社会发展阶段的理论。

随着无产阶级运动的发展，到 20 世纪初，由于俄国无产阶级的革命准备充

---

① 《马克思恩格斯全集》第 30 卷，人民出版社 1995 年版，第 106 页。

② 《马克思恩格斯全集》第 3 卷，人民出版社 1995 年版，第 515 页。

③ 《马克思恩格斯全集》第 46 卷（下），人民出版社 1980 年版，第 112 – 113 页。

④ 《马克思主义经典著作选读——马克思和恩格斯的德意志意识形态（节选）》，人民出版社 1999 年版，第 17 – 18 页。

分和各方面条件已经具备，俄国很有可能提前与资本主义社会通过无产阶级革命进入到下一社会制度。这个时候，阐明下一阶段的社会是一种怎样的社会，它的性质和发展方向是什么，成为一个重要的问题。1907 年，列宁就指出，马克思主义和其他一切社会主义理论是根本不同的，它能以非常科学、冷静的态度去分析客观形势和进行的客观进程。1917 年，即将发生十月革命之际，列宁认为，从资本主义过渡到共产主义将要经历三个阶段：①“长久的阵痛”；②“共产主义社会第一阶段”；③“共产主义社会高级阶段”。列宁最大的贡献在于把共产主义社会第一阶段称为社会主义社会，而把高级阶段称之为共产主义社会。列宁之所以有这样的划分，是因为马克思恩格斯提出的社会主义革命是在发达的资本主义社会进行的，而俄国在当时并不是发达的资本主义社会，是资本主义链条中薄弱的一环。这一点，列宁在写作该书的前两个月，曾谨慎指出，由于俄国较其他帝国主义国家生产力落后，经济发展不平衡，“占多数的农民还支配着国家经济的另一方面。”还有许多地区和劳动部门在从自然经济和半自然经济向资本主义过渡。一方面由于俄国的经济落后，在这种情况下不可能迅速达到马克思恩格斯的“第一阶段”；另一方面也是由于十月革命前，夺取政权问题是当时面临的主要问题，对于社会阶段的探讨没有过多的涉及。

十月革命后，列宁经历了较长时间才认清了过渡时期长短问题，先认为过渡时期长短皆可，后来认为过渡时期是短期的，直到 1921 年才最终认定过渡时期是一个长时期的过程。他说：“现在我们正经历着一个由资本主义到社会主义的最困难和最痛苦的过渡时期，这个时期在一切国家里都必须是很长的，我再说一遍，这是因为被压迫阶级的每一个胜利都会引起压迫者一次又一次的反抗和推翻被压迫阶级政权的活动。”列宁怕人误解过渡时期这一概念，曾经明确地指出：过渡时期就是“从资本主义过渡到社会主义，即过渡到共产主义的低级阶段。”列宁把过渡时期看作是“一段很长的‘阵痛’时期”，“一个漫长而复杂的过渡时期”，“一个长久的，比较困难的无产阶级专政的过渡时期”等。列宁又指出：“资本主义愈不发达的社会，所需要的过渡时期就愈长”。“由于历史过程的曲折而不得不开始社会主义革命的那个国家愈落后，它由旧的资本主义关系过渡到社会主义关系就愈困难”。

列宁把社会主义社会看作与共产主义社会有区别的社会。在《国家与革命》一文中，列宁明确地写道：“社会主义同共产主义在科学上的差别是很明显的。”1919 年，他又进一步指出：“如果我们问一下自己，共产主义同社会主义的区别是什么，那么我们应当说，社会主义是直接从资本主义生长出来的社会，是新社会的初级形式。共产主义则是最高的社会形式，只有在社会主义完全巩固的时候才能得到发展。”

在作出把社会主义社会作为共产主义社会第一阶段的划分之后，列宁对社会主义也做出了不同阶段的划分。由于在列宁看来，过渡到共产主义社会是一个漫长的过程，因此作为这一漫长过程的社会主义社会也必然会经历几个不同的发展阶段。他说：“……显然，对那些未彻底战胜资本主义刚采取最初步骤的人看来，‘共产主义’的概念是很遥远的……如果把采取‘共产主义’这个名称解释为现在正在实现共产主义制度，那就会是极大的歪曲，那就会带来胡乱吹嘘的实际害处。”列宁认为，落后的俄国在社会主义社会里还要经过许多阶段，才能到达共产主义社会。他先后使用过“社会主义的最初形式”“发达的社会主义”“完全的社会主义”“最终胜利和巩固了的社会主义”等概念。列宁在《共产主义运动中的“左派”幼稚病》中说：“从共产主义的观点来看，否认党性就意味着不是从资本主义崩溃的前夜（在德国）跃进到共产主义的低级阶段，跃进到中级阶段，而是跃进到共产主义的最高阶段。”很明显，列宁这里所说的低级阶段和中级阶段是针对社会主义社会而言的。同时，列宁也认为社会主义及其各个阶段虽然是有原则性的但不是固定不变的，而是可以有多种形式的，只要性质不变。在《国家与革命》中，他写道：“至于人类会经过哪些阶段，通过哪些实际措施达到这个最高目的，那我们不知道，也不可能知道。可是，必须认识到：通常的资产阶级观念，即把社会主义看成一种僵死的、凝固的、一成不变的东西的这种观念，是非常荒谬的。”

他把社会主义社会划分为不同的阶段是基于以下几点：首先，社会主义社会是一个不断发展的过程。他说：“社会主义不是什么人赐给人类的现成制度。”又说，不能“一下子就制定出新社会的组织形式。”实际上“只有从社会主义实现时起，社会生活和个人生活的各个方面，才会开始真正地迅速地向前推进，形成一个有大多数居民然后是全体居民参加的真正群众性运动。”其次，发展社会主义社会是一个长期的过程。列宁指出，我们所向往的未来社会，“是需要很长时期才能建立起来的。”而要完成推翻地主资本家、消灭三大差别、从而最终消灭阶级的任务，“这不是一下子能够办到的。这是一个无比困难的任务，而且必然是一个长期的任务。”他甚至预见：“改造小农，改造他们的整个心理和习惯，是需要经过几代的事情”。再次，不同的国家在迈向共产主义的过程中都有自己的特点。列宁分析了俄国和爱尔兰之间的区别，指出由于俄国与爱尔兰经济发展基础和资本主义强弱状况不同，向共产主义过渡的路径和方法也必然有不同之处。最后，必须从实际出发，根据经验来划分社会主义社会发展阶段。在十月革命一结束，列宁就指出："应当懂得，现在一切都在于实践，现在已经到了这样一个历史关头"，即"根据书本争论社会主义纲领的时代已经过去了，我深信已经一去不复返了。今天只能根据经验来谈论社会主义。"在无产阶级夺取政权之后，列宁也曾试图直接过渡到共产主义社会，但后来的失败使列宁认识到不能教条地使用马克思主义思想，因为不同的国家现实状况是不同的，特别是在像俄国这样资本主义经济不是很发达的国家，直接过渡到共产主义第一阶段是不可能的，中间必然要经过一个相当复杂的过程，"直接过渡到纯社会主义的经济形式和纯社会主义的分配，不是我们力所能及的事情。"在此基础上，列宁得出结论："准备向共产主义过渡要经过多年的准备工作，需要经过国家资本主义和社会主义一系列过渡阶段。"从而在社会主义发展史上第一次科学提出社会主义将经历不同发展阶段的基本思想。

三、毛泽东的多阶段理论

（一）毛泽东新民主主义社会思想

新民主主义社会是指新中国成立到社会主义建立之间的过渡社会，它与新民主主义革命都是由毛泽东提出，两者共同构成新民主主义论。新民主主义社会是马克思主义中国化进程中的重要部分，它的提出丰富了马克思主义学说，也为马克思主义与中国实践相结合提供了借鉴。

毛泽东在定义新民主主义社会时认为，新民主主义社会不是一个独立的社会形态，而是一个由新民主主义转变到社会主义的过渡性的社会。它有两个含义：

1. 新民主主义社会是一个过渡性的社会

马克思、恩格斯从人类社会发展规律出发，从理论上阐释了人类社会要经过人对人的依赖、人对物的依赖和人全面的自由三个发展阶段，列宁在实践上实现了中等资本主义国家向无产阶级政权国家的转化，并且提出了社会主义是共产主义社会的第一阶段和社会主义也要分为几个阶段的构想。但是中国与俄国的具体情况不同，"现在的中国是一个封建主义与一个帝国主义的组合，而不是与一个资本主义的组合”。在无产阶级革命时，俄国本身就是一个资本主义国家，虽然处于资本主义发展的中等阶段，但与当时的中国相比，不仅经济水平要远远高于中国，而且国家性质也先进于中国，阶级结构与中国相比也相对简单，主权完整。中国当时以自给自足的自然经济为主，经济发展落后。同时又受到帝国主义的入侵，主权丧失，沦为半殖民地、半封建社会的国家。因此在这样的情况下，新中国成立后，不能直接建立社会主义制度，而是需要一个过渡的阶段。

这一过渡性社会的提出是人类历史上所没有的，为中国过渡到社会主义社会提供了路径。从马克思、恩格斯的直接过渡，到列宁的间接过渡，再到毛泽东的新民主主义社会理论，可以清楚地看到社会形态理论的探索轨迹。毛泽东既坚持了马克思提出的吸收资本主义一切肯定成果的原则，又从中国特殊的国情出发，创造性地发展了科学社会主义，这是社会形态理论探索的丰硕成果，是“一种特殊的过渡形式，也是不可变动的必要形式”。

2. 新民主主义社会是不可逾越的社会形态

新民主主义社会具有两重性，一方面具有资本主义因素，另一方面有具有社会主义因素，属于半封建半殖民地社会到社会主义社会的过渡社会。毛泽东在《新民主主义论》和《论联合政府》中就提到，各种因素造成了新民主主义社会是一个独立的社会形态，是马克思、恩格斯以及列宁所没有提到过的社会形态。

新民主主义社会是不可逾越的阶段。列宁认为，“两种社会之间存在一个过渡时期，这符合思维的逻辑。”从 1949 年新中国成立到 1956 年社会主义改造完成，是新民主主义社会，毛泽东肯定了其作为中国革命的道路，认为是“走历史必由之路”。由于中国生产力发展落后和新中国成立时的现实情况，当时的中国不可能直接进入到社会主义阶段，因此在进入到社会主义之前，我国有必要经历一个过渡阶段，这个过渡阶段以生产发展和进行社会主义改造为手段，最终目的是达到社会主义，这个过渡阶段就是新民主主义社会。过渡阶段的提出是符合经济发展客观规律和具体实际情况的。

毛泽东新民主主义社会的提出丰富了马克思、恩格斯的社会形态理论，是马克思主义中国化进程的一部分。

1. 新民主主义社会是社会形态演进的一般规律与过程多样性的辩证统一

人类的社会总体是按照社会形态的一般规律向前发展的，总体而言，社会形态都会经历马克思所论述的前资本主义、资本主义、共产主义这三种社会形态，而且就目前来看，各个国家的社会形态也基本符合马克思的论断。然而在一般规律的过程中也会有多样性的情况，例如俄国是在中等资产阶级国家取得无产阶级革命胜利的，而不是像马克思、恩格斯理论中无产阶级革命率先在发达资本主义国家取得胜利。同样，由于新中国成立后，中国面临经济发展落后和资本主义经济形式大量存在等问题，中国不可能直接进入到社会主义社会，所以需要一个过渡形态的新民主主义社会来进行过渡。

2. 社会形态的发展是阶段性与整体性的辩证统一

社会形态理论是人类历史发展最本质、最必然、最内在的联系，只有在整个人类历史发展的大背景、大框架中才能更好地体会，按照社会发展演进的趋势，各个国家、各个民族在历史的洪流中呈现依次更替、顺序演进，它是由生产力的性质决定的。因此，每个具体的国家与民族，应该客观地看待自己的历史进程，分阶段、分层次完成社会演进的使命。

（二）毛泽东社会主义发展阶段思想

1956 年在经过过渡时期总路线之后，三大改造完成，中国由新民主主义国家进入到社会主义国家。怎样建设社会主义国家以及社会主义怎样划分，都是摆在社会主义建设道路上的难题。在这一阶段，毛泽东发展了关于社会主义发展阶段的思想，促进了人们认清当时社会的现状。

1. 社会主义的“建立”和“建成”

1956 年底，社会主义改造基本完成，我国进入到社会主义社会。在 1956 年 1 月召开的知识分子问题会议，毛泽东在会上提出了我国的社会主义社会已经进入、尚未完成的思想。后来，他又明确地提出，我国社会主义制度只是“刚刚建立”，还没有“完全建成”，需要经过一段时间建立起现代工业和现代农业的基础，生产力得到比较充分的发展，我们的社会主义经济制度和政治制度才算获得了比较充分的物质基础，社会主义社会才算从根本上建成了。在 1959 年的郑州会议上，毛泽东再次提出何为建成社会主义的问题。他指出，中国要建成社会主义需要一系列阶段，只有在实现“农业机械化、电气化、国家工业化”等第一阶段的任务后，再经过第二个、第三个提高阶段，才能逐步完成社会主义建设。

在这里毛泽东把“建立”和“建成”区分为不同的概念，“建立”是指已经进入到社会主义社会，社会主义制度在我国已经确立。“建成”是指达到经济发达，发展成熟的社会主义。毛泽东对社会主义“建立”“建成”的区分，是对我国的具体实际情况总结，符合客观实际，在当时也避免了苏联社会主义建设激进做法给中国造成的影响。

2. 我们要建成一个伟大的社会主义国家，没有一百年时间是不行的

1959年底到1960年初，毛泽东说："在我们这样的国家，完成社会主义建设是一个艰巨的任务，建成社会主义不要讲得过早了。"① 此后，毛泽东又多次指出，我们要建成一个伟大的社会主义国家，没有一百年时间是不行的。1960年5月，他在会见英国陆军元帅蒙哥马利时指出：中国要建设强大的社会主义经济，五十年不行，会要一百年，或者更多的时间。资本主义的发展经过了好几百年。在我国，要建设起强大的社会主义经济，估计要花一百多年。1962年1月，毛泽东在七千人大会上，专门论述了社会主义建设的长期性，他说："中国的人口多，底子薄，经济落后，要使生产力很大地发展起来，要赶上和超过世界上最先进的资本主义国家，没有一百多年的时间，我看是不行的。"② 他恳切地劝告同志们，宁肯把困难想得多一点，因而要把时间设想得长一点。把时间设想得长一点，是有许多好处的，设想得短了反而有害。

3. "不发达的社会主义"和"比较发达的社会主义"

1959年底到1960年初，毛泽东在学习苏联的《政治经济学》教科书时说："社会主义这个阶段，又可能分为两个阶段，第一个阶段是不发达的社会主义，第二个阶段是比较发达的社会主义。后一阶段可能比前一阶段需要更长的时间。"③

毛泽东对"不发达的社会主义"和"比较发达的社会主义"划分，是对"建立"和"建成"社会主义概念上的进一步发展，表明毛泽东更加清楚地认识到当时的国情。

毛泽东新民主主义社会的提出和对社会主义不同阶段的划分以及对建成社会主义时间的认识，都是立足于中国实际国情，符合经济、政治、文化发展状况的，都是以马克思主义思想为指导，有选择性地借鉴苏联社会主义建设经验而总结出来的，为后来中国的发展提供了理论准备。

尽管毛泽东提出的各种社会主义发展理论为我国的社会主义建设做出了巨大的贡献。然而毛泽东在晚年时期依然对社会主义的发展做出了错误的判断，导致"文化大革命"的出现，使中国的发展陷入混乱。然而即使是"文化大革命"时

---

①③《毛泽东文集》第8卷，人民出版社1999年版，第116页。

② 同上，第302页。

期，中国依然进行了必要的有些是特别重要的社会经济建设，而且也取得了一些国内外瞩目的标志性成就。例如，国防工业的全面发展和同美国建立外交关系等重大社会经济成就正是在“文化大革命”中取得的。我们不能因为毛泽东发动了“文化大革命”就否定毛泽东的历史性成就，更不能因为“文化大革命”的出现就否定毛泽东的发展阶段理论。更为重要的是，毛泽东预测到了中国未来一百年之后建设社会主义现代化强国的伟大发展目标，这是毛泽东具有预见性的发展阶段理论的最伟大之处！

第二节　中国社会主义初级阶段理论

一、中国特色社会主义初级阶段的提出及发展

（一）社会主义初级阶段的形成

社会主义初级阶段理论，是马克思主义基本原理同中国实践相结合的产物，是邓小平和中国共产党对社会主义及中国国情再认识的伟大成果，它阐明了中国国情的本质和中国社会主义的历史起点，以新的内容丰富了科学社会主义理论。它是邓小平理论的重要组成部分。

1979 年叶剑英在新中国成立 30 周年大会上的讲话中指出：“我国现在还是发展中的社会主义国家，社会主义制度还不完善，经济和文化还不发达。”“在我国实现现代化，必然要有一个从初级到高级的过程。”1981 年十一届六中全会通过的《关于建国以来党的若干历史问题的决议》指出：“我们社会主义制度还是处于初级的阶段”，“我们的社会主义制度由不完善到比较完善，必然要经历一个长久的过程”。在党的文献中第一次出现了我国的社会主义制度处于“初级的阶段”的提法。

1982 年党的十二大报告指出“初级阶段”的根本特征是“物质文明还不发达”。1984 年党的十二届二中全会作出的《中共中央关于经济体制改革的决定》，从经济运行机制上探讨初级阶段问题，提出“商品经济的充分发展，是社会经济

发展不可逾越的阶段”。1986 年《中共中央关于社会主义精神文明建设指导方针的决议》明确地提出了社会主义初级阶段的范畴，并对其经济特征做了较全面的分析，“我国还处于社会主义的初级阶段，不但必须实行按劳分配，发展社会主义的商品经济和竞争，而且在相当长历史时期内，还要在公有制为主体的前提下发展多种经济成分，在共同富裕的目标下鼓励一部分人先富起来”。

1987 年党的十三大召开前夕，为了适应加快和深化改革的需要，为制定党的基本路线提供根本依据，邓小平同志确定的十三大主题之一就是“中国社会主义是处在什么阶段”。他说：“我们党的十三大要阐述中国社会主义是处在一个什么阶段，就是处在初级阶段，是初级阶段的社会主义。社会主义本身是共产主义的初级阶段，而我们中国又处于社会主义的初级阶段，就是不发达的阶段。一切都要从这个实际出发，根据这个实际来制订规划。”① 党的十三大把我国还处在社会主义初级阶段作为整个报告立论的基础，论述了社会主义初级阶段的基本含义和主要特征，并以此出发阐述了改革开放和现代化建设的各项任务，从而形成了社会主义初级阶段理论。

1992 年党的十四大把社会主义初级阶段理论作为邓小平同志建设有中国特色社会主义理论的重要理论基础。1997 年党的十五大再次强调了社会主义初级阶段理论，并且全面阐释了社会主义初级阶段的过程特征。

认识社会主义初级阶段的现实，是为了更好地建设、巩固和发展社会主义，正如党的十五大报告强调指出的：“面对改革开放攻坚和开创新局面的艰巨任务，我们解决种种矛盾，澄清种种疑惑，认识为什么必须实行现在遮掩的路线和政策而不能实行那样的路线和政策，关键还在于对所处社会主义初级阶段的基本国情要有统一认识和准确把握。”自十一届三中全会以来我国改革开放和现代化建设取得成功的根本原因之一就是克服了那些超越阶段的错误观念和政策，又抵制了抛弃社会主义基本制度的错误和自由化思潮。这样做，没有离开社会主义，而是在脚踏实地地建设社会主义，使社会主义在中国真正活跃和兴旺起来，广大人民从切身感受中更加热爱社会主义。

从科学社会主义 160 年的发展史来看，对共产主义和社会主义实现过程的认识大体上是由短到长，在 1871 年以前为一段论（不分阶段），1871 年以后分为两个阶段（共产主义的低级阶段即社会主义和共产主义的高级阶段），我国改革

---

① 《邓小平文选》第三卷，人民出版社 1993 年版，第 252 页。

开放后进行再细化。

对社会主义分阶段规律可做这样的表述：在社会主义社会开始建立之后（以取得政权为标志），必须适应生产力发展水平区分为若干发展阶段，由量变到部分质变，逐步完善生产关系形式，特别是东方落后国家建立社会主义要经过一个很长的社会主义初级阶段（大约100年），然后再进入社会主义发达阶段。决定的因素是生产关系必须适合生产力发展水平的规律。历史实践证明，这也是由客观规律决定的发展过程。正如马克思所说："一个社会即使探索到了本身运动的自然规律……它还是既不能跳过也不能用法令取消自然的发展阶段。"① 不认识和掌握这个阶段，就会使社会主义事业遭受重大挫折，乃至衰落和失败。认识和掌握了这一规律，就会促进生产力的快速、健康发展，使社会主义制度日臻完善。

（二）形成社会主义初级阶段的客观必然性

在科学社会主义创始人那里，并没有社会主义初级阶段的概念，因为那时是出于对西欧资本主义社会的思考，不曾料到社会主义在东方经济落后的国家首先胜利。社会主义初级阶段是从中国这样一个近代史上经济落后的东方大国的实际出发提出来的，中国的社会主义不是脱胎于资本主义社会，而是脱胎于半殖民地半封建的社会，带有经济落后、文化落后的烙印。"初级阶段"的必然性有以下几个原因：

首先，与社会主义为什么会在东方落后的国家率先胜利有关。列宁在十月革命前就有社会主义可能在一国或数国胜利的论断，而且不是在经济上发达的资本主义国家，恰恰是在经济上比较落后的国家。他在1915年写的《论欧洲联邦口号》一文中说："经济政治发展的不平衡是资本主义的绝对规律。由此就应得出结论：社会主义可能首先在少数甚至在单独一个资本主义国家内获得胜利。"② 次年，他在《无产阶级的军事纲领》一文中阐述了同样的结论。列宁分析了社会主义可以在经济落后国家首先胜利的条件。这些条件主要是：①帝国主义时代资本主义发展的不平衡加剧。帝国主义内部冲突加深，从而造成资本主义统治战线的薄弱环节。②帝国主义战争的严重破坏，使一些经济不发达国家的社会矛盾

① 《资本论》第一卷，人民出版社2004年版，第9－10页。

② 《列宁选集》第2卷，人民出版社1995年版，第554页。

尖锐化，这些国家的人民除了站起来革命没有别的出路。③不发达国家资产阶级的软弱性、动摇性甚至叛卖性使他们不可能举起民族民主革命的旗帜，把这些国家引上资本主义发展道路。④这些国家的无产阶级人数虽少，但革命性强，有农民作同盟军，有经过长期革命斗争锻炼的无产阶级政党的领导。如果这些条件会合起来，就可以形成一种直接的革命形势。列宁关于社会主义革命可能在不发达国家首先胜利理论是列宁主义的重要组成部分。十月革命是在资本主义经济比较落后的俄国发生的，但毕竟属于资本主义国家，而中国革命则是在半殖民地半封建社会发生的。

其次，中国取得新民主主义革命胜利又与国际形势的变化和中国自身的主观条件相联系。第二次世界大战后出现了一种特殊有利的国际环境，欧亚一系列国家，尤其是中国，取得人民民主革命胜利并走上社会主义道路，进一步证明列宁的不发达国家可以超越资本主义的科学论断。近代中国也是帝国主义争夺的焦点，其统治又相对薄弱；特别是主观条件，有一个成熟的党创造了中国化的马克思主义——毛泽东思想。在中国革命过程中毛泽东提出的新民主主义革命理论，科学地论证了在半殖民地半封建的中国，由于外国帝国主义的压迫与中国民族资产阶级的软弱性，不可能走上资本主义正常发展的道路，只可能经过新民主主义走上社会主义。这是对列宁关于不发达国家建设社会主义理论的继承和发展，是对科学社会主义理论的伟大贡献。

再者，经过1952～1978年的建设，中国的社会主义既取得伟大成就，也积累了丰富的经验教训，我国有条件也必须走社会主义道路，但又是一种以不发达为起点的发展道路。对此，1987年邓小平做了这样的论述："现在的方针政策，就是对'文化大革命'进行总结的结果。最根本的一条经验教训，就是要弄清楚什么叫社会主义和共产主义，怎样搞社会主义。搞社会主义必须根据本国的实际。""后来的教训才迫使我们重新思考。思考的第一条就是要坚持社会主义，而坚持社会主义，首先要摆脱贫穷落后状态，大力发展生产力，体现社会主义优于资本主义的特点。"① 基于历史的经验教训，中国不能重复以往超越阶段的做法，应当实事求是地认识自己，一步一个脚印地"从头越"。第一个要解决的摆脱落后状态，走向富裕，基本实现现代化，然后才能进入发达社会主义阶段。用邓小平的话说，就是"一切从社会主义初级阶段的实际出发"。这是我们考虑一切问题的出

① 《邓小平文选》第三卷，人民出版社1993年版，第223－224页。

发点。这一判断和论述，对发展中国家走社会主义道路有重要借鉴意义。

二、中国特色社会主义初级阶段的含义

（一）社会主义初级阶段的含义和基本要领

按照邓小平的观点，社会主义初级阶段就是不发达的社会主义，就是生产力比较落后，需要大力发展的社会主义。它相对于发达的社会主义而言，可为成熟的社会主义全方位地奠定基础。如果社会主义社会是一篇大文章，社会主义初级阶段就是文章的前半部分。对此，邓小平做过这样的论述："搞社会主义，一定要使生产力发达，贫穷不是社会主义。我们坚持社会主义，要建设对资本主义具有优越性的社会主义，首先必须摆脱贫穷。现在虽说我们也在搞社会主义，但事实上不够格。只有到了下世纪中叶，达到了中等发达国家的水平，才能说真的搞好了社会主义，才能理直气壮地说社会主义优于资本主义。现在我们正在向这个路上走。"①

概括来说，社会主义初级阶段的科学论断包括两层含义：第一，我国已经进入社会主义社会。我国在社会主义改造基本完成以后，就具备了社会主义的一般特征。当今我国已经建立起以生产资料公有制为主体的社会主义所有制关系和以按劳分配为主体的社会主义分配制度；已经建立了社会主义工业化的基础；劳动人民当家做主的国家主权得到巩固；社会主义精神文明已经得到初步发展。第二，我国的社会主义社会还处于初级阶段。在这里"初级阶段"强调的是中国在社会主义发展进程中所处的历史地位，即"不发达阶段"，初级阶段的根本特点就是不发达，根本原因是中国社会主义社会脱胎于半殖民地半封建社会，没有经过资本主义的充分发展。我们必须正视而不能超越这个阶段。前者表明我国社会的性质有着与社会主义其他阶段共同的本质；后者表明我国社会主义的发展程度有着不同于已经实现现代化阶段的特点。

关于社会主义初级阶段的基本特征，党的十五大报告从九个方面进行了概括：社会主义初级阶段是逐步摆脱不发达状态，基本实现社会主义现代化的历史阶段；是由农业人口占很大比重、主要依靠手工劳动的农业国，逐步转变为非农

① 《邓小平文选》第三卷，人民出版社 1993 年版，第 225 页。

业人口占多数、包括现代农业和现代服务业的工业化国家的历史阶段；是由自然经济半自然经济占很大比重逐步转变为经济市场化程度较高的历史阶段；是由文盲半文盲人口占很大比重、科技教育文化落后逐步转变为科技教育文化比较发达的历史阶段；是由贫困人口占很大比重、人民生活水平比较低逐步转变为全体人民比较富裕的历史阶段；是由地区经济文化很不平衡，通过有先有后的发展，转变为逐步缩小差距的历史阶段；是通过改革和探索，建立和完善比较成熟的充满活力的社会主义市场经济体制、社会主义民主政治体制和其他方面体制的历史阶段；是广大人民牢固树立建设有中国特色社会主义共同理想，自强不息，锐意进取，艰苦奋斗，勤俭建国，在建设物质文明的同时努力建设精神文明的历史阶段；是逐步缩小同世界先进水平的差距，在社会主义基础上实现中华民族伟大复兴的历史阶段。

这九个方面体现了社会主义初级阶段是一个发展过程，是一个从不发达的社会主义国家到富强、民主、文明的社会主义国家的转变过程。它最基本的特征可以概括为“不纯粹性”和“过渡性”。我们一定要有长期艰苦奋斗的思想准备，决不能急于求成，犯超越阶段的错误。

（二）主要矛盾、基本特征和根本任务

毛泽东从哲学高度精辟地指出：“在复杂的事物的发展过程中，有许多的矛盾存在，其中必有一种是主要的矛盾，由于它的存在和发展规定或影响着其他矛盾的存在和发展。”“抓住了这个主要矛盾，一切问题就迎刃而解了。”[①] 我们研究社会主义初级阶段，也要学会这种辩证法，研究和抓住它的主要矛盾。

社会主义初级阶段作为社会主义社会的一个特殊阶段，它的主要矛盾是什么？按照党的十五大的说法：在社会主义初级阶段，我国经济、政治、文化和社会生活存在种种社会矛盾，但主要矛盾是人民日益增长的物质文化需要同落后的社会生产力之间的矛盾。其他的各种矛盾都由这个主要矛盾所决定、所影响。也就是说，各种社会矛盾不管是直接的还是间接的，都是由生产力落后引起的。落后的社会生产力是相对意义上的，是相对于发达国家的生产力而言的、相对于满足合理需要的尺度而言的。这个主要矛盾贯穿于我国社会主义初级阶段的整个过程和社会生活的各个方面。只有紧紧抓住这个主要矛盾，才能准确地观察、把握

① 《邓小平选集》第一卷，人民出版社 1991 年版，第 320 页、第 322 页。

社会矛盾的全局，有效促进各种社会矛盾的解决。

为什么说社会初级阶段的主要矛盾是人民日益增长的物质文化需要同落后的社会生产力之间的矛盾？这是由我国的社会性质和国情现状所决定的。我国的社会主义制度，决定了我们发展经济的目的是实现广大人民共同富裕，千方百计地满足人民的物质文化需要，将来到了社会主义发达阶段我们的经济目的仍然是这样。社会主义经过近60年发展，特别是改革开放以来30年的发展，我国社会主义水平有了很大的提高，但是中国社会主义建设的起点低，所以仍然处于不发达状况；在经济结构上，包括产业结构、区域经济机构、科技结构等方面发展极不平等，离现代化的目标还有很大的差距；在经济运行机制上，我国市场经济仍然不发达，商品市场、资本市场、劳动力市场以及其他要素市场均不完善，有待发育；在社会生活中，不少地区半自然经济还占相当的比重；国民总体素质和科技水平仍然不高，只具有少量的世界先进水平的技术；教育总体水平还比较低，处于普及义务教育阶段；各个地区发展还很不平衡，少数城市和有些沿海地区发展水平较高，广大农村则比较落后，少数贫困人口的温饱问题还有待解决。从总体上说，中国的人口多、底子薄、地区发展不平衡，生产力不发达的状况还没有从根本上改变；社会主义市场经济体制还有待成熟，国民经济市场化程度还不高；社会主义的民主法制还不够健全，社会主义的各项具体制度还有待进一步完善；封建主义、资本主义腐朽思想和小生产习惯势力在社会上还有广泛的影响。

现在的中国是一个典型的发展中大国，在经济和社会发展水平上与发达国家还有相当大的距离，与中等发达国家之间也有差距。与马克思所设想的成熟的社会主义相比，中国还是一个不成熟、不发达的社会主义。这样的国情决定了我国社会主义初级阶段的主要矛盾只能是人民日益增长的物质文化需要和落后的社会生产力之间的矛盾，矛盾的主要方面是大力发展生产力。而发展生产力是手段，满足人民的需要是目的。

那么，社会主义初级阶段的主要矛盾与社会主义社会的基本矛盾是什么关系呢？应当说两者是既相联系又相区别的不同概念。两者的联系在于：基本矛盾是个大概念，涵盖整个社会主义社会，而主要矛盾则是基本矛盾在社会主义初级阶段的突出表现。社会主义社会的基本矛盾是生产力与生产关系以及生产方式与交换之间的矛盾、经济基础与上层建筑之间的矛盾，不仅整个社会主义社会是如此，而且也是一切发达社会形态的共同之处。除了发达社会形态的共同处之外，每个社会形态都有不同的具体矛盾内容和表现形式，并且每个社会的每个阶段具有不同的特征。所以，两个概念所涵盖的时段、内容、形式是不同的。掌握基本矛盾使我们能够自觉地认识和运用人类社会发展和整个社会主义社会全过程的规律，掌握主要矛盾，使我们能够更好地认识和处理好阶段性特征，更准确地明晰本阶段的战略任务。

“主要矛盾”也可以说是基本特征，概括为生产力落后决定其经济结构的多层次性、分配关系的多元化、社会关系的复杂性和过渡性、发展进程的长期性、体制完善的渐进性，但也有主体与非主体的区别。

基于社会主义初级阶段的主要矛盾和基本特征的分析，这一历史阶段最重要的任务是发展生产力，把经济建设放在第一位，称为“第一要务”。大力发展生产力，才可能满足人民日益增长的物质和文化需要，提高人民的生活水平。只有增加社会财富总量，才能提高人民的生活水平，也才有能力发展社会主义文化等各项事业。按照党的历次党代会的概括，社会主义初级阶段的具体任务有以下九点：①逐步摆脱不发达状态，基本实现社会主义现代化；②由农业人口占很大比重、主要依靠手工劳动的农业国逐步转变为非农业人口占多数、包含现代农业和现代服务业的工业化国家；③由自然经济半自然经济占很大比重转变为市场化程度较大；④由文盲半文盲人口占很大比重、科技教育文化落后逐步转变为科技教育文化比较发达；⑤由贫困人口占很大比重、人民生活水平比较低逐步转变为全体人民比较富裕；⑥由地区经济文化很不平衡，通过有先有后的发展，逐步缩小差距；⑦通过改革和探索，建立和完善比较成熟的充满活力的社会主义市场经济体制、社会主义民主政治体制和其他方面体制；⑧广大人民牢固树立建设有中国特色社会主义共同理想，自强不息，锐意进取，艰苦奋斗，勤俭建国，在建设物质文明的同时努力建设精神文明；⑨逐步缩小同世界先进水平的差距，在社会主义基础上实现中华民族伟大复兴。其中，①和⑨是社会主义初级阶段基本特点和历史任务的总概括，其他是对社会主义初级阶段基本特点和历史任务在经济、政治、文化等各方面的展开。这九点体现了社会主义初级阶段是一个发展的过程，是一个从不发达的社会主义国家到富强、民主、文明的社会主义现代化国家的转变过程。

（三）社会初级阶段的战略步骤

由于社会主义初级阶段是一个长达 100 多年的过程（即使从 1980 年算起，还有 70 多年），需要区分不同的小阶段，以便分步骤完成。邓小平从中国的实际

出发，提出了“三步走”战略：第一步，1980～1990年国民生产总值翻一番，基本解决温饱问题；第二步，1991～2000年初步实现小康，人均GDP达到3000美元以上；第三步，到21世纪中叶，人均国民生产总值达到中等发达国家水平，人民生活比较富裕，基本实现现代化。

到2000年，邓小平规划的第二步战略提前实现。以江泽民同志为核心的党的第三代领导集体又提出21世纪前50年（即第三步战略）还要再分若干小的阶段，江泽民同志成为“小三步走”。他说：“党的十五大对我国到2010年，建党和建国一百年这三段时期改革和发展的任务做了大体部署，这也可以叫作实现第三步战略目标的‘小三步走’。党的十六大要进一步对这三个目标作出科学的表述。根据有关部门的测算，大体的情况是：①到2010年，实现国内生产总值比2000年翻一番，经济结构战略性调整取得了明显进展，社会主义市场经济体制进一步完善，人民的小康生活更加宽裕。②到建党100年时，国内生产总值比2010年再翻一番，基本完成工业化，建成经济更加发展、民主更加健全、科教更加进步、文化更加繁荣、社会更加和谐、人民生活更加殷实的小康社会。③在此基础上再奋斗30年，到建国100年时，基本实现现代化，进入中等发达国家行列，把我国建成民主文明的社会主义现代化国家。”[①]

在每一个较长的中小阶段，还会有步骤之分。例如，每个五年计划都有不同的要求和奋斗目标。这样就可以一个台阶一个台阶地前进，量变的积累引起部分质变，然后再引致发展过程中的质变。到2050年以后，社会主义初级阶段基本完成，就会实现质的飞跃，逐步进入社会主义的发达阶段。当然，对于整个社会主义全过程来说，还是一个较大的部分质变。

党的十七大对于进入21世纪的阶段特征概括为8点：①经济实力显著增强，同时生产力水平总体上不高，自主创新能力不强，长期形成的结构性矛盾和粗放型增长方式尚未根本改变；②社会主义市场经济体制初步建立，同时影响发展的体制机制障碍依然存在，改革攻坚面临深层次矛盾和问题；③人民生活总体上达到小康水平，同时收入分配差距拉大趋势还未根本扭转，城乡贫困人口和低收入人口还有相当数量，统筹兼顾各方面利益难度加大；④协调发展取得显著成绩，同时农业基础薄弱、农村发展滞后的局面尚未改变，缩小城乡、区域发展差距和促进经济社会协调发展任务艰巨；⑤社会主义民主政治不断发展、依法治国基本

① 《江泽民文选》第三卷，人民出版社2006年版，第413－414页。

方略扎实贯彻，同时民主法制建设与扩大人民民主和经济社会发展的要求还不完全适应，政治体制改革需要继续深化；⑥社会主义文化更加繁荣，同时人民精神文化需求日趋旺盛，人们思想活动的独立性、选择性、多变性、差异性明显增强，对发展社会主义先进文化提出了更高要求；⑦社会活力显著增强，同时社会结构、社会组织形式、社会利益格局发生深刻变化，社会建设和管理面临诸多新课题；⑧对外开放日益扩大，同时面临的国际竞争日趋激烈，发达国家在经济、科技上占优势的压力长期存在，可以预见和难以预见的风险增多，统筹国内发展和对外开放要求更高。

这些情况表明，经过新中国成立以来特别是改革开放以来的不懈努力，我国取得了举世瞩目的发展成就，从生产力到生产关系、从经济基础到上层建筑都发生了意义深远的重大变化，但我国仍处于并将长期处于社会主义初级阶段的基本国情没有变，人民日益增长的物质文化需要同落后的社会生产之间的矛盾这一社会主要矛盾没有变，作为世界上最大的发展中国家地位没有变。

三、中国特色社会主义初级阶段理论的历史意义

社会主义初级阶段理论提出的历史意义：

第一，科学地回答了中国社会主义的发展阶段问题，丰富和发展了马克思主义的科学社会主义理论。以邓小平为代表的中国共产党人认真分析了我国的基本国情，全面总结正反两方面的经验教训，作出了我国正处于社会主义初级阶段的科学论断。

第二，它是我们党制定和执行正确的路线、方针和政策的科学依据。我国正处于社会主义初级阶段，这是我国最基本的国情，也是最大的实际。从初级阶段出发，我们就可以找到建设有中国特色社会主义的正确道路，制定和执行正确的路线、方针和政策。我们党正是从这一根本依据和立足点出发，制定了党在社会主义初级阶段的基本路线和基本纲领，以及一系列符合实际的方针政策。

第三，它是我们防止在反对社会主义建设时代的错误倾向，警惕“右”主要是防止“左”的强大思想武器。我们应清醒地看到，我国社会主义还是不成熟、不完善的社会主义，生产力落后，商品经济不发达，这就要求我们必须从中国实际出发来建设社会主义，要求我们必须正视而不能超越初级阶段。

综上所述，社会主义初级阶段的提出，从整体上解决了我国社会主义发展

的现实起点问题。社会主义初级阶段是从生产力层面和生产关系层面对中国社会主义发展程度的科学判断。社会主义初级阶段理论框定了中国社会主义的发展程度，界定了中国发展的社会主义性质，阐明了中国社会主义的发展未来，是从时间维度和内容维度研究社会主义发展的科学理论。

第三节　新时期习近平的经济新常态理论

一、经济新常态的时间节点

习近平总书记2014年5月在河南省考察时首次提出“新常态”的概念，并强调“我国发展仍处于重要战略机遇期，我们要增强信心，从当前我国经济发展的阶段性特征出发，适应新常态，保持战略上的平常心态”。[①] 2014年7月，习近平总书记在党外人士座谈会再提“新常态”，提出要“正确认识我国经济发展的阶段性特征，进一步增强信心，适应新常态，共同推动经济持续健康发展”。[②] 2014年11月，习近平主席在APEC工商领导人峰会开幕式上首次全面而系统性地阐释了中国经济新常态，就新常态的主要特点、发展机遇、战略举措等重要问题进行了深入的分析和论述，阐明了“能不能适应新常态，关键在于全面深化改革的力度”，“我们全面深化改革，就要创新拓宽道路”[③] 等一系列新的观点思路。

习近平总书记提出的中国经济新常态，是在深入分析当前国内外宏观经济新形势和深刻揭示中国经济潜在增长率新变化的基础上，对我国未来经济社会发展新趋势的一种战略判断。这一战略判断，为我国未来一段时期研判国家经济形势和制定宏观经济政策提供了很好的指导性思想。

整体上看，自2008年国际金融危机以来，我国经济发展所面临的国内外环

① 新华社:《习近平总书记在河南考察》,《人民日报》, 2014-05-12（A01）。

② 新华社:《中共中央就当前经济形势和下半年经济工作召开党外人士座谈会》,《人民日报》, 2014-07-30（A01）。

③ 连平:《中国经济运行“新常态”解析》,《科学发展》, 2014年第8期。

境正在发生重大变化。从国际层面讲，全球经济格局已发生深刻调整，外部需求出现常态性萎缩。回顾我国多年经济高速增长的历程可以发现，依靠广阔的世界市场所带来的强大外需是创造中国“经济奇迹”的重要因素。但在新的经济发展阶段，世界经济已呈现出“总量需求增长缓慢、经济结构深度调整”的显著特征，支撑中国经济高速增长的外需环境已不复存在。美欧等经济强国相继提出“再工业化”“2020战略”“重生战略”等措施，试图重构国际贸易规则，贸易保护主义也纷纷抬头，而发展中国家都在努力调整发展模式，加快发展具有比较优势的产业，使我国经济发展的外部环境雪上加霜。从国内层面看，支撑经济高速增长的传统人口红利、资源环境红利等已逐渐衰减，已难以保持创造中国“经济奇迹”的比较优势。从实际情况来看，东部发达地区“民工荒”等现象的出现，我国“刘易斯拐点”正在到来，传统人口红利的比较优势正在逐步减弱。与此同时，经过多年高速的经济发展，能源、资源、环境的制约影响越来越明显，尤其是石油、天然气、铁矿石等重要资源的对外依存度在不断提高，要素的边际供给增量已难以支撑年均两位数以上的经济增长，这在客观上促使中国经济增长逐步回落到中低增速的“新常态”。

事实上，自2010年第二季度算起，至2014年上半年，我国经济已经连续16个季度经济增速在回落。新一届中央政府果断地采取了一系列“稳增长、调结构、促改革”的宏观调控措施，到2014年的上半年，宏观经济运行的许多指标出现企稳势头，并初步稳定了市场预期。根据国家统计局的数据显示，2014年1～3季度的GDP增速为7.4%，经济呈现出进一步回落的态势。我国经济正逐步由过去三十多年年均接近两位高速增长向7%左右的中高速增长转换。有专家指出：2013～2020年是中国非常重要的战略节点，中国经济将进入一个中高速的经济增长阶段。①

二、经济新常态的丰富内涵

中国经济在经历70年的快速增长之后，经济发展的基本模式、产业业态以及增长动力都已经今非昔比。中国经济基本面不仅发生了量的巨变，更是发生了质的飞跃，用过去的眼光看待中国经济、用过去的思维思考中国经济既不准确，

① 2018年1月，李稻葵在清华大学举办的“人文清华讲坛”上指出了2020年、2035年、2050年是中国三个非常重要的时间节点。

也不现实。那么，新常态究竟“新”在何处？在亚太经合组织工商领导人峰会上，习近平主席在发言中首次为外界清晰地勾勒出了新常态的内涵：

首先是速度从高速增长转为中高速增长。多年的高速发展之后，中国经济的传统竞争优势变弱，潜在增长率开始下降，面临着“三期叠加”所带来的挑战，经济增速放缓不可避免。与此同时，考虑到此前积累的诸多矛盾和挑战，以及继续维持高增长所可能付出的代价，国家也有意增加了对经济增速放缓的容忍度，从而让一直紧绷的增长之弦有喘息调整之机。当然，考虑到中国经济的增长潜力、回旋余地以及保证就业和社会稳定的需要，经济增长速度既不能太快，也不能下滑过多，因此在新常态下，从高速增长转为中高速增长将是一个合适的选择。

其次是经济结构不断优化升级。虽然在新常态下，经济增速会有所放缓，但不能简单地认为增速放缓就是新常态。一般而言，评价经济发展的标准可以分为两种——速度和质量。新常态下，对速度的追求虽有所降低，但对质量的提升却更加重视，这就要求经济运行的结构更优、效率更高。而这也正是一段时期以来，中国经济所发生的最大变化。

最后是动力从要素驱动、投资驱动转向创新驱动。多年来，中国经济的增长在很大程度上属于投资驱动型，靠的是低成本要素的大量投入，虽然成果显著，却也“后患无穷”。而新常态就是要改变这一粗放的增长模式，逐步向集约的发展模式转变。但在转变过程中，既不能让增速放缓变成一落千丈，又要实现结构更优、效率更高，这意味着不能再依赖于传统的经济增长引擎，而只能更多地向创新要动力。

新常态之“新”，意味着不同以往；新常态之“常”，意味着相对稳定。新常态被用来判断当前中国经济的特征，并被上升到战略高度，表明了中央对当前中国经济增长阶段变化规律有了更深刻的认识，同时也决定了未来中国宏观经济政策选择的基调。

当然，新常态往往也伴随着新矛盾、新问题、新挑战，实际上一些潜在风险正渐渐浮出水面。有学者曾提出，这些可能伴生新矛盾和新风险，比如房地产的“去泡沫”、影子银行与地方债务的“去杠杆”、产能过剩“挤水分”等，都是对原来累积的失衡因素和矛盾的调整和化解。所以说，新常态不仅是经济转型的过程，同时也是风险释放的过程，如果不主动积极作为，就会出现经济增速大幅放缓，社会发展停滞不前，甚至掉进“中等收入陷阱”。

能不能适应新常态，能不能让新常态逐渐走向成熟，关键就在于全面深化改革的力度。作为全面深化改革的“元年”，2014 年以来中国改革力度让人瞩目。仅上半年，在中共十八届三中全会确定的重点改革任务中，行政审批事项取消和下放 145 项，在基础设施、清洁能源等领域推出了多个鼓励社会资本进入的示范项目，财税体制改革、户籍制度改革、公车改革正式出台，国有企业改革重大试点的启动均有序推出……

正如习近平总书记所言，中国全面深化改革，就要激发市场蕴藏的活力，就要为创新拓宽道路，就要推进高水平对外开放，就要增进人民福祉、促进社会公平正义。从这个角度来理解，“新常态”或许具备了远超出经济的更全面、深刻的意蕴。

三、经济新常态的哲学考量

新常态是从原来状态中逐步孕育发展出来的，新常态的产生发展与逐步成长有其必然的规律，必然经历一个孕育形成的过程。社会存在的变化不是由人们的意识来决定，人们必须在既定的客观现实基础上来展开自己意识的神奇功能，这是马克思主义唯物主义哲学的基本立场。今天的中国共产党人，要很好地科学执政、民主执政、依法执政，首要的前提就是立足现实，遵循规律，从实际出发，必须弄清国情，探明航道，立足经济发展已经进入新常态的客观现实，运用新常态运行发展中内在的经济发展规律，制定出科学、合理、高效的决策、决断，才能有所作为、有大作为。任何无视、忽视、轻视这一新常态，固守原有粗放增长模式或机械照抄照搬别国模式的思维与做法，都是错误的。在理论上陷于唯心主义，在实践上陷于主观盲动，势必危害发展的大局。

（一）新矛盾、新趋势、新动力

唯物辩证法认为，矛盾是事物运动发展的动力，任何事物的发展运动都是其内在矛盾相互作用的必然结果。我国经济发展新常态的到来，是原有发展模式内在矛盾运动的自然结果，新常态与原状态既有联系又有区别，表现为鲜明的新矛盾、新趋势、新动力。

在新常态之前，中国经济三十多年两位数高速增长，属于规模扩张型高速粗放增长，是资源要素投入驱动的低效增长，其内在的矛盾是低科技附加基础上的资源要素投入。拼资源、拼消耗、拼劳动力廉价竞争，缺乏高新技术的支持，缺

乏创新优势，技术落后，产品陈旧，其结果是对环境造成巨大的破坏，低效率、高污染致使整体经济发展质量不高，在经济全球化的市场竞争中缺乏核心竞争力。2014 年，我们以占世界水泥 50%、钢材占 40%、能耗占 20% 的消耗，生产了占世界 12% 的 GDP。单位 GDP 我们的能耗是世界平均水平的 2.1 倍，美国的 2.6 倍，高收入国家的 2.9 倍，这种高消耗、高产出、低效率的矛盾，既创造了中国经济增长的奇迹，又造成了巨大的资源与能源浪费。

进入新常态，经济发展的内在矛盾逐步发生深刻的变化，由规模、速度型粗放增长转向质量、效率型集约增长，关键要靠改革和科技。质量的提高靠科技，效率的提升更要靠科技，科学技术作为第一生产力的性质作用在新常态下更加显明、更加迫切、更为关键地凸显出来。在新常态下，改革与科技的矛盾更加显著、更加尖锐，质量与效率的地位与作用更为重大，要求运用改革强化科技，运用科技支撑改革。任何改革都必须严格建立在科学技术的基础上，具有强大而持续的科技支撑和学理依据，而科学技术对经济社会发展的强大作用更需要改革的推动。改革是发展的动力，科技是发展的灵魂，人才是发展的支柱。在今天，常规资源的有限性、稀缺性，煤炭、石油、天然气的开采已经受到严重的限制，环境污染已经引起人民群众的强烈抵制，除了科学技术和改革创新，我们已经是别无选择。经验证明，改革与科技的有机结合，才能形成推进社会发展、文明进步的强大、持久动力，在社会、政治、文化层面，通过市场基础上的社会转型，真正体现和实现科学精神的应有价值。

原状态下增长模式的内在趋势是资源环境要素的持续消耗，对资源环境的过度压力不断强化。短期来看，刺激了经济增长，扩展了经济规模；长期来看，既损害了经济发展的持续性，又直接和间接地损害了人的全面发展，背离了马克思主义科学社会主义的核心价值。新常态下经济、社会发展的主导趋势与未来方向是不断提升人的智力作用，不断减少对有限的稀缺资源要素投入的依赖，不断增强科技进步对经济增长、社会发展的贡献，切实落实科教兴国、人才强国的基本国策，不断增强国家的科技实力、核心竞争力和智慧创造力，努力建设创新型国家、智慧民族。

原状态下主要的增长动力是要素投入驱动，科技含量少，各种生产要素的结合比较原始、简单、粗放。无论是劳动工具、生产工艺还是劳动者的基本素质、劳动的管理，科技因素很少，对劳动者的培训、教育、技能训练简单而粗放。许多产业、行业、企业，许多的生产环节、生产工艺，包括一些重型机械制造领域、能源资源开采冶炼部门，工艺操作简单，许多地方甚至都由一些农民工承担。高科技、高技术、高难度的操作，高科技含量的劳动，总体数量少，影响小。经济发展进入新常态，增长的动力就必须要由资源要素投入为主转换到科技创新为主的轨道上来。

新常态是由原状态在内部矛盾的辩证运动、相互作用推动下发展而来，新常态又必然要由新的内在矛盾推动着不断向前发展。在我国，新常态刚刚开始，旧的发展状态惯性依然存在，阻碍新常态正常发展的不合适的旧体制、机制，旧的管理模式、旧传统观念及其价值标准依然在发挥一定的作用。这就要求全党凝聚力量，凝魂聚气，以壮士断腕的决心，冲破陈旧思想和利益固化的阻力，切实全面推进改革开放，运用问题导向作为引领，凝聚新动力，推进新趋势，破解新矛盾，创造新发展。把人民群众的利益和愿望法律化、规范化，把人民群众当家做主的民主权益法律化、可操作化，把人民概念的抽象化与人民权力的具体化统一起来，把依法治国真正切实地落实到社会生活的一切方面、一切领域、一切环节，防止一切社会因素对人民权力的侵害和限制。

矛盾始终是一切事物发展的内在动力，新常态下会不断涌现出新的矛盾、新的问题，我们尤其要坚持问题导向，认准并切实抓住主要矛盾，始终抓住改革与科技不放松，始终推动科教与人才不松懈，全面深化改革，创造人才辈出、人才竞争、所有人都努力成为人才、每个人才都能尽最大能力发挥出最大作用的社会氛围。积极运用科技与改革的新动力，科学引领新常态的发展，为全面建成小康社会，实现中华民族的伟大复兴，创造巨大而持久的旺盛动力。

（二）新作为、新引领、新创造

新常态已经展现在我们面前，成为一种正在不断成长的客观存在，已经作为我们经济发展的一种基本方向、趋势与要求，立足这一客观现实，我们应该怎么办？习近平主席系列重要讲话深刻地指出，“适应新常态，把握新常态，引领新常态，是当前和今后一个时期我们经济发展的大逻辑”。在贵州省调研时，习近平主席强调要看清形势、适应趋势、发挥优势，善于运用辩证思维，谋划发展。协调推进“四个全面”战略布局，守住发展和生态两条底线，从各自不同的具体实际出发，创造出各自的科学发展道路。

正确认识新常态。要求客观、全面地分析新常态与原状态的辩证联系，把握新常态的特征，了解新常态的内在矛盾和发展趋势，从我国和世界经济发展普遍

规律的高度，认识清楚新常态的基本要求。发达国家已经渡过了经济发展的这一新常态，进入了创造、创新驱动的知识经济新阶段，他们在新一轮科技革命的推动下，20 世纪末已经完成工业化发展，进入信息化社会、后工业化社会的新阶段。在发达经济体中，科技创新对经济发展的贡献率达到70% ~80%，以科技服务为主体的第三产业已经占到 GDP 的 60% 以上。他们的成功经验需要我们总结，他们的有效做法值得我们借鉴。智力代替体力，智能取代手工，思想统率物质，已经成为人类文明发展的主题，世界经济走向科技创新驱动新阶段是一个普遍规律，是一个大趋势、“大逻辑”，成为世界大潮不可阻挡的趋势，一定要抓住这一历史机遇，千万不能无视这一客观规律，否则必然被历史规律所淘汰。

积极适应新常态。要求我们从生产过程的各个要素环节，从经济运行的全方位，从生产和社会管理的各个方面，从社会存在与社会意识相互作用整体结构的各角度，积极创造条件，尽最大努力发挥科技创新的巨大作用，尽全力推进全民创业、万众创新。把科学技术作为第一生产力，把科教兴国、人才强国战略真正落到实处；弘扬和提升全民科学理性思维，求实创新思维，质量、效率、速度、规模相统一意识；形成创新光荣、创业伟大，劳动为财富源泉的价值观念。大力推进科技进步与人才的成长，真正使科学技术成为经济、社会发展的动力和基础，使高素质的科技人才领军科技与经济发展，使这些民族的脊梁切实发挥应有的作用，这些“关键的少数”发挥出巨大的功能。一方面积极推进全体人民都努力成长为人才，另一方面确实把人才视为国宝，视为最大的财富，给予极大的关照和鼓励。改革和科技是新常态发展的动力，而改革和科技作用的发挥都必须体现在人才上。人才是新常态下最为宝贵的因素。全面推进改革不断深化开放，改革一切影响新常态发展的体制机制，树立和强化一切有利于新常态健康发展的制度、体制和思想理念，按照新常态发展的内在要求，积极推进和弘扬改革创新的时代精神，弘扬和强化科学求实、科技理性的价值诉求，虚实结合，知行合一，以行推知不断推进新常态走向更高的阶段、更高的水平。

总体来看，从马克思主义哲学的视域来学习领会习近平关于经济发展新常态的重要讲话，解读经济发展新常态的哲学意义，必须立足新常态的客观实际，准确把握新常态的内在矛盾与必然趋势，最大限度地发挥中国共产党人的主体能动作用，正确地认识新常态，积极地顺应新常态，高效地引领新常态，遵循经济发展新常态的客观规律，挖掘增长潜力，创新发展方式，把全面建设小康社会和中华民族伟大复兴的宏大历史进程不断推进到新的阶段。

第五章

中国发展道路的坚定选择

实践证明，中国特色社会主义伟大事业之所以能够不断向前发展，关键就在于中国共产党领导中国人民开创了中国特色社会主义伟大道路。当前，牢固树立中国特色社会主义道路自信对于我们坚定中国特色社会主义共同理想、坚定不移地沿着中国特色社会主义道路继续前进具有重要意义。发展道路事关全局，事关一个国家的前途与命运。如果一个国家选择了正确的发展道路，这个国家就会逐渐走向繁荣昌盛；反之，一个国家没有选择适合本国国情的发展道路，这个国家就会厄运不断。每一个国家都有选择本国发展道路的权力和自由，不同的国家因为不同的国情、不同的原因选择不同的发展道路，中国发展道路的选择同样也是根据中国人民的意愿、中国国家的国情和中国共产党的执政目的而做出的选择。中国特色社会主义就是中国人民在历史的长河中做出的正确选择。选择一条正确道路并不难，难的是如何坚持这条正确的发展道路。因此，中国如何坚持中国特色社会主义发展道路就成为中国能否实现中华民族伟大复兴的关键。

第一节　世界各国发展道路的多样性

一、资本主义发展道路

“虽然在 14 和 15 世纪，地中海沿岸的某些城市已经稀疏地出现了资本主义生产的最初萌芽，但是资本主义时代是从16世纪才开始的。”① 1640年英国首先爆发资产阶级革命，直到1688年“光荣革命”，英王詹姆斯二世退位，才宣告胜利。这是资本主义首次战胜封建主义，自此之后资本主义开始了在世界范围内确立自己统治的新纪元。毫无疑问，资本主义是人类历史发展的进步，它推动着生产力的极大提高和社会各方面的进步；但它也给人类带来诸多灾难，资产阶级为了获得生产所必需的资源，对内进行“圈地运动”，掠夺农民的土地，使农民成为一无所有的“自由”劳动者；对外进行残忍的殖民杀戮和抢夺，从事罪恶的黑奴三角贸易。

资本主义是一种新的社会形态，它的本质特征是生产资料的私人占有制和资本剥削雇佣劳动进行商品生产。在资本主义社会基本矛盾的推动下，资本主义经历了自由竞争资本主义阶段、私人垄断资本主义阶段和国家垄断资本主义阶段。随着科学技术的突飞猛进和全球化进程的加速，当代资本主义又呈现出许多新的特征，开始向国际垄断资本主义过渡。② 以下将介绍资本主义三个阶段的基本特征和当代资本主义发生的一些新变化。

（一）自由竞争资本主义阶段

17世纪中期到19世纪70年代是以自由竞争为特征的资本主义时代。自由竞争资本主义典型的特点就是自由竞争。资产阶级为了获取最大的利润，为了在竞争中处于有利的地位，一方面通过改进生产技术、提高生产率和扩大再生产来增大生产规模，另一方面通过加重对工人的压榨来获取最大限度的剩余价值。“泰罗制”就是19世纪末资产阶级用来剥削工人的产物。资本主义生产力在飞速旋转的机器中得到快速发展，但是一系列社会问题也一同被生产出来，环境污染、贫富分化、道德堕落等都是资本主义的衍生物。资本主义不但为资产阶级积累了巨额的财富，也为无产阶级积累了极度的贫穷，这种贫穷导致了无产阶级和资产阶级之间矛盾的激化，无产阶级与资产阶级展开了斗争。这种斗争从自发转为自觉，逐渐形成了独立的政治运动。1831年和1834年法国里昂爆发的两次工人武装起义，1836年英国爆发的宪章运动，都是这种阶级矛盾激化的反映。

资本主义生产方式的典型特点是社会化生产，这种社会化生产主要表现在生

① 马克思：《资本论》第1卷，人民出版社2004年版，第823页。

② 张立影：《中国共产党对资本主义认识的历史进程》，中共中央党校，第18页。

产资料使用社会化、生产过程社会化以及生产产品的社会化。而社会化生产客观要求整个社会占有生产资料，并由整个社会对生产进行有效管理。但是在资本主义制度下，生产资料和生产产品却由资本家私人占有，这就形成了社会化生产和生产资料私人占有的矛盾，这种矛盾是资本主义社会的基本矛盾。这种矛盾发展的结果就导致了资本主义经济危机的爆发。经济危机实质是生产相对过剩的危机，并不是生产的东西太多了，而是劳动人民的购买力太小了。

资本主义为了摆脱这种周期性的危机，走上了抢占殖民地、瓜分外国领土、向殖民地大肆输出商品的罪恶之路。它们不但侵略非洲、南美洲的部分国家，还把罪恶的黑手伸向了东亚的中国。从 1840 年到 1900 年，几乎所有西方主要资本主义国家都侵略过中国，它们大肆抢夺中国领土，无耻地索取战争赔款，还恶意破坏中国的主权，残害中国人民，把中国推进了半殖民地半封建社会的深渊。

（二）私人垄断资本主义阶段

从 19 世纪 70 年代开始，世界资本主义开始了由自由资本主义向私人垄断资本主义的过渡。19 世纪 70 年代以来，欧美主要发达资本主义国家开始的第二次工业革命极大地提高了资本主义社会生产力。与此同时，电灯、电话、电报、汽车、飞机等新事物的出现不但改变了人们生活的面貌，而且极大地促进了生产力的发展。在新技术和更高生产力的推动下，电力、钢铁、石油、化学、汽车等重工业开始兴起。由于这类企业规模庞大，投资巨大，又具有社会大生产的特点，单个私人资本无法经营，客观上要求必须由资本集中来完成。在这种趋势的推动下，资本集中迅速加速，而“集中发展到一定阶段，可以说，就自然而然地走到垄断。”① 从 1879 年美孚石油公司组成美国第一个托拉斯起，这种形式的垄断组织开始在美国工矿、运输等各个部门出现了。此后，法国、英国、德国、日本等国也出现了多种形式的垄断组织。这些垄断组织几乎垄断了本国的工业生产和社会生活的方方面面。随着工业垄断的发展，银行垄断也出现了。当工业资本与银行资本结合成金融资本的时候，就产生了金融寡头。它们不仅操纵工业、银行，而且还掌握了国家经济命脉，控制了国家的政权。这就标志着资本主义已经完成了从自由到垄断的转变，资本主义进入到了垄断资本主义阶段。此时国家对经济的干预和调节虽然已经存在，但还不是经常和全面的，还没有起到支配的程度，

① 《列宁全集》第 27 卷，人民出版社 1990 年版，第 333 页。

并不构成这个阶段资本主义的主要特征，因此我们把这个阶段的资本主义称为私人垄断资本主义。

这个时期资本主义的政治统治发生了很多变化。首先，政府的权力上升而议会的地位下降。根据宪法，议会是国家最高权力机关，它不仅享有立法权，而且还有组织、监督政府的权力。在垄断资本主义阶段，这种情况发生了变化。由于经济运行出现了少数垄断集团，它们在政治上必然有自己的代表。马克思主义认为，“经济是政治的基础，经济基础决定上层建筑”，经济垄断最终必然会在政治上层建筑中表现出来，表现的结果就是政府权力的上升和议会地位的下降。这有利于垄断资产阶级控制国家政权。其次，国家专政机器得到加强。这不单表现在资产阶级国家强化了司法警察机构，建立了一些特务组织，以此来加强对民众的监视和控制，更主要表现在资产阶级国家大力加强军备建设。在不长的时期内，主要资本主义国家的兵力、装备、军种、军费都达到了历史最高水平。这些成为帝国主义国家瓜分世界的工具。最后，无产阶级民主权力有所扩大。一方面表现为无产阶级在形式上获得了普遍、平等的选举权；另一方面表现为无产阶级可以组建自己的政党并参加议会的选举。这既是无产阶级长期斗争所争取的权利，也是资产阶级维持自己统治的需要。给无产阶级以某种程度的民主权利，既能将少部分无产阶级中的精英人物吸收到自己队伍中来，又可以麻痹广大群众，以弱化阶级斗争。但是一旦无产阶级的斗争危及到资产阶级的统治，资产阶级就会撕下温情脉脉的面纱，对无产阶级进行野蛮的镇压。德意日法西斯对人民的镇压就体现了这一点。当然不可否认的是，毕竟选举权的普及是人类历史的一个进步。

在对外关系方面，首先，垄断资本主义加大了对殖民地掠夺的力度，由自由竞争时期的商品输出转为垄断时期的资本输出。对于殖民地半殖民地的国家来说，帝国主义国家的资本输出是比商品输出更严重的一种剥削。帝国主义国家利用手中积累的大量货币资本以及从殖民地抢掠来的资本直接在殖民地进行投资，可以获得更高的利润。同时，垄断资本主义国家还可以通过资本输出来控制所在国的政治、经济和外交，以此来获得更大的利益。其次，垄断资本主义掀起了重新瓜分殖民地的浪潮。由于资本主义发展的不平衡性，后起的资本主义国家不满意殖民地已被瓜分完毕的现状，要求重新瓜分世界；而老牌的资本主义国家又不肯放弃既得的利益，于是帝国主义之间的矛盾空前激化，导致了一系列战争的爆发，如 1898 年的美西战争，1904 年在中国领土上发生的日俄战争，以及后来爆发的人类历史上最大规模的战争——第一次世界大战和第二次世界大战。

私人垄断资本主义是资本主义发展的一个更高的阶段，它的出现既是资本主义生产力高度发展的结果，也是资本主义基本矛盾发展到一定阶段的产物。尽管垄断资本主义带给人类许多罪恶，但是作为资本主义发展的一个历史阶段，它既有腐朽性的一面，也有历史进步性的一面，它不仅是作为资本主义基本矛盾的产物出现的，也是作为解决资本主义基本矛盾的方式出现的。尽管垄断组织对资本主义生产无计划性起了一定的作用，但它同时也为资本主义积聚了更大的矛盾，1929～1933 年的经济危机就是这种矛盾的总爆发。这次危机重创了资本主义，迫使资本主义寻求新的方式来解决资本主义的基本矛盾。

（三）国家垄断资本主义阶段

第二次世界大战之后，西方主要资本主义国家兴起了第三次科技革命。与前两次不同，这次革命是以原子能、电子计算机的发明和广泛应用为标志的，它使主要资本主义国家进入了电子时代。在第三次科技革命的推动下，资本主义社会生产力又得到了巨大的提高，资本主义经历了一个发展的黄金时期。生产力的迅速发展引起了资本主义生产关系的重大调整，资本主义出现了很多不同于以往的特征，标志着资本主义进入了一个新的历史阶段——国家垄断资本主义阶段。

"国家垄断资本主义是由资本主义国家和垄断资本相结合而形成的一种垄断资本主义。"① 20 世纪 30 年代的大危机对整个资本主义世界的打击是沉重的，这次危机再次暴露了生产资料私人占有制与社会化大生产之间不可调和的矛盾，它表明，单靠自由竞争的市场调节机制和垄断组织的力量，资本主义社会再生产是很难顺利进行的，资本主义国家只有与垄断资本家联合起来，并利用国家的力量来干预、调节和控制经济，资本主义经济才会走上正轨。1936 年，英国经济学家凯恩斯出版了《就业、利息和货币通论》一书，系统地阐述了国家干预经济的思想，这为国家垄断资本主义的发展提供了理论基础。国家垄断资本主义的实质是"国家对经济进行干预和调控，以维护资本主义生存，促进经济和社会的发展，保证垄断资本主义获取最大利润。"② 同私人垄断资本主义一样，国家垄断资本主义的产生也是资本主义基本矛盾发展的结果。

---

① 陈耀庭：《关于国家垄断资本主义两个问题的探讨》，《教学与研究》，2000 年第 10 期。

② 李琮：《当代资本主义发展中的若干问题》，《当代思潮》，2002 年第 6 期。

从经济上来讲，资本主义国家已经从自由竞争资本主义时期的“守夜人”变成现在的“运动员兼裁判员”。资本主义国家对经济的调节体现在两个方面：一方面是利用自己掌握的国有企业垄断资本直接参与社会经济活动；另一方面是利用国家的力量对社会经济进行干预和调节，主要包括财政调节、信用调节、物价调节和计划调节，等等。资本主义国家对经济的干预起了很大的成效，它使资本主义的基本矛盾得到了缓和，资本主义经济又开始了快速的发展。

从阶级关系上讲，资本主义国家阶级矛盾相对有所缓和。20 世纪 50 年代以来，由于生产力的迅猛发展，工人阶级的实际收入有了很大的提高，同时，各项社会福利政策在欧美主要国家广泛推行，又由于劳动者工作环境和生活条件都有所改善，因此工人阶级整体生活水平与过去相比有了很大的改善。另外，在长期的执政中，资产阶级积累了相当丰富的政治经验，他们利用自己在文化领域里的主导地位，大力向工人阶级宣传资本主义主流意识文化，宣扬阶级调和，以此来泯灭工人阶级的斗争意识。而大量中间阶层的出现，又改变了资本主义国家阶级结构的对比，缓解了工人阶级和资产阶级的直接冲突。在这种情况下，尽管工人阶级与资产阶级的矛盾依然存在，但从总体上讲，阶级矛盾已经从尖锐对立走向缓和。

进入 20 世纪 90 年代以来，由于互联网和信息技术等高新技术的推动，全球一体化进程开始加快，又由于跨国公司向世界民族国家和社会主义国家投资的加大，当代资本主义呈现出一种新的发展态势，开始向国际垄断资本主义过渡。

二、社会主义发展道路

19 世纪上半叶，工业革命的开展促使了生产技术的革新和生产力的极大提高，但也加剧了生产社会化与资本主义私人占有之间的矛盾：一方面创造了富有的资产阶级，另一方面又创造了贫困的工人阶级。从 19 世纪 20 年代起，资本主义世界连续爆发了三次大规模的经济危机，表明资本主义生产关系开始出现由促进生产力的发展转变为阻碍生产力的发展。从 1831 年起，爆发了三次大规模工人运动，表明资产阶级和无产阶级的矛盾已经上升为社会主要矛盾，无产阶级作为一支独立的政治力量登上历史的舞台。

（一）20 世纪社会主义发展进程回顾

20 世纪社会主义不同于 19 世纪的两个特点：社会主义革命中心东移，并将社会主义发展成为具有真正规模的革命运动；社会主义由科学理论和革命运动变成为现实的社会制度，实现了社会主义理论、运动和社会制度的统一。正是因为这两个显著的特点，使东方经济文化落后国家如何夺取社会主义革命胜利，尤其是在革命胜利之后，如何实现向社会主义过渡，如何走出一条建设、巩固和发展社会主义的正确道路，成为20世纪社会主义发展进程中迫切需要解决的重大历史性问题。正是围绕着这些重大的历史性课题的解决，构成了20世纪社会主义发展最主要的历史进程。①

1. 20世纪上半叶

纵观20世纪社会主义的历史进程，大致可以以50年代初期为界将其分为两个发展时期。20世纪社会主义发展的前一个时期，主要是从十月革命到50年代初期。这个时期世界社会主义发展进程中重大的历史事件如下：②

其一，1917年俄国十月社会主义革命的胜利，打破了帝国主义的一统天下，在世界1/6的土地上推翻了资本主义制度，建立了第一个社会主义国家，不仅使社会主义第一次由理论变成现实，而且对以后世界各国的无产阶级革命和民族解放运动产生了深远影响，开创了人类历史的新纪元，成为社会主义在20世纪全面兴起的重要标志。

其二，在俄国（苏联）一国范围内探索社会主义，并创建第一个社会主义制度。十月革命后，在列宁领导下俄国开始了社会主义的探索，经过从战时共产主义转向新经济政策，列宁对在俄国如何建设社会主义提出了一些有价值的思想，但因执政时间短，来不及形成系统的理论。斯大林执政以后，很快结束了新经济政策，经过国家工业化和农业集体化，到20世纪30年代，苏联宣布建成社会主义制度，并且建立了传统的社会主义体制模式，即斯大林模式。这一体制模式以高度集中为特征，它基本适应了当时苏联的历史条件和社会主义建设的需要，发挥了巨大的历史作用，但是它本身存在着固有的弊端，潜伏着导致日后社会主义走向危机的内在因素。

其三，第二次世界大战以后，随着欧亚一系列国家走上社会主义道路，世界社会主义获得了突破性的进展。它使社会主义制度越出苏联一国范围，形成一个地域毗连、拥有世界1/3人口和1/4土地包括十几个社会主义国家的强大的世界

①② 于冬梅：《20世纪社会主义历史进程的回顾与反思》，哈尔滨理工大学硕士论文2004年，第10－13页。

社会主义体系，尤其是中国新民主主义革命的胜利和社会主义制度的建立，极大地改变了世界的面貌，使社会主义发展在20世纪达到了新的高潮。

2. 20世纪下半叶

20世纪社会主义发展的后一个时期，主要是从50年代初期到90年代末。这个时期世界社会主义发展进程中重大的历史事件如下：

其一，20世纪50年代至80年代社会主义改革浪潮的兴起与曲折发展。改革浪潮的兴起与发展成为20世纪下半叶社会主义历史中最壮观的政治景象，改革成为社会主义国家探索社会主义建设的基本实践形式。推动社会主义改革发展的是社会主义内部矛盾运动和旧体制弊端的不断暴露。最早开始改革的是20世纪50年代的苏联东欧国家，经过几次改革浪潮的发展，到80年代，形成了包括几乎所有的社会主义国家都参加的社会主义改革的世界潮流。初步形成了南斯拉夫、匈牙利、中国等各具特色的社会主义体制模式，大大突破了苏联模式，促进了社会主义的发展。

其二，20世纪80年代末至90年代初苏联东欧国家剧变，使当代社会主义运动遭受到最重大的挫折。到80年代中后期，由于苏联东欧国家改革的曲折反复和体制模式长期得不到根本转换，以至于旧体制产生的各种弊端不可能消除，各种社会问题更加积重难返，再加上苏东国家新上台的所谓“改革派”鼓吹民主社会主义，以西方的经济政治模式为价值取向，使当代世界社会主义运动潜伏着难以遏制的深重危机。终于在80年代末90年代初全面爆发，其恶果是东欧国家发生剧变和苏联彻底解体。这一剧变给世界社会主义运动带来强烈冲击：世界上的社会主义国家由15个减少为5个，共产党组织由180个减少为130个，党员人数减少了3000多万。一些国家的共产党或是改名换姓或是宣布解散，放弃马克思主义，世界社会主义跌入低谷。

其三，中国建设社会主义道路的曲折探索与中国特色社会主义事业的全面发展。1956年前后，以毛泽东为代表的中国共产党人也开始了建设本国社会主义道路的探索，毛泽东《论十大关系》《关于正确处理人民内部矛盾的问题》和中共八大文献的发表，表明我们党在寻找“一个适合中国的路线”探索方面有了一个良好的开端。可惜由于种种原因，这种探索没能继续下去，甚至出现了忽视生产力发展、片面强调生产关系、坚持“以阶级斗争为纲”和发动十年“文化大革命”等严重的理论与实践过失。正是通过对经验教训的深刻总结和认识，促使中国在20世纪70年代末走上改革开放和社会主义现代化建设的正确道路，并且取得了令人注目的重大成就和进展，与东欧剧变导致世界社会主义遭受重大挫折形成鲜明对照，成为社会主义低潮时期中的一个新高潮。

（二）20 世纪下半叶以后的社会主义发展进程

通过以上对 20 世纪社会主义发展进程的回顾，大体上可以说，在 20 世纪上半叶，社会主义发展主要是围绕着能不能通过革命夺取政权以及如何建立社会主义社会的基本问题展开的。通过俄国十月革命、中国和欧亚一系列国家革命的成功和社会主义制度的建立，这个问题得到了较好的解决。而在 20 世纪下半叶，主要是围绕着怎样认识社会主义和建设社会主义的基本问题展开的，这个问题是以社会主义国家的改革为基本形式进行解决的，然而对这个问题的解决，在不同国家，导致了完全不同的结果。

19 世纪末，马克思和恩格斯通过观察现实，认为社会主义应该首先在西方发达的资本主义国家取得胜利。但随着形势的发展，历史并没有按照马恩的预想进行，西方发达的资本主义国家并没有爆发无产阶级革命，经济文化相对落后的俄国却成为焦点。列宁通过对帝国主义经济政治发展不平衡规律研究，得出“首先胜利论”，并领导了俄国十月社会主义革命的胜利，使社会主义作为一种制度形式而存在。苏联作为经济文化落后的国家而先行进入社会主义，必然决定了其探索社会主义建设道路的艰难性。由于当时时代的主题是革命与斗争，社会主义是作为资本主义的对立物而出现的，从它诞生之日起，就没有停止过被颠覆的危险。在此情形下，苏联只能根据时代的要求和国内生产力落后的实际，制定相应的建设政策，而不能根据马恩的设想，制定与经济文化发达的生产力一致的建设政策。传统的社会主义模式一方面具有历史必然性，所以它曾经起过积极的作用；但又不可避免具有短期时效性，构成落后国家进一步发展的障碍机制，主要是由以下几个因素决定：其一，落后国家进入社会主义后，最大的问题是经济落后，小农占人口的大多数。俄国在“一战”前尽管工业产值已占到国民生产总值的 41%，但广大农村仍是分散的小生产，自然经济、半自然经济占统治地位，这其实是传统社会主义模式形成的最深厚的经济基础。其二，从政治上看，多数社会主义国家革命前尚处在资本主义初级阶段，甚至前资本主义阶段，没有经过彻底的资产阶级革命。封建主义一度广泛存在于社会主义经济、政治生活之中。封建主义对社会主义肌体的渗透是传统模式高度集权、家长制、终身制、指定接班制、个人迷信等产生的社会政治根源。其三，落后国家走上社会主义道路后，面临的又一个难题是文化落后、文盲充斥。列宁说过，在一个文盲充斥的国家里，是不可能建成社会主义的，传统社会主义模式的形成在某种意义上说，正是这种文化落后结出的苦果。这一切才是传统社会主义模式形成的必然性。固然，传统社会主义模式具有短期时效性。比如，当年苏联仅用两个五年计划的时间就完成了从农业国向工业国的过渡：苏德战争爆发后，苏联迅速动员全国人力、物力、财力投入战争，终于赢得了胜利；战后初期，走上社会主义道路的欧亚各国在医治战争创伤、恢复经济中都得益于传统社会主义模式的集权体制。但是，随着与其适应的历史环境消失，这种短期时效性就宣告结束，之后便成为社会主义各国继续发展的障碍机制。进而发展到苏联解体、东欧剧变，社会主义运动遭受严重挫折。①

东欧剧变后，社会主义并未如某些西方学者所宣称的那样已经遭到彻底失败，仍然坚持社会主义的政党和国家在总结了社会主义运动过程中的得失成败经验教训的基础上，不断地探索着社会主义道路的实现途径和具体形式，理性地探究建设社会主义的模式和发展道路。现在，东欧剧变给世界社会主义带来的“振荡期”已结束，社会主义运动出现了一些积极而重要的变化。例如，前苏东地区的共产党有的已经恢复活动，并成为重要的政治力量，社会民主党和其他左翼力量也逐步在东欧政坛上崛起；发达国家的共产党所受冲击严重，但目前最困难、最动荡的时期已基本过去；发展中国家非执政的共产党，经过动荡和分化，大多数党坚持下来，有的还获得某种程度的发展；尤其是中国、越南、老挝、古巴和朝鲜几个坚持社会主义的国家，顶住压力，多数在“改革”“革新”“开放”中获得了不同程度的发展。中国由原来对苏“一边倒”的政策，到“以苏为鉴，走自己的路”，再到“建设有中国特色的社会主义道路”，初步解决了经济文化落后的国家建设社会主义道路的问题，显示了现实社会主义的巨大力量。经过这种比较试验，充分证明了马克思主义普遍原理与本国特色相结合的重要性，为其他社会主义国家建设社会主义提供了宝贵经验。从苏联模式到建设有中国特色的社会主义，其中的艰巨性与挫折，都说明了经济文化落后国家建设社会主义必须要遵循特殊规律。②

① 于冬梅：《20世纪社会主义历史进程的回顾与反思》，哈尔滨理工大学硕士论文2004年，第8－9页。

② 同①，第4－5页。

三、“第三条道路”

安东尼·吉登斯，在英国被看作是前英国首相托尼·布莱尔的精神导师，他的“超越左与右”的“第三条道路”理论极大地影响了关于社会民主的争论，甚至被认为实现了社会民主理论的再生。“第三条道路”理论也极大地影响了英国工党，影响了前英国首相布莱尔，推动了英国工党的演变。

“第三条道路”理论是21世纪国际社会回应全球秩序变迁的思想理论和政策框架。面对传统社会主义模式日渐衰退、老派社会民主主义的缺陷、新自由主义的衰落、社会民主党派步入困境、资本主义制度无法被取代的尴尬境地以及英国社会各个阶层的现实状况，“第三条道路”理论顺应时代的革新被提出来，由英国伦敦经济学院院长安东尼·吉登斯做的理论深化和进一步阐释，建构了吉登斯富有自己特色的社会理论，后来由英国前首相布莱尔倡导并亲自实施，用以解决当时英国所处的困境。美国前总统比尔·克林顿和德国前总理施罗德深受其影响，其他欧洲国家也受到了“第三条道路”的影响。安东尼·吉登斯认为“第三条道路”指的是一种思维框架或政策制定框架，它试图适应过去二三十年来这个翻天覆地的世界。这种“第三条道路”的意义在于：“它试图超越老派的社会民主主义和新自由主义。”也就是说，要超越曾经传统的政治观念，在老派社会民主主义与新自由主义之间寻求一种新的思维框架或政策制定框架，变革西方社会，谋求西方社会的新发展。①

英国伦敦经济学院院长安东尼·吉登斯对“第三条道路”进行了较为系统的论证，并提出了富有自己特色的理论和政策主张：①重新塑造民族国家理念，主张要积极应对全球化，加强国家间合作，重视全球治理结构的调整，反对用消极的观点来面对问题。②建设“生活政治”，重视生活政治的兴起，淡化和摆脱解放政治。解放政治关注的是生活机会，生活政治关注的则是生活选择，生活政治是生活方式的政治，是关于人们到底该怎样生活和如何选择生活的政治，必须把生活政治的内容囊括到解放政治中去。生活政治决定反思社会到底该如何重建，反思到底该如何对待生态问题、全球化问题、劳动解放、生活自主权问题等。③提出了“第三条道路”的民主观，强调在对话民主和情感民主的基础上

① 王尧：《吉登斯“第三条道路”理论及其实践价值探析》，吉林大学2013年硕士论文，第1页。

实现西方民主制度的民主化，改变人民对政治家的不信任状况。通过制度完善深化民主的进程。④建设以信任为基础的能动性政治，加强社会、国家以及市场三者之间的结合，建立以信任为重要基础的能动性政治，克服错误思想。⑤改革福利国家，建立投资型国家。认为民主社会主义利用高赤字、高税收来实现“从摇篮到坟墓”的高福利政策已经行不通了，因为这种政策导致了效率低下、公平与效率的矛盾突出，吉登斯坚持继续在保留福利国家的许多原有特征基础上进行改革，建立积极的福利国家，使福利国家成为社会投资型国家。实现教育和培训机会平等，以人的技能开发取代事后的再分配和培训上平等和贫困，把教育和培训投资看作是再分配的基础和机会。⑥消除暴力问题，吉登斯认为，在当前的政治理论和社会生活中，暴力问题非常突出，社会发展一定要采取积极措施消除暴力，无论是家庭暴力、社会暴力，还是国际社会中的暴力都要消除。⑦培育积极的公民社会，主张要不断加强公民和政府之间的有机联系，进而形成良好的伙伴关系，只有这样才能够实现社会的良性互动和稳定发展。⑧修复和重建社会团结，强烈个人主义情绪的广泛存在严重影响着社会团结，主张对于社会团结有选择地修复与重构，把个人与团体之间的关系建立起来。[①]

“第三条道路”的本质就是在民族国家发展的过程中谋求资本主义，这同时也是民主社会主义变革和转型的出发点和落脚点。资本主义在发展的过程中为了破除发展的内在制约因素，不断采取措施进行自我更新和调节，创建了资本主义发展的最新模式。但是，不管资本主义的模式和实践如何改变，都不可能改变资本主义社会发展的本质。只要资本主义社会的基本矛盾存在，资本主义社会经济危机就会周期性的爆发。在全球化的时代背景下，“第三条道路”其实就是民主社会主义面对种种经济和社会发展问题，为促进资本主义发展而提出的解决方法。由此可以看出，现在的民主社会主义的理论和政策仍然是在为资本主义社会的存在与再发展而积极努力，仍然是“资本主义病床边的医生”。[②]

截至目前，“第三条道路”所经历的路程还不长，很难预料“第三条道路”的发展前景如何。东西方国家冷战的结束，科技革命促进了经济全球化的迅猛发展，经济全球化的发展趋势不可阻挡，资本主义的生产和发展模式都发生了深刻的变化。传统的福利国家模式陷入危机，所以为了寻求新的发展，民主社会主义

---

① 安东尼·吉登斯：《第三条道路：社会民主主义的复兴》，北京大学出版社2000年版，第17页。

② 王尧：《吉登斯“第三条道路”理论及其实践价值探析》，吉林大学2013年硕士论文，第21页。

国家就不得不努力探索新道路。在此背景下“第三条道路”对民主社会主义理论的转型也就成为了一种必然趋势。①

在冷战结束后不久，新自由主义开始陷入了发展的困境，再加上20世纪80年代末苏联解体，两种社会意识形态在西方社会的发展过程中都出现了倒退，意识形态真空现象出现。在这样的情境下，“第三条道路”倡导者紧紧抓住资本主义出现的新问题，期待对资本主义进行改良，以填补意识形态真空的现象。“第三条道路”倡导者提出了“超越左与右”的响亮口号。在多元化的背景下，“第三条道路”要超越传统社会民主主义的结果型平等价值观，而追求机会型平等的新价值观，还要超越新自由主义忽略群体或者社会价值而过分注重个体价值的狭隘型价值观。从实践层面上讲，超越是一次历史性转型，表现为从制度社会主义到价值社会主义，再到现代价值的社会民主主义的运动形态的转型。还表现为工党自身的转型，工党不仅是政治代言人，而且还是利益协调人；工党不仅代表着基本阶级的利益，而且还代表着更多阶层的利益。它不再只是国家统治者，而是成为社会治理者。所以“第三条道路”在概念上既体现出新颖性，又具有模糊性；同时，在理论层面上“第三条道路”理论也包含了一些前瞻性的理论，但是，“第三条道路”在发展过程中自身还是存在组织不严密的缺陷；在政策上“第三条道路”既注重务实性，又呈现出以下矛盾性的特征：

从理论上看，“第三条道路”具有前瞻性的同时又具有零散性。“第三条道路”的理论家和实践者所思考的问题主要有两个：其一，资本主义失去了共产主义敌人以后如何发展；其二，资本主义在一个意识形态空白的时代，面对出现的新变化该如何适应的问题。在此基础上，“第三条道路”的理论家提出了前瞻性的理论构想：“第三条道路”试图发展一种既能够适应社会变化又能够克服各种危机的新的权力结构。吉登斯认为这种权力结构由公民世界和世界治理两个核心环节构成。在理论创建过程中，吉登斯提出了最具有前瞻性的理论构想，积极加强公民社会和政府组成合作伙伴关系，以便更好地实现公民参与政治的进程。吉登斯认为，“健康积极的公民社会能够对个人形成保护，防止国家权力对其侵害。后来，随着全球化趋势的不断加快，社区逐步成为重点所在。”

上述观点的前瞻性在于：首先，构建这种合作伙伴关系的原因在于传统的政府与公民社会之间的关系被重新定义。从深层次角度来看主要体现在三个方面：

① 王尧：《吉登斯“第三条道路”理论及其实践价值探析》，吉林大学2013年硕士论文，第21页。

从理论层面上来看，这是为了实现一种两者关系的协调发展，进而优化公民社会和政府在意识形态方面的内在包容；从政治角度上看，则是为了实现一种平稳的追求和过渡，通过优化两者之间的关系来实现政党执政工作的顺利开展和社会的稳定发展；从实践层面上来看，则是实现公民社会和政府的有机联系与合作，均衡双方利益的关系，优化两者的相互沟通，进而实现社会的进步和经济的发展。其次，实现公民政治参与。这一点主要体现在两个方面：其一，在一个公民社会的发展背景下，加大对社区的复兴和重建能够优化地区的环境，预防和消除犯罪，通过实现一个社区共同体，加强公民的政治参与，让公民参与到保护社会治安的实践中来，逐步代替传统的治安管理模式；其二，采取积极措施实现社会的复兴，进而加快家庭的民主化步伐。通过积极实践建立新型的家庭民主，新型的家庭民主是建立在相互独立、相互协商、相互尊重的基础之上的，通过成员之间的相互协商来形成决策，不侵犯任何家庭成员的自由。这种新型的家庭民主体现了平等性和公平性，明确了不同社会成员之间的相互关系、相关责任与权利，并且对子女也是有商量余地的权威，它是一种社会整合型的家庭。最后是试图探索实现新的福利国家现代化的建设。建设社会主义国家的主要创新之处就是要建立一个预防性的、积极的福利国家，把实现社会福利作为福利国家的中心，进而实现社会的公平和公正。①

同时，“第三条道路”还具有零散性的特点，这种不紧凑主要体现在，就理论本身而言，虽然“第三条道路”理论提出了不少具有前瞻性的理论和方法，但是这些理论和方法相互之间缺乏联系和沟通，没有严密的逻辑路径，缺乏相对系统的理论框架。比如说：吉登斯在“第三条道路”中明确提出要实现社会投资型国家的构建，以此来和传统的福利国家进行区分，但是，他并没有就社会投资型国家的具体政治理念、改革思路进行系统论证。就经济纲领而言，工党在社会发展的大背景下，提出了实现“新型混合经济”的理论概念，有些批评家针对这个理论提出：“第三条道路”它自身存在着前瞻性的理论，但是它在整个理论体系中缺乏明确的经济关系，虽然提出了一些但在国家经济政策上缺乏自己的见解。它虽然一直在试图实现突破，但是他们始终没能弄清楚经济学的基础到底是什么，这在很大程度上影响民主社会的运行和发展。

---

① 王尧：《吉登斯“第三条道路”理论及其实践价值探析》，吉林大学 2013 年硕士论文，第 23 - 24 页。

“第三条道路”理论中的概念具有创新性也具有模糊性。英国工党所倡导的“第三条道路”在概念上具有创新性。例如，“第三条道路”提出的社会投资性国家，具有新颖性的特点，除了这些，还有“包容性”“进步治理”“机会均等”等理论。尤其是“第三条道路”中的“包容性”理论，它体现了英国工党实践“第三条道路”的内在特征，这一新颖的提法为当时社会民主主义的发展和转型奠定了重要的基础，同时也实现了社会结构的多元化趋势。在全球化的发展背景下，要想实现民主社会的更好、更快发展，就必须具有“包容性”的特点，在全球化发展条件下，就需要有一种容纳不同政治派别、呈现兼容并蓄特点的理论，以开放的姿态赢得广泛的支持，满足不同社会群体的需要，并能保持与传统价值观的连续性。“包容性”迎合了这种需要。但“包容性”自身也呈现出了模糊性和不一致。一方面，“第三条道路”中的“包容性”理论试图容纳不同的群体，来适应不同政治发展的需要，并且想要更好地平衡政府政策；另一方面，对于一个理论政策而言，如果想要容纳不同的群体，来迎合更多的人，就必须频繁修改和完善政策的内容，这也和政府的长期目标发生了偏离，然而致力于长期目标又是“第三条道路”的基本目标，所以这种“包容性”也体现出了概念的模糊性。当然，除了“包容性”之外，“第三条道路”理论中的其他一些概念也存在这种模糊不清的情况，甚至有些都相互矛盾。

第二节　中国发展道路的艰难探索

一、中国共产党的成立与中国式道路之间的党政关系

近代中国半殖民地半封建的特殊国情，决定了中国共产党领导的新民主主义革命要走不同于俄国十月革命的道路，即先占领农村，建立革命根据地及红色政权，然后由农村包围城市，最后夺取和掌握全国政权。这一道路，决定了中国共产党经历了从局部执政到全国范围内执政这样一个有特色的执政历史进程。在这一历程中，中国共产党处理党政关系经历了一个长期、曲折的过程，中国共产党自成立以来党政关系分别经历了三个大的阶段。

（一）局部执政时期：党一元化领导体制逐步形成与加强①

1927 年，毛泽东在湘赣边界领导游击战争时，创建了第一个县级政权——茶陵县工农兵政府。1928 年 5 月建立了湘赣边界工农兵苏维埃政府。随着形势的发展，各红色区域逐渐建立了共产党领导的政权。在此基础上，中华苏维埃共和国于 1931 年 11 月 7 日在江西瑞金成立。标志着中国共产党局部执政的开始，由此也开始了处理党政关系的探索历程。总的看来，这一时期又可以分为三个阶段：

第一阶段：国民大革命失败到全面抗战爆发这段时间。提出了防止“以党代替苏维埃的倾向”，但在实际中主要采取以党代政的领导方式。新民主主义革命时期，党的中心任务是通过武装斗争夺取政权，所以，党在革命根据地执政的目的，就是服从和服务于革命战争的需要，同时在局部地区实现人民当家做主。1928 年中共六大通过的《苏维埃政权的组织问题决议案》为处理党和苏维埃政权机关的关系提出了指导意见。由于苏维埃政权本来就是中国共产党创建、初创的政权并不健全，在战争环境中，党组织与政府的一切工作都必须以战争为中心，很多具体工作一致等原因，在当时的实际工作中，党与政权的关系在职责权限划分上并不是特别清楚，使党政的关系往往出现“以党代政”现象。正如毛泽东所指出的：“党在群众中有极大的权威，政府的权威却差得多。”

第二阶段：1937 ~ 1945 年。党政关系得到初步规范以及“一元化”领导体制的形成。抗日战争时期，党政关系问题受到很大重视。主要是因为党实行了广泛的统一战线政策，使抗日民主政权的执政基础大于中华苏维埃时期。如何领导具有广泛群众基础的政权，党在这一政权中如何运作，成为一个中国共产党必须面对的问题。此时，中国共产党在敌后根据地创建了“三三制”抗日民主政权，对处理党政关系进行了较为有益的探索，即党对政权有系统的领导权，应该是原则性的、政策的、大政方针的领导，党是通过政权机关中党团和党员的活动来贯彻党委的决议决定。这一时期处理党政关系的主要文件是 1942 年党中央政治局的《中共中央关于在抗日根据地党的领导及调整各组织间关系的决定》。

第三阶段：1945 ~ 1949 年。一元化领导体制在革命的实践中得到了进一步

① 蒯正明：《中国共产党成立以来党政关系的历史变迁》，《南通大学学报》（社会科学版），2011 年第 5 期，第 50 – 52 页。

的加强。解放战争时期，由于革命形势的迅速发展，出于军事斗争和统一筹建全国人民民主政权的需要，1948 年 9 月，中共中央召开会议要求适当缩小地方自治权力，将一切可能和必须集中的权力集中到党中央。对此，1948 年 10 月，党中央在《对东北局在高干会上关于政权建设发言提纲的修改意见》中指出，在政府中及一切群众组织中工作的共产党员，均须一律服从党的领导，实行党的领导一元化。当然，党委不得直接命令政府及群众团体，不得在行政上干涉政府及群众团体的工作，只能指挥自己在政府及群众团体中的党组去实现自己的领导。这一时期形成的人民政权的主要特征：一方面，尽可能充分发挥各级政府自身的职能作用，另一方面，由于战争任务繁重，面临全国解放需要解决的许多重大问题，党不可能把精力主要放在解放区政权建设上，尤其是在当时的形势下党需要集权，党中央需要集权。所以，这一时期总的状况是，进一步加强了党的一元化领导，特别是把一切必需的和可能集中的权力集中于党中央。党的“一元化”领导体制得到更进一步的加强。

（二）执政条件下处理党政关系的初步探索和遭受挫折（1949~1977 时期）①

中国新民主主义革命的胜利和中华人民共和国的成立，使中国共产党的历史地位也发生了深刻的变化。中国共产党从一个领导人民为夺取全国政权而奋斗的党转变成为一个领导人民掌握着全国政权并长期执政的党。这种变化一方面为中国共产党更直接、更广泛地联系、宣传和教育群众，通过国家政权实现自己的纲领，创造了空前有利的条件；另一方面，在执政的条件下如何应对来自各个方面的挑战，适合处理党同国家公共权力之间的关系是中国共产党不得不面对而又必须解决的重大课题之一，总体上看，这一时期党对执政制度的探索又可以分为以下三个阶段：

第一阶段：1949~1952 年。对党政相对分离的初步探索，初步形成党政分开的执政观点。1949 年 10 月，中共中央宣传部、新华总社发布《关于凡属政府范围的事由政府颁布的通知》强调，在中央人民政府成立后，凡属政府职权范围的事，应经由政府讨论决定，由政府明令颁布实施，不要再如过去那样有时以中国共产党名义向人民发布行政性质的决定、决议或通知。从总体上看，从新中国

① 蒯正明：《中国共产党成立以来党政关系的历史变迁》，《南通大学学报》（社会科学版），2011 年第 5 期。

成立到1952年底，党的政策一般都是通过政府实施执行，党和国家机关的关系，处理得比较明确。但由于这些探索和努力都没有落实到党的执政方式的制度层面上来，因而都没有取得真正的实效。

第二阶段：1953～1966年。形成由党直接指挥国家权力机关的领导体制。1953年，党在全国范围内开展的反分散主义和地方主义的斗争中，发布了《中共中央关于加强中央人民政府系统各部门向中央请示报告制度及加强中央对政府工作领导的决定》（以下简称《决定》）。《决定》强调指出：为了使政府工作避免脱离党中央领导的危险，今后政府工作中的一切主要的和重要的方针、政策、计划和重大事项，必须经过党中央的讨论和决定或批准。党组织事实上成了国家机关的核心组成部分，代行了许多国家权力机关、行政机关和司法机关的职能。

第三阶段：1966～1976年。党政关系的畸形发展。1966年，"五一六"通知和"十六条"出台，标志着"文化大革命"全面发动。这场长时间全局性政治动乱使党对领导体制的探索由此走上了更加曲折的道路。此后十年里，党的执政方式蜕化为"政党取代"型，党的组织进一步行政化，越过、架空、抛开国家权力机关，直接行使行政、司法等公共权力，向非党组织和非党群众发号施令。革命委员会集党、政、军大权于一身，包揽行政、党务、司法、生产、经济各部门工作。革委会是一个党政不分、政企不分、无所不包的混合体。

（三）1978年至今：党政关系传统模式的突破与转型①

党的十一届三中全会以来，随着社会主义市场经济体制的建立和社会主义民主政治的发展，党开始对党政关系进行改革，逐步从"政党替代"型执政方式向"政党引导"型执政方式的转变。"政党引导"型执政方式，是指党在控制、推动、参与公共权力运作的过程中，通过规范自己的活动方式，努力将自己的权力收缩在合理的边界之内，不再直接指挥或替代公共权力的运作，而是通过国家政权机关对公共权力的运作进行引导。这种执政方式强调党组织与政权机关职能上的分工，以消除党政不分、以党代政的问题，重视人民通过行使选举权实现当家作主的愿望，提倡依法治国，把法律作为运作公共权力的主要手段，主张对重大问题进行科学、民主决策，形成党的主张，并经过法定程序上升为国家意志。

---

① 蒯正明：《中国共产党成立以来党政关系的历史变迁》，《南通大学学报》（社会科学版），2011年第5期。

从总体上看，这一阶段又可以分为以下两个阶段：

第一阶段：1978～1989 年。这个阶段锋芒所向是党政体制中的权力过分集中问题，但也出现一定的失误。党的十一届三中全会以后，以邓小平为代表的中国共产党人提出必须切实解决“执政党应该是一个什么样的党，党怎样才叫善于领导”的问题。中共十二大报告指出：“党不是向群众发号施令的权力组织，也不是行政组织和生产组织”，“党的领导主要是思想政治和方针政策的领导，是对于干部的选拔、分配、考核和监督，不应当等同于政府和企业的行政工作和生产指挥”。

第二阶段：1989 年至今。在建设社会主义市场经济、法治国家、政治文明条件下探索新型的党政关系。党的十三届四中全会以后，强调要实行“依法治国”，把党政关系纳入制度化、规范化和程序化的轨道。1997 年 9 月，中共十五大明确提出把依法治国作为党领导人民治理国家的基本方略。1999 年 3 月，九届人大二次会议通过宪法修正案，把“依法治国，建设社会主义法治国家”写入了宪法。“依法治国首先应依法治党，国要有国法，党要有党规党法。执政党的执政方式必须按照现代法制思想和本国基本国情做出重大的调整和转变”，因此，依法治国方略的确立，标志着中共领导体制和执政方式将实现从人治到法治的历史性转变。中共十七大进一步强调：“统筹党委、政府和人大、政协机构设置，减少领导职数，严格控制编制。”

二、中国工农红军、八路军、解放军与中国式道路之间的军政关系

1927 年 4 月，国民党反动派分别发动了“四一二”反革命政变，对共产党人进行大肆捕杀和清洗。这一行为引发了众多在军中任职的共产党人的起义，并逐步会合成立了一支属于共产党的武装力量——红军。

共产党在军队建设方面延续了黄埔时期的诸多传统。其中最显著的就是“生义军”模式。中国共产党先是在军队中设置“党代表”后改称为“政治委员”（“政治指导员”或“政治教导员”），而与国民党“北伐”时期相比，中国共产党的革命环境更为恶劣——所控制的地盘小且与国民党的军事力量差距大。因此，此时的中国共产党更强调党的领导和政治教育。中国共产党这一时期的军政之间基本上是一种共生的关系。由于 1949 年前的中国共产党主要是一个以战争和暴力革命为导向的政治组织，因此在这种长期的“战时体制”下，党政机关

一切活动——包括苏区或边区政府的“民政”（指非军事的事务）都围绕着中心任务（“打仗”）开展。而且，其中有很多事务，比如说土地改革都是直接由军方人员在政治主官的领导下来处理的。换言之，此时中国共产党在组织与行为等方面的文—武分工非常小。党就是军队，军队就是党。民众对共产党的认知基本上是通过对“红军”或“八路军”的认知来实现的。中国共产党在军政方面的融合状态也使军、政干部人员之间可以经常相互流动或交叉任职：党、政机关的主要领导人基本上都是军人或在军中承担了一定职务或任务。①

在实行了“党代表”或“政委”制度之后，包括中国共产党军队在内的中国军队内部首次出现了“军事”与“政治”的分工。一般来说“军事任务”较为单一，其仅以“战胜敌手”为目的；相较而言，“政治任务”则具有一定的多元性，而其与军事任务之间经常存在着紧张关系。因此，若要避免这种紧张演变为严重的冲突，就必须厘清两者之间的关系。虽说毛泽东在其秋收起义部队中早就通过“三湾改编”，确立了党代表对军队事务的领导地位以及“政治统帅军事”的原则，但该原则在实施的过程中并不顺畅。李月军（2007 年）的研究表明，在革命初期和革命新开辟的地区，以军建党的现象比较普遍，军队甚至成为党能否存续的主要依靠②。而随着党与军队规模的不断扩大以及战事的愈发密集，这一原则能否得到所有的党员以及军人的支持更变成了一个突出的议题，甚至还引发了党内、军内的争论。建军之初的“朱毛之争”以及 1935 年遵义会议可以被视作军政关系的转折点。在此之后，有关军政之间关系的争论便逐渐被平息，随之而来的则是以毛泽东为首的政治主官在军中的权威进而使“以党领军”铁律确立。③

1949 年新中国成立以后，根据毛泽东的指示，刚从战火中走出的军队（解放军）除了需要参加自身生产活动之外，还需要帮助地方进行生产以缓解战后国家建设经费的紧张。1949 年底，毛泽东在其起草的《1950 年军队参加生产建设工作的指导》中明确指出，人民解放军“不仅是一支国防军，而且是一支生产军”，它“参加生产不是临时的”，而“应从长期建设的观点出发”，因为参加生产不仅能“使部队和机关的生活获得改善”，而且也能“使国家节省一部分开支”。此外，在新中国成立之初的裁军浪潮中，还有很多复员军人也就地转为了

① 郝诗楠：《1949 年以来中国军政关系的变迁与稳定》，复旦大学 2014 年博士论文，第 51 页。

② 李月军：《东北地区中共地下党（1927—1933 年）组织生态分析》，《党的文献》，2007 年第 5 期，第 59－62 页。

③ 同①，第 52 页。

“农垦军”或“工程军”参与到了经济社会的建设中去。

然而，随着革命政治结构的逐渐建立以及毛泽东威胁感的转变，军队又开始登上政治舞台。由于毛泽东对军队的倚重不断增加，逐步成为了建立与巩固革命政治结构的核心力量。从20世纪60年代起，除了进行生产建设之外，作为“突出政治”策源地的军队也逐步开始介入国内政治领域，到“文化大革命”时期军队“全面接管”，地方各级党委和人民政府遭到“夺权”，军队主导了地方政治秩序的重建过程。在毛泽东“革命委员会好”的指示下，各地纷纷开始建立革命委员会以替代之前的党政领导机关。

改革开放特别是1989年以来，这种混乱的局面逐渐得到改善。中国军队经历了从“人力—经验型”军队向“资本—知识型”军队的转型过程。而在另一方面，中国政治精英的形态也发生了变迁：技术专家型政治家取代了革命精英型政治家走上了政治舞台的中心。从转型与变迁的结果来看，当代中国的军政关系可以被概括为“技术专家型政治家与‘资本—知识型’军队之间的关系”。与以往毛泽东时代甚至是邓小平时代的中国军政关系相比，这是一种新型的关系形态。而它的“新”首要表现在军政之间的分工日趋明确；其次则表现在军政之间新型关系纽带的形成——它不同于长久以来一直支撑中国军政关系的革命政治精英群体与军队之间所共同拥有的那种“共生性”革命经历。军队逐渐从日常政治领域撤出。这也是推动军队任务聚焦与军政间分工形成的重要因素。不过，需要澄清的是，军队撤出日常政治领域并不意味着中国军队走向了“去政治化”。以当下的情况来看，解放军仍旧保留一些传统的政治角色：军队仍然活跃在党和国家的代表机构中。这其中就包括了党的全国及地方代表大会以及全国及地方人民代表大会中的解放军代表。①

三、中国传统政治与中国式发展道路之间的文化联系

中国传统政治文化是在农本社会的土壤中孕育和生长起来的，它以自给自足的小农自然经济方式为经济基础，以依附于君主专制主义的政治统治为政治基础，以体现反动剥削阶级的利益和意志为阶级基础，以政治意识形志化了的儒家学说为思想基础，以宗法族制的社会结构为传播环境，传统政治文化就是在这种

① 郝诗楠：《1949年以来中国军政关系的变迁与稳定》，复旦大学2014年博士论文，第151页。

特定的社会历史条件下形成、发展和代代相袭的。至今仍影响中国人所特有的政治心理倾向和政治价值取向。面对已经迅速走上现代化道路的当代中国社会的价值选择，中国传统政治文化必然和必须要实现整体上的现代性变革。

农本社会的生产方式和生活方式及其所限定的社会经济关系与政治关系，孕育和造就了以宗法为本位的融政治与道德于一体的伦理型政治文化体系，其结构要素虽然异常庞杂，但其核心要素及其主导架构包括如下几个方面：其一，立根于“天人合一”信念之上的自然主义政治哲学，是传统政治文化体系的深层指导原则和理论根据；其二，把“天人合一”的自然主义原则贯彻于社会政治结构，则“君权天授”“君权至上”便成了天经地义的信条，维护君主专制主义的“大一统”政治模式则成为传统政治文化的主要功能指向；其三，“天人合一”的自然主义原则落实到社会政治生活中，就必须要“明天理”“行天道”“序人伦”就应该“重义轻利”，于是，社会政治生活的伦理中心主义和泛道德主义便成为传统政治文化所确立的政治规范准则；其四，“天人合一”的自然主义原则体现在人们的政治行动方式上，就是要走“内圣外王之道”，主张“为政在人”“为政以德”，于是倡导人治主义便成了传统政治文化的主要追求。由上述要素建构起来的政治文化体系，在中国古代社会经过长期的历史的积淀，成为具有主导性作用和普遍影响力的政治思维和行为模式。①

由于传统政治文化毕竟是过去时代的历史产物，它所提供的政治价值体系和主流导向根本不同于以民主和法治精神为核心的现代社会主义政治文化的发展取向，这就决定了必须要把对传统政治文化进行总体上的批判性剥除作为其现代变革的主要任务。但与此同时，科学地总结传统政治文化中的精华因素，促成其实现创造性转化也是当务之急，由于多年以来我们对传统政治文化否定过甚，历史虚无主义尤其是民族政治历史的虚无主义态度过于强烈，致使民族自尊心和自信心严重削弱，崇洋媚外之风日盛，从而也阻碍了现代化建设的进程，因此，要保证社会主义现代化建设的顺利进行，必须要把对传统政治文化的批判性剥除和创造性转化正确地结合起来，把批判性剥除作为传统政治文化现代变革的前提和基础，把创造性转化作为传统政治文化实现现代变革的基本途径和保证，从而为建设和发展面向现代化，面向世界，面向未来的、民族的、科学的、大众的社会主

① 张顺、李靖：《中国传统政治文化现代变革的必然性和方式选择》，《辽宁教育学院学报》，2000年第6期，第2页。

义政治文化创造条件和提供历史借鉴。

第三节　中国社会主义发展道路的独特之处

一、中国特色社会主义的优越性完胜欧美主义

资本主义是一种社会形态，成长于封建社会的内部，最终通过资产阶级革命实现了资本的完全统治。同时，资本主义也是一种现代化的基本路径，世界上大多数国家基本都按照资本主义的方式来实现自己的现代化过程。但是，中国进行现代化的历史前提和国际背景以及中国自身的生产力发展水平，决定了我们不能走资本主义的发展道路而只能走社会主义的发展道路。社会主义作为资本主义的继承物、对立物、替代物和创新物，其本身就比资本主义更加符合历史发展的潮流，更具有优越性。而中国共产党在领导中国人民走中国特色社会主义道路的同时，又能够把社会主义与中国的具体国情相结合、把马克思主义理论与中国的客观现实发展相结合，更加彰显了中国特色社会主义现代化的巨大优越性。

作为现代化实现方式的中国特色社会主义现代化道路，与资本主义相比的核心优越性就在于其通过社会主义的方式和途径，限制、克服、避免了资本主义现代化进程中的诸多弊端，以真正实现人的自由与解放为最终目标。这种现代化方式是真正的由人民来参与的现代化，也是真正地为了人民的现代化。中国特色社会主义道路与资本主义的现代化实现途径相比，其优越性主要表现在以下几个方面：一是中国特色社会主义道路是在生产资料公有制这一所有制前提下进行的，这样就为生产力的发展开辟了广阔的空间，为消灭剥削、消除两极分化、最终实现共同富裕创造了坚实的基础。二是中国特色社会主义道路以共同富裕为根本目标，以满足全体人民的物质和精神需要，实现在生产资料共同占有基础上的共同富裕，实现改革和发展的成果为全体人民所共享为自身的最终诉求，克服了资本主义两极分化、资本家财富积累与人民群众贫困积累的弊端。三是中国特色社会主义道路把人的全面自由发展作为自己的最终理想，祛除了资本主义现代化对人的异化的不良影响，实现了真正的人的复归。这就证明，只有社会主义现代化是

按照社会生产与人类发展的本性在进行的现代化，这种现代化也更能发挥人的能动性，更能推动人类发展和进步，实现人的自由与全面的发展。①

二、中国特色社会主义的改革创新扬弃了苏东传统社会主义的弊端

社会主义现代化道路不仅仅只有中国一种，苏联模式的社会主义现代化道路曾经在历史上产生过重要的影响。但是，由于苏联模式不顾本国发展的具体历史条件和历史特点，一味按照马克思主义的教条来指导自己的实践，完全用书本的东西来剪裁现实，采用高度集中的计划经济体制、高度集权的政治体制、高度限制的社会发展模式等，最终不可避免地走向了失败。

中国特色社会主义道路不同于苏联模式的社会主义现代化道路主要体现在三个方面：一是中国特色社会主义道路突破了苏联模式僵化教条对待马克思主义的基本态度，在马克思主义中国化的过程中展开社会主义现代化建设。这样，中国特色社会主义现代化道路始终以科学新鲜的、与时俱进的、合乎历史发展过程和规律的理论为指导。二是中国特色社会主义现代化道路突破了苏联模式停滞不前、墨守成规的特点，在不断地改革创新中推动现代化的历史进程。中国特色社会主义道路始终把创新作为发展的动力和源泉，在理论创新的基础上通过制度创新、体制创新、科技创新等不断推动社会经济的良性发展，增强社会的活力。三是中国特色社会主义现代化道路突破了苏联模式高度集权的计划经济体制，把市场机制纳入社会生产力的发展过程，同时强调国家宏观调控的作用，既发挥了市场的积极作用，又有效地限制了市场的不规范运行，从而极大地激发了社会活力，促进了经济和生产力的发展。

因此，与传统的苏联模式的社会主义现代化道路相比，中国特色社会主义具有明显的优势。这种优势体现在指导理论、发展动力、发展的具体机制、体制方面。同时，实践也有力地证明了中国特色社会主义道路的巨大优越性。

三、独树一帜的中国特色社会主义治国理政方式

在中国建立什么样的政治制度，是中国人民不断求索的历史性课题。一次次

① 张帆：《试论中国特色社会主义的道路自信》，《桂海论丛》，2013 年第 2 期。

成功与失败、经验与教训反复证明，坚持把中国共产党的领导与人民当家做主、依法治国有机结合，中国建立并不断完善人民代表大会制度、中国共产党领导的多党合作制度和政治协商制度以及民族区域自治制度等一整套政治制度，中国特色社会主义道路必将越走越宽广。这是一条立足国情、应运而生的光明之路，这是一条着眼现实、顺应时代的发展之路，这也是一条与时俱进、不断完善的前进之路。

中国共产党的领导是中国特色社会主义最本质的特征。党发挥总揽全局、协调各方的作用，体现着中国特色社会主义政治制度的优势和特点。要加强党对各类组织单位、各级地方政权的领导；对人民代表大会制度、多党合作和政治协商制度的领导；对社会主义法治建设的领导。党的十八大以来，以习近平同志为总书记的党中央把全面从严治党摆到战略布局的高度，不断加强和改善党的领导，注重改进党的领导方式和执政方式，充分发挥党的领导核心作用，推进国家治理体系和治理能力现代化。

始终坚持人民主体地位，发展更加广泛、更加充分、更加健全的人民民主。人民当家做主是社会主义民主政治的本质和核心。人民民主是社会主义的生命。没有民主就没有社会主义，就没有社会主义的现代化，就没有中华民族伟大复兴。国家的一切权力属于人民，人民行使当家做主的权力需要通过不断完善的政治制度来保障和彰显。人民代表大会制度是保证人民当家做主的根本政治制度，党的十八大以来，全国人大常委会不断推进人民代表大会制度理论和实践创新，健全人大监督制度和讨论、决定重大事项制度及宪法实施监督机制和程序，完善中国特色社会主义法律体系，加强立法工作。

中国共产党领导的多党合作和政治协商制度，是中国的一项基本政治制度。中国是一个多党派的国家，除了执政的中国共产党外，还有八个民主党派：中国国民党革命委员会、中国民主同盟、中国民主建国会、中国民主促进会、中国农工民主党、中国致公党、九三学社、台湾民主自治同盟这八个。这些民主党派在中华人民共和国成立之前就已存在。它们在政治上拥护共产党的领导，这是它们在与共产党长期合作、共同奋斗过程中做出的历史选择。中国共产党与各民主党派合作的基本方针是“长期共存、互相监督、肝胆相照、荣辱与共”。各民主党派不是在野党，也不是反对党，它们是参政党。共产党领导、多党派合作，共产党执政、多党派参政，这是我国政党制度的显著特征。中国共产党和各民主党派都必须以宪法为根本活动准则。各民主党派在组织上都是独立的，享有宪法规定范围内的政治自由、组织独立和法律地位平等。此外人民政协还包括无党派人士、各人民团体、少数民族人士、各界爱国人士、港澳特别行政区同胞等。推进社会主义政治文明建设，坚定不移地走中国特色社会主义政治发展道路，就是要把这一基本政治制度坚持好、完善好、落实好。民族区域自治是在国家统一领导下，各少数民族聚居的地方实行区域自治，设立自治机关，行使自治权。实行民族区域自治，体现了国家充分尊重和保障各少数民族管理本民族内部事务权利的精神，体现了国家坚持实行各民族平等、团结和共同繁荣的原则。

民族区域自治作为解决我国民族问题的基本政策，已被我国宪法确认为国家的一项重要政治制度。其主要特点如下：其一，民族自治地方是国家统一领导下的地方行政区域，是整个国家不可分离的组成部分。其二，民族区域自治制度是在少数民族聚居区实行的。其三，我国民族自治地方的自治机关，即自治区、自治州、自治县的人民代表大会和人民政府。在我国，少数民族拥有民族立法权，变通执行权，财政经济自主权，文化、语言文字自主权，组织公安部队权，少数民族干部具有任用优先权。在这样的民族区域自治制度作用下，中国共产党成功处理了执政党与各民族之间的关系，建构了良好的民族关系，将众多民族融合为和谐的中华民族大家庭，从而减少民族矛盾与宗教矛盾，使得各民族之间亲如一家、和谐相处。中国因此而成为世界上多民族国家民族关系的典范。

第六章 中国发展目标的确立

自新中国成立以来，中国便一直在寻找一条符合国情的道路，最终在曲曲折折的发展中中国毅然选择了走社会主义这条道路。而实现共产主义一直是中国坚定不移的最终奋斗目标，现阶段的中国特色社会主义是中国实现共产主义的必要路径，彰显了以共产主义为最高理想与最终目标的本质属性。而在实现共产主义最终目标的过程，中国社会主义的发展也伴随着不同阶段的目标：中国近期发展的目标是全面建成小康社会，这个目标要通过精准扶贫和精准脱贫来实现；中期发展目标则是由习近平主席提出的实现中华民族伟大复兴的“中国梦”，建成有中国特色的社会主义现代化强国；远期目标是实现共产主义。

第一节　中国发展的最终目标

一、实现共产主义

马克思、恩格斯在其著作中指出，人类的未来社会是共产主义社会，共产主义作为人类的最高思想目标不是凭空出现的，而是拥有深厚的社会基础。中国在从封建社会到资本主义社会、再到最后的社会主义社会，是中国历史的必然，也是为实现共产主义而必经的道路。高举中国特色社会主义的旗帜，将共产主义的理想性和现实性高度统一，走一条符合中国实际国情的道路。中国选择共产主义道路是符合中国历史趋势的必然选择，实现共产主义也是中国为之奋斗的最高目标。

（一）共产主义的内涵

在实现共产主义之前首先我们要了解什么是共产主义，共产主义是一种政治信仰或社会形态，在物质上来说具有极大丰富的社会财富，社会生产力也高度发展；在精神上来说，人们具有高尚的道德品质，人民的发展也是自由而全面的发展。共产主义首先是一种社会制度，在这个社会制度里没有压榨、没有剥削，全部生产资料和劳动成果要归全部社会成员所有，完全摆脱了资本主义社会资本家的压榨和束缚；所有的阶级差别都取消了，城乡阶级、工农阶级等也不复存在；所有人不再有个人的利益，并且人们的利益趋于一致，每个人的发展也必须为其他人的自行发展创造有利的条件；社会成员要大公无私、积极奉献，根据自身家庭的物资需要情况，按照按需分配的原则领取所需物资等。

另外，共产主义还是一种思想理论，共产主义思想理论是由马克思和恩格斯联合创立起来的。共产主义理论是关于世界上的无产阶级和被压迫人民和民族联合在一起后，进而彻底推翻资本主义社会下的资产阶级的统治，并且彻底消灭私有制和私有的观念，再通过建立无产阶级专政，使各层阶级和资本主义国家自然消亡，共同建立共产主义的社会制度，才能获得最后解放的理论，共产主义理论也被普遍地称为马克思主义。

（二）中国实现共产主义的路径

共产主义思想的形成绝对不是单纯凭空想象出来的，而是人类通过历史形成一定的阶级社会，在阶级社会发展到另一个一定阶段异化后，人类对于社会又进行重新认识，从而达到一定深度后必然性结果。中国就是共产主义思想的实践者。

人类只有在经历一定历史的发展过程后，对历史清楚的分析和再认识，分析一下阻碍历史发展的因素，在分析的过程中再加入适合历史下一步发展的因素，从而在知识的积累上缓慢地形成对现实国情的真实了解，采取一系列的发展计划，坚定地相信共产主义道路的正确性，才能在真正意义上实现共产主义。纵观中国和共产主义思想的历史渊源，不难发现，中国选择共产主义是由多重因素综合作用而产生的必然结果，同时也是符合历史发展一般趋势的必然选择。

十月革命的发生，为中国送来了马克思列宁主义的思想，中国先进的知识分子在吸取思想的同时也将思想融入中国的现实国情中，开始用无产阶级的思想考虑国家的命运，更加向往可以推进中华民族步入共产主义的社会。因此，这些先进知识分子开始大力传播马克思列宁主义的思想，随之拥护马克思列宁主义的工人阶级力量逐步壮大，在五四运动胜利之后，开始作为中国独立存在的政治思想登上了中国历史的舞台上。而此时十月革命的胜利，更为拥护马克思列宁主义和共产主义思想的工人阶级带来了走入共产主义社会的希望，自此开始在向共产主义社会道路上奋勇前行。

最终在马克思列宁主义思想领导下的共产党在几十年的奋战中成功胜出。在新民主主义革命胜利以后，以毛泽东为代表的共产党成立了新中国，这时实现共产主义社会已经被认定为中国共产党的最终奋斗目标，并且要坚定不移。但是共产主义理想性和现实性的高度统一没有被中国领导人所认识清楚，在盲目追求共产主义时脱离了中国社会主义初级阶段的现实国情，忽视了发展需要阶段性，急于一步到位实现共产主义的理想推出“三大改造”“大跃进”等发展战略犯了急于求胜的错误，成了“乌托邦式”的发展，忽视了共产主义的现实性问题，走向了理想主义误区，也给中国发展的历史带来了不可磨灭的灾难性影响。①

在经历了这段历史后，以邓小平为代表的中国共产党人通过分析中国社会主义初级阶段的现实国情，开辟了一条通往共产主义社会的新道路——中国特色社会主义，把中国的发展引领到了正轨。中国特色社会主义把共产主义的理想性和现实性分割开来，以现实性的发展来辩证看待理想性，认为实现共产主义是艰巨而漫长的道路，需要在中国社会主义初级阶段基础上走符合中国国情的特色社会主义道路，才能在共产主义思想的领导下向实现共产主义迈进。因此，中国要实现共产主义的路径必须是坚持走中国特色社会主义道路。

共产主义社会是中国奋斗的最终目标，而中国不论是在经济、文化、政治还是道德、精神方面还与共产主义社会的条件相差甚远，然而既然我们有了这样的美好理想和坚定不移的信念，相信我们在中国共产党的带领下，一代一代前仆后继，继往开来，用我们的智慧和信念来为实现共产主义尽一分力量，实现共产主义的前途是光明的，但现实的道路确是曲折的，相信我们的中国特色社会主义道路一定能通向共产主义的大道。

① 尚庆飞：《坚持共产主义理想性与现实性的科学统一：兼论中国特色社会主义的实现路径与未来走向》，《南京邮电大学学报》，2013 年第 1 期。

二、社会主义社会与共产主义社会的关系

作为社会主义发展中国家的中国，要想通过中国特色社会主义道路带领中华民族走向共产主义社会，那么必须正确地认识社会主义和共产主义的关系。随着社会的发展，在原有的基础上，社会主义和共产主义的内涵也在不断地被丰富。社会主义不单单是共产主义的初级阶段，也不仅仅是一个社会的两个发展阶段，而是两个社会，两者不仅有联系，还有实质上的区别。

（一）社会主义与共产主义的联系

1. 社会主义与共产主义的历史联系

“社会主义—共产主义思想”是马克思在 1842 年提出来的，但当时人们是把社会主义和共产主义当作同一个意思的不同表达，即消灭阶级、废除资本主义私有制等，让人民成为社会的主人。在 1848 年欧洲革命前，马克思等都是用“共产主义”来表述自己的思想，而革命之后“社会主义”同样也被用来表述思想。到列宁主义时期，他对于社会主义和共产主义的认识有了科学的区别，前者是一个新社会的初级阶段，而后者是这个社会的最高级阶段。中国步入社会主义社会后，领导人们也没有刻意地去区分社会主义和共产主义，而是认为两者不是需要严格区分的社会制度，是一种社会发展的两个不同发展阶段。中国共产党领导人也认为一个国家不可能直接从资本主义社会直接跳入共产主义社会，而是必须要经过社会主义的建设，创造出更多的资本和先进的技术来推动社会主义的物质和精神上的发展，让社会主义在发展中更加牢固和高效，才能在很长的历史发展中步入共产主义社会。因此，要想实现共产主义必须通过社会主义社会的高度发展才有可能达到，而不是可以一蹴而就的。从历史的长河中走来，社会主义和共产主义其实并没有被细致地划分，两者作为两种社会制度，都是促进解放生产力来促使社会的进步。

2. 社会主义与共产主义的本质联系

社会主义由于是从资本主义社会后产生出来，所以无论是在经济、精神还是道德等方面都会带有点资本主义的色彩，但是社会主义又不同于资本主义社会的发展模式和法则，所以在本质上跟共产主义有更多的联系。①社会主义与共产主义都实行生产资料公有制，使劳动者的地位发生了根本性的变化，消灭了阶级，劳动者们在生产物质财富时平等合作，没有了资本主义中资本家的剥削和压迫，推动社会进入了一个崭新的时代。②社会主义与共产主义在意识形态上都是以马克思主义为主导思想，马克思主义是被100多年来的历史发展实践证明过的，具有真理性和科学性。社会主义和共产主义的发展需要马克思主义思想为其指明发展的方向。③社会主义为共产主义的实现奠定基础，并逐步向共产主义过渡，社会主义与共产主义都是公有制类型的社会制度，在人类经历的原始社会、奴隶社会、封建社会等都有不同的社会制度。社会主义和共产主义其本质上是一样的，都是未来社会三个阶段中的一个，只是社会主义是共产主义的过渡阶段，为共产主义的发展奠定基础。[①]

（二）社会主义与共产主义的区别

社会主义和共产主义不仅有联系，还有区别，二者的区别对于中国在社会主义建设的发展中具有重要的影响。

第一，个人消费品的分配原则不同。“各尽所能，按劳分配”的原则是在社会主义社会条件下提出的，这个阶段的社会主义在消费品的提供上还不能满足所有人的需求，因而存在着形式上的平等而实际上的不平等。而共产主义社会所实行的原则是“各尽所能，按需分配”，其社会生产所提供的生活消费品可以充分地满足人们的需求，只需按照人们所需要的进行分配即可，不存在社会成员间事实上的不平等。

第二，社会主义社会还有国家的存在，而共产主义社会阶级已经不复存在了。在社会主义社会中，虽然剥削阶级已经基本被消灭了，但不同的阶级和阶级差别还是存在的，并且不同阶级之间的斗争在一定范围内还是存在的，国际上还有资本主义和剥削制度的存在，因而还需要无产阶级专政的国家。只有发展到了共产主义社会，国家才能够被完全消亡，总之，社会主义社会和共产主义社会同属于社会形态的一种，恰恰两者存在的区别就在于成熟程度的不同。正如列宁说的，“社会主义和共产主义之间的科学区别，只在于前者是从资本主义中生长起来的新社会的第一阶段，后者是这个新社会的更高阶段。”社会主义中阶级的存在也必将被共产主义的社会制度所取代。

第三，社会主义，社会是从资本主义社会或者半殖民地半封建的社会中产生

---

① 谭建陵：《社会主义与共产主义的关系探析》，《湖南科技大学学报》，2010年第1期。

出来的，因此是建立在资本主义社会发展制度和半殖民地半封建社会发展制度的高度上进行发展，而共产主义要想得到充分发展只能是在社会主义发展的基础上，通过社会主义从量变到质变的高度发展，达到共产主义发展所需要的硬性条件时才能实现。社会主义是为无产阶级而奋斗的社会，而共产主义社会是为全世界人类奋斗的社会。

从社会主义与共产主义的联系和区别中可以看出，中国要想从社会主义初级阶段的发展中走出来，必须高举共产党的伟大旗帜，坚定实现共产主义的目标，走符合中国发展的特色社会主义道路，通过社会主义这个共产党人的最低理想来实现共产主义这个中华民族的伟大理想。

三、实现共产主义目标的长期性

共产主义社会的实现必然带领世界进入一个新的历史发展阶段，必然会有旧的社会发展所不能超越的地方，共产主义的发展是符合历史发展的客观规律、具有强大生命力和远大光明的前途，是在对旧社会辩证否定的基础上产生，因而具有旧社会无可比拟的优越性，但共产主义的发展总是要经历不完善到比较完善的过程，旧社会的发展模式开始时往往影响较大，总是在和共产主义磨合。需要磨合就需要时间，中国从社会主义初级阶段要想实现共产主义必然是个曲折、漫长的过程，要做好长期的计划。

中国要想实现共产主义是一个漫长的历史过程，这是因为：

第一，实现共产主义需要在长期探索中不断的实践和创新。共产主义社会毕竟是人类历史上的崭新阶段，因而在实现共产主义社会过程中，社会主义社会的建设只能为实现共产主义社会发展提供硬性发展条件，没有成功的经验，必须在实践中去探索和创新。共产主义社会还有很多没有被认识的地方，社会主义在实现共产主义的道路上还需要长期的探索。实现共产主义要经过的具体发展道路都要在适合各国现实的国情基础上来进行建设，包括本国需要采取的政治体制以及符合本国市场经济发展的经济政策，都需要在不断的实践中去探索和创新。社会主义社会在实现共产主义的实践中，要去粗存精，不断地调整适合本国经济发展的政策，在失败的政策中吸取教训和总结经验，再开辟新的道路，这都需要时间去缓冲。因此实现共产主义必然要在长期探索中实践和创新。

第二，社会主义向共产主义过渡是一个长期过程。实现共产主义不可能是一蹴而就，必须经过社会主义社会这个发展阶段，在一定的发展高度下，经济、政治、精神等方面都达到了共产主义的条件，才能过渡到共产主义社会。每一个社会主义的发展也不是一步就能全部到位，在其发展进程中，也需要一步步地去完善制度、巩固政策、技术创新、科学发展，才能逐步由一个发展中的社会主义社会走向一个高度发达的社会。社会主义高度发展的长期性决定了向共产主义过渡必然是一个长期过程。

第三，对于一些经济落后的社会主义国家实现共产主义需要更漫长的过程。除了少数资本主义国家以外，世界上大多数取得社会主义革命胜利的都是经济发展水平相对低的国家，中国在取得革命胜利后也经过了漫长曲折的发展道路才从社会主义初级发展阶段走出来成为世界第二大经济强国。对于经济落后的社会主义国家，必须联系本国经济发展的实情结合相应的发展政策，经过更长的发展阶段，才有可能实现共产主义。

第四，资本主义国家对全球范围实现共产主义的阻碍。共产主义不是一个国家的社会制度，需要全世界范围的大多数国家向社会主义转变，才有可能在全球范围内实现共产主义的国际性。在现今已经进入社会主义的国家中，需要在本国的经济基础上去完善制度和巩固发展成果，而现今仍然处于资本主义的国家中也有转向社会主义制度的可能。现今资本主义国家之间的矛盾重重，但并没有到土崩瓦解的地步，资本主义国家的生产力还有提高的空间，经过资产阶级对生产关系的调整，缓解了资本主义矛盾危机，延缓了资本主义向社会主义转变的进程。社会主义在国际发展中也遭受了资本主义国家在经济、政治、军事等方面的干涉，这对于社会主义向共产主义的转变有很大的阻碍作用，也注定共产主义要想在全世界范围内实现的长期性。

实现共产主义是中国发展的长期目标，虽然现今的中国已经是世界第二大经济体，但中国的社会主义制度还不完善，还需要进一步发展。中国在社会主义发展的同时建设有中国特色社会主义事业，是共产主义社会在我国现阶段的实践，中国特色社会主义的发展不仅需要共产主义思想的指导，而与之相适应的思想道德在全社会范围的建立、普及和发展，也是一个历史过程。总之，中国要想实现共产主义不能急于发展，应该坚定信念，一步步的完善社会主义发展制度，相信在中国的不懈努力下，这个长期的目标一定会实现。

第二节　中国发展的近期目标

进入21世纪后，发达国家都在竞相进行信息化革命，而对于中国而言，虽然在经济实力和科学技术上与发达国家有一定的差距，但中国制定发展的目标却关乎解决现实中的贫困问题。在中国特色社会主义发展的过程中，全面建成小康社会、精准扶贫和切实脱贫已成为中国发展的近期目标。中国作为世界经济体的第二大国，贫困人口众多，减贫不仅对于中国来说是发展的重要成果，对于周边地带的发展中国家也是有百益而无一害的。

一、全面建成小康社会

中共中央在十八届五中全会明确提出了，“十三五”规划的五年时间是全面建成小康社会的决胜阶段，“小康社会”是由邓小平在中国社会主义初级阶段的发展中提出来的。全面建设小康社会需要中国在特色社会主义建设下一步步地前进，坚定地以党为领导，去实现中华民族伟大复兴的伟大蓝图。

（一）全面建成小康社会的要求

全面建成小康社会不是单独建设某一方面，是需要政治、文化、社会、经济统筹发展的，是不能够被分割的统一体。

1. 政治建设

在全面建成小康社会中，政治方面需要在民主方面做出成效，扩大社会主义民主，让人民的权益得到保护，让整个中国社会更加公平、正义。随着中国依法治国的战略方针实施，中国社会的民主、法治观念显著提高，不仅表现在公民对自己的提升，公民政治参与也显著扩大。这充分显示出在全面建设小康社会过程中，政府在政治建设方面的重视，也显示出中国政府为公民创造的良好政治氛围及其显著的公共服务能力。

2. 文化建设

在中国上下五千年的历史长河中，文化方面的建设从古到今都是一个国家立国的根本。新中国成立以来，在文化建设方面也取得了很大成效，但对于全面建设小康社会来说还是不够，需要显著地提高国民的文明素质。社会主义核心价值观的提出，进一步弘扬了中国的良好思想道德，为中国公共文化服务体系的建立打下基础。近年来，中国在文化产业经济上的投入取得了巨大的成功，文化产业占国民经济的份额显著提高，中国在国际文化发展的竞争力也显著提高，但为了全面建设小康社会中国在文化建设方面还需要投入更多的精力。

3. 社会建设

中国在社会建设中还有很多问题亟待解决，这其中包括有教育、医疗、收入等方面。全面建设小康社会需要中国完善现有的国民教育体系，不仅仅是让所有孩子有学上，而是在教育质量和终身教育上投入更多关注，以培养出多方面的创新人才；现今的中国，医疗公共服务还没有达到人人享有，医疗服务发展关系国计民生，公共卫生体系的不完善都对中国全面建设小康社会有不利影响。因此中国需要在医疗服务方面推进医疗保障制度建设，建立国家基本的医药制度，健全基层的卫生服务体系，让人人能享受到医疗服务的保障；现今的中国收入分配格局仍呈现两极分化现象，要全面建设小康社会，在收入分配格局上需要呈“橄榄球”式，即中等收入者占多数，不存在有绝对贫困的现象。

4. 经济建设

中国从计划经济进入市场经济以后，社会主义经济体制更加完善，不仅在经济发展上取得了巨大成就，在经济转变上也有重大进展。当前中国经济步入了新常态，中国经济增长不能仅靠投资、消费、外资这三个领域，还需要在科技创新领域来增加对经济增长的贡献率。全面建设小康社会在经济建设中要坚持五大理念中的“绿色发展”，在生态文明和环境保护方面也要投入更多的人力、物力，走循环经济、可持续发展的道路，这是全面建设小康社会的根本所在。

（二）全面建成小康社会的意义

中国在以前的经济发展中只重视生产总值的高低，而对广大中国公民实际收入水平的高低不够重视，发展模式是只重视量而忽视了质，这样的发展模式在全面建设小康社会中是不能采用的，也不符合小康社会的基本要求。目前中国存在有7000多万的贫困人口，国家在GDP提高的同时也没有使他们脱贫，这是中国

在全面建设小康社会经济发展中的短板。[①] 全面建设小康社会就是要拆除这个短板，把这些贫困人口从贫困中解脱出来，切实提高贫困人口的生活水平，让小康社会助推中国社会主义的发展。

全面建设小康社会可以促进区域经济的增长。区域经济增长的实质是为了提高居民的消费水平以及解决本区域居民的就业问题。全面建设小康社会需要解决的是居民收入问题，而区域经济增长是提高居民的消费水平和福利水平的重要途径。区域经济增长：一方面，提高了区域内人均实际收入水平，同时也促进了区域劳动力的供给；另一方面，生产的扩大又刺激了劳动力需求的增加，使经济在更高的水平上实现均衡。经济总量达到足够大的规模才能保证居民的生活水平不会降低，对于经济欠发达地区，人均收入普遍低，因此收入分配不公平问题并不是突出问题。全面建设小康社会促进区域经济增长，区域经济增长反过来提高区域居民的收入水平和就业，这对于中国社会主义建设都有很大的意义。

我国经济发展进入新常态，但是先前高速的经济增长对中国的资源、环境等产生了严重的负面影响，这就要求中国对资源进行重新配置，粗放的经济发展模式已经不适合中国现在的发展，有效的资源配置在市场经济中起到至关重要的作用，而全面建设小康社会可以改善资源配置，实现资源的最优化配置，因此具有重大意义。全面建成小康社会，是整个中华民族的目标，也是中国社会主义向共产主义转变的重要基础，相信在中国共产党的领导下中国在2020年一定会实现这个目标。

二、精准扶贫和切实脱贫

据统计，2015年底中国的贫困人口还有7000多万，虽然贫困人口较之前几年有所下降，但是贫困人口在2020年实现脱贫的目标面前还是一个巨大的数字，对于中国来说，扶贫事业任重道远。中国在近几年的扶贫事业上做出了精准扶贫和切实减贫的政策，在扶贫方面取得了很大的成功，得到了国际组织及其他发展中国家的认可。中国在扶贫方面为世界各国做出了表率，为其他各国的扶贫事业提供很好的借鉴作用，使全球更多的贫困国家和人民受益。

---

① 《习近平论全面小康》，党建网：http：//www. dangjian. cn/sy/jjq/zxdjxx/201604/t20160414_3290582. shtml。

消除贫困一直以来都是党对社会主义的本质要求，从新中国成立以来，中国在全国范围内开展了扶贫计划，不仅减少了贫困人口，贫困地区的整体建设也得到了改善。现今，中国的扶贫工作仍在大力开展，尽管工作十分繁重，但是进入“十三五”这个阶段，脱贫已经成了这个阶段的重要任务，也是实现全面建设小康社会的决胜时期。

（一）精准扶贫

精准扶贫是相对粗放扶贫的称呼，是指根据不同的地域和不同贫困农户的生活状况，运用科学分析对贫困地域和贫困农户实施精确识别、精确帮扶的治理贫困的方式。精准扶贫中需要对象精准、目标精准、内容精准、考评精准、措施精准。在精准扶贫中不仅有“五个精确”，还有“五个助推”，即加强社会帮扶、深化双联行动、转化农业发展方式、落实保障政策、强化基础建设这五个方面助推精准扶贫的实施与落实。

改革开放以来，我国实施了大规模的扶贫计划，取得了令人瞩目的成绩，而社会救助作为精准扶贫的方式之一具有特殊的重要地位。因为在全部贫困人口中，需要进行社会救助的约占1/3，这些群体丧失了劳动能力，需要政府的“输血”和资助才能保证最低的生活保障，因此在精准扶贫中，需要重视社会救助制度的完善。与社会救助需求相比中国在精准扶贫的社会救助制度上还有很多需要改进的地方。比如，社会救助中在一些地区的最低生活保障标准低于其他地区，即没有一个明确的救助标准；贫困人口的社会救济金能否全数到达贫困人口手中，政府对于贫困人口的救济资金几经转手，最后落到贫困户手中的救济金是否是政府划拨的无从查证，因此在财产和收入核实的机制上还需要完善，以确保精准扶贫的实施。制定社会救助制度时必须把“精准”作为重要的原则，全面贯彻“精准扶贫、切实脱贫”的基本方针，精准实施救助。在精准扶贫中还需要政府起到引导和催化的作用，使更多的成功人士和中国企业家来对贫困户进行扶贫。

精准扶贫是党和国家在新时期的重要工作任务，要想扶贫工作顺利展开需要国家加大扶持力度，善于因地制宜，全力推进扶贫开发工作。推进精准扶贫要看是不是做到了识真贫、真扶贫，在找准切入点和提高精确度上瞄准扶贫对象、摸清贫困底数、分清致贫原因、制定针对措施、精准扶贫，切实做到因人因地因政策，不同的贫困原因不同对待，确保扶贫工作精准到位。另外，推进精准扶贫必须切断贫困的根源，找准解决贫困根源的办法，彻底走出贫困的陷阱，确保贫困地区的群众能切实脱离贫困，贫困地区能真正发展起来。

精准扶贫需要贫困地区政府的大力支持。如果政府在多年的执政中，没有改变贫困地区的状况，那民生肯定得不到保障，贫困的根源消除不了，精准扶贫工作也不会有效地落实到贫困地区，全面建设小康社会的目标便遥遥无期。精准扶贫是中国实现“中国梦”的重大保障，也是切实提升人民生活水平的重要保障。

（二）切实脱贫

中国一些贫困落后地区的现状没有得到根本改变，在切实脱贫的道路上，中国还有很长的道路要走。切实脱贫需要以“不落一人”的原则，才能取得胜利，中国为加强切实脱贫的实现也提出了“四个切实”的要求，即切实做到精准扶贫、切实强化社会合力、切实加强基层组织、切实落实领导责任。“四个切实”的提出为切实脱贫提供了明确的行动方向。

尽管贫困问题在城市和乡村都存在，但人们发现城市的贫困率要低于乡村的贫困率，对于中国这个发展中国家来说城市人均实际的收入肯定要高于乡村的人均实际收入，随着农村人口向城市的涌入，虽然增加了城市贫困人口，但整体的生活水平会普遍的提高，所以落实乡村贫困是切实脱贫的直接入口。在乡村切实脱贫中需要根据各地区的实际情况和经济理论进行反贫困的实践。主要集中在土地改革和政府支持上。土地改革在解决切实脱贫上有重要作用，包括土地所有权的有偿和无偿再分配，其改革是直接的，土地改革本身就是财富平等分配的一种形式，无地或少地的贫困户在获得土地后，生活状况自然会得到改善；政府在切实脱贫中也起到很大的作用，政府加大农业和乡村基础设施投资、推广和普及农业种植知识等都能促进生产率的提升，如果生产率提高了，贫困户的收入自然就增加了，不仅促进了经济的增长也对消除贫困有积极的影响。

切实脱贫在帮助中国贫困人口脱贫的过程中，也对中国社会主义建设做出了贡献。全面建设小康社会需要切实脱贫的支持，中华民族的伟大“中国梦”更需要切实脱贫来实现。

三、中国减贫的国际价值

中国特色社会主义发展道路立足于中国现实国情，新中国成立 70 年来中国减少了4.39亿贫困人口。中国在减少贫困人口上取得的重大成就，不仅让中国实现了几千年来的发展目标，也得到了世界各国的广泛称赞，中国减贫的经验对于一些正处于贫困困扰的国家有莫大的帮助，因此，中国扶贫具有国际价值。

（一）减贫经验值得借鉴

中国在改革开放以后，在经济上采取了适合发展的模式，当一种经济发展模式能够对中国经济产生助推作用就继续下去，若这种经济发展模式不仅对中国经济没有起到正面作用，反而具有反作用，那么就必须扬弃，继续实践其他发展模式。正是这种做法，让中国在减贫的道路上省了很多时间，中国经济经历了高速的发展，也带动了很大一批贫困人口脱了贫，中国在这个阶段创造了了不起的成绩，这个扶贫成绩也为世界瞩目。中国对国际减贫的经验即找准适合本国经济发展的模式，坚持走下去，动员国家的力量，将经济发展与扶贫工程同时展开，必然会对扶贫起到很大的推动作用。

中国建成"全面小康社会"的战略也是脱贫致富的有效做法，值得国际社会借鉴。改革开放以后，中国政府采取了"先富带后富，共赴富裕路"的政策，把资源、人才等聚集在较发达的地区，让一部分人口先富裕起来，然后去帮助贫困人口共同走上富裕的道路。一个国家的不同地区，由于自然资源的不同、地理形势的不同，都会影响这个区域经济的发展，总要有区域先发展，一个国家不可能将人力、财力平均分配到各个地区，所以中国全面建设小康社会所采取的战略为中国消除人口贫困做出了贡献。

政策创新在各国的发展中需要出现，同样需要政策创新的还有减贫。减贫不能单靠国际合作模式下的"输血式"，即哪个国家的扶贫取得成功就模仿其扶贫方法一味地走下去，而是需要在扶贫事业中取得成绩的国家分享其减贫理念，再结合需要帮助的发展中国家的实际国情进行一些项目合作，让这些国家拥有自己"造血"的功能，从而达到减贫的目的。中国作为一个减贫大国，其扶贫模式和理念值得世界正在为减贫事业努力的各国学习。

中国是扶贫取得巨大成功的国家，创造了中国特有的扶贫开发经验。在中国长期的扶贫过程中，首要的是坚持共产党的领导，高举中国特色社会主义理论的旗帜，走具有中国特色的减贫道路。[①] 第一，坚持政府主导扶贫开发工作。扶贫

① 韩广富：《中国扶贫开发基本经验国际化问题论析》，《社会科学战线》，2009年第6期。

是建设中国特色社会主义的重要任务之一，也是构建中国特色社会主义和谐社会的主要内容。我国政府在努力实现经济高速增长的同时，十分重视对贫困地区和贫困群众的扶持。第二，动员和组织全社会力量参与扶贫开发。解决广大人民群众的贫困问题不只是党和政府的责任，更是全中国人民的共同责任。动员全社会参与减贫事业，不仅可以减轻我们党和政府的压力，而且有助于凝聚全中国人民的爱国之心，既可以帮助贫困人群脱离贫困，又可以弘扬中国社会主义核心价值观，以弘扬中国的良好道德风尚，这些对于世界减贫均有借鉴价值。

（二）扶贫贡献意义重大

中国减贫事业的成功不仅是中国自身的成功，也在帮助世界上的国家进行减贫。在消除贫困方面，联合国千年发展目标如果没有中国的努力很难取得今天的成绩。中国是世界上的第一人口大国，在减贫事业没起步前，贫困人口也占了世界贫困人口的多数，现今中国的扶贫取得巨大成功体现如下：世界上每 3 个扶贫人口中，中国的扶贫人数就占 2 个，这对于其他发展中国家来说是不可能完成的。中国在扶贫取得成功后更是将减贫的经验分享给了其他发展中国家，助推国际扶贫事业的发展，为世界的扶贫做出了贡献。

中国减贫的实践证明，贫困不是战胜不了的，只不过是个持久的历史过程，对于中国来说从新中国成立到可能实现消除贫困和全面建设小康社会的 2020 年，也需要 70 多年的时间。那么全世界实现扶贫目标更加需要漫长的时间，需要各发展中国家积极配合，发挥出经济的潜在能力，努力缩短实现扶贫事业的时间。①

第三节 中国发展的远期目标

习近平总书记在国家博物馆参观《复兴之路》展览时提出了“中国梦”，在中国社会主义发展的近期目标得以实现时，中国需要更加长期的发展目标。“中国梦”不仅是中国之梦也是世界之梦，所以“中国梦”不仅具有历史意义，也具有世界意义。

① 《中国减贫模式具有世界意义》，http：//economy. gmw. cn/2015 - 10/28/content_ 17514703. htm。

一、习近平提出的“中国梦”

习近平总书记提出了“中国梦”的思想，“中国梦”顾名思义就是中国人民的梦，而简单地说就是人民生活富裕、社会体制健全、经济发展稳定、科学技术先进等。“中国梦”的实现必须有中国共产党的领导，以社会主义核心价值观为指导思想，坚定地走中国特色社会主义的道路。

（一）“中国梦”的内涵

习近平总书记提出的“中国梦”具有深刻的内涵，如何把握“中国梦”的内涵也成了中国在未来发展的重要问题，因此具有重要的现实意义。“中国梦”的提出是一个新命题和新范畴，它对中国特色社会主义的理想、全面建成小康社会、民族富强等目标进行了形象生动的表述。将中国一系列的目标和发展任务归结凝练到“中国梦”这三个字上，具有中国独有的特色和时代特色，蕴含了中国文化元素，显示出中国深厚的历史底蕴。“中国梦”在世界各国梦想中有着自己独有的特色和内涵，在表达上与中国的每个公民都息息相关，为大众所接受，“中国梦”的内涵，充分表达出党和政府在历史使命的担当，是中国领导人对中国人民未来的承诺。

“中国梦”的深刻内涵还体现在它涵盖了中国历史、现在和未来的描绘。“中国梦”三个字道出了中华民族的昨天、今天和明天的历程，带我们看到了自鸦片战争以后中华民族为实现民族复兴所做的努力。鸦片战争打开了中国屈辱的历史，激起中国人民伟大复兴的理想，也打开了“中国梦”的历史，从而形成一条主线推动了中国共产党社会主义建设的历史。“中国梦”就是在这样的历史背景下提出的，它揭示了中华民族的历史命运，中国领导人的历史使命，也为中国社会主义未来的发展指明了方向。①

“中国梦”的内涵中还蕴含着“以人为本”的深刻意义，“中国梦”说到底是人民的梦，其本质也是人民幸福，只有人民幸福了才能推动整个民族的发展，民族发展了才能为国家的发展建设贡献出力量，所以“中国梦”的另一个内涵就是国家、民族、人民的梦是相互联通的，不是单独存在的，人民是“中国梦”

① 辛鸣：《“中国梦”、中国道路与中国特色社会主义》，《理论学习》，2013 年第 6 期。

的主体，中华民族的伟大复兴必须依靠人民来实现，中国社会的经济发展也必须依靠人民来推动，所以“中国梦”不仅是国家之梦、民族之梦，更是人民之梦。①

（二）实现“中国梦”必须走中国特色社会主义道路

要想实现“中国梦”必须坚持走中国特色社会主义道路，因为它是中国特有的，促进了中国综合国力的提升，创造了令世界震惊的“中国奇迹”，为实现“中国梦”创造条件。当前中国经济总量已跃居世界第二位，成了全球制造业的第一大国，对全球经济增长的贡献度已经超过50%，显示出了超强的国际竞争力。中国特色社会主义道路的实施，使得人民幸福感得到提升，中国共产党在领导中国发展中始终坚持以人民为主体，全心全意为人民服务，把维护社会公平正义作为社会主义核心价值观的内在要求，改进民生举措，都是为“中国梦”的实现创造条件。

在中国特色社会主义道路的实践中，中华文明的格局也日渐完善，呈现出了现代文明的时代新内容，由原来的三位一体布局升级到政治、文化、社会、经济和生态文明建设的五位一体布局，开启了中华文明格局向更高阶段演进的新的里程。文明程度的提高推动了社会科学的发展，也推动了社会的繁荣，为“中国梦”的实现打下基础。

实现“中国梦”必须走中国道路，这条道路就是中国特色社会主义道路，是中国社会主义发展的前进方向和路径选择。道路选择的正确与否关乎着一个国家的命运，没有正确道路的指引，再强的国家、美好的憧憬、伟大的理想都不能够实现，中国历史的发展和命运决定了中国必须选择走中国特色社会主义的道路来实现中华民族伟大复兴的“中国梦”②。中国走上中国特色社会主义道路的选择来之不易，是经过历史的教训总结出来的，它代表了中国社会主义未来发展的方向，是一条通往光明未来的道路，也是实现中华民族“中国梦”的道路。要想实现“中国梦”我们必须在中国特色社会主义这条道路上，大胆探索、寻求创新、奋力开拓。

① 曲青山：《从五个维度把握中国梦的内涵和意义》，《中国国家博物馆馆刊》，2018 年第 12 期。

② 辛鸣：《“中国梦”、中国道路与中国特色社会主义》，《理论学习》，2013 年第 6 期。

二、“中国梦”的历史意义

“中国梦”与每一个中国人都息息相关，每个人的梦可能不尽相同，但是共同的一定是社会和谐、经济发展、文化繁荣、生态健康等。新中国成立以来，圆了无数的梦，无论是百年奥运、航天、航海还是待实现的梦，在中国历史上都具有重大的意义。“中国梦”在鸦片战争以后贯穿了中国整个发展进程，国强才能民富，“中国梦”在中国历史上具有重大意义。

中国特色社会主义新的道路，带领中国共产党和中华民族开启了“中国梦”的大门，为实现中国共产党成立一百周年定下的全面建成小康社会打下基础。无论从传统的角度还是从现实的角度来看，“中国梦”的历史意义都对中国有积极的推动。

中华民族具有五千多年的历史，正是对于梦想的追求，才在历史上创造出了一个又一个的盛世，让中华民族在历史中走在世界的前沿，也为全世界人类文明作出了贡献。新中国成立以后，特别是社会主义市场经济代替计划经济以后，中国经济不断地发展，而人民的生活水平也在逐渐的提高，在物质与经济发展的同时，中国人民的思想观念却出现了偏差，对于理想追求的淡化，道德素质的倒退逐渐地显露出来，中国经济虽然得到发展，但是人民却找不到自身的发展方向。“中国梦”的提出恰好给陷入迷茫的中国人民一个指引，切实地切入了中国社会发展的要害，反映出了人民群众的理想与渴求，得到人民群众的强烈认同。“中国梦”是个人与民族的统一体，整合了民主与个人的梦想，每个人在追求自己梦想价值的同时也不会脱离整个民族的大集体，为民族集体的梦想实现打下坚定的基础，从而推动整个国家经济的发展和社会的进步，实现伟大复兴、人民幸福的现实中国之梦。

“中国梦”可以凝聚力量。历史的发展是生产力作用下物质力量的推动，也就是说，在一个国家的发展中物质力量的凝聚具有重大的推进作用，是不可被忽视的。中国在进入改革深水区后，各种机制与体系之间的利益冲突不断，阻碍了中国经济改革的发展。社会主义生产的目的是满足人民的物质文化需求，是为大多数的人利益服务，这就决定了社会主义主要依靠市场机制来对资源进行配置，而改革和发展涉及了人民利益的调整，必须依靠政府运用调控手段来引导国民经济按照预定的宏观经济目标运行。“中国梦”正是把人民物质利益与政府力量凝聚在一起，既满足人民追求物质利益的追求，又满足政府可以掌握调控人民群众利益关系的追求，把凝聚起来的力量汇聚成一股强大的推动力，推动中国社会主义的发展。[①]

“中国梦”开拓了中国社会主义的理论视野。“中国梦”是中国领导人根据中国的现实国情，结合马克思主义的原理融入中国社会主义发展的特色，联系世界发展的多元化、全球化等特征后提出的。“中国梦”的提出不仅得到国内人民的强烈认同，也受到了世界各国的普遍认同。为适应经济全球化的新形势，中国必须实行积极主动的开放战略，完善安全、高效的开放型经济体系，创新开放模式，积极寻求与国际各国的合作，把“中国梦”的中国理念与世界共享。[②] 这不仅对中国特色社会主义的发展有积极的推动作用，也开拓了中国社会主义理论的新视野。

三、“中国梦”的世界意义

随着经济全球化的发展，中国与世界的互动逐渐增多，依存度也有所提高，重要的是共同利益也越来越多。“中国梦”的提出成了中国与世界交流的共同话题，“中国梦”不仅是中国之梦，也是世界之梦，把中国之梦与世界梦相互融合，才能更好地推动全球经济的发展，而“中国梦”注定要与世界的发展同行。

中国在成为世界第二经济大国后，其经济健康发展对世界经济发展具有重大影响。中国在经济发展上取得的重大成就，也拉动了中国经济对世界经济增长的贡献，随着经济全球化的深入，中国在世界市场上的规模不断壮大，为世界各个国家的经济发展创造了新的空间。积极主动的开放战略带来了中国对外贸易的增长，中国将本国的商品出口到世界各国中去，为各国消费者购买带来方便和选择。中国经济发展离不开世界，世界的繁荣稳定也需要中国，“中国梦”与世界梦同频共振，这也是其世界意义所在。

“中国梦”为更多的发展中国家带来机遇。建立公正合理的国际秩序是世界各国的梦想，但是现今的国际秩序尚未实现真正的公正合理性，这激发了世界经济局部的震荡，给一些国家的发展带来负面影响。随着中国经济的发展，中国在

① 杨生平：《中国梦的当代意义》，《前线》，2014 年第 3 期。

② 张浩：《深刻领会“中国梦”的重大意义》，《南方日报》，2013 年 9 月 16 日。

国际上的地位也有所提高，在国际舞台上也更加灵活积极，积极主张经济发展道路多样性和推动国际经济新秩序的公正合理性。这是中国的梦，也是世界各国特别是一些发展中国家的梦，因为国际经济新秩序的建立为这些国家带来了新的机遇，不仅在经济上会取得发展机遇，政治和文化方面的建设也会有更多的机遇。

中国人民正在努力实现中华民族伟大复兴的“中国梦”，中国更希望与“世界梦”联系起来共同促进和平繁荣的世界发展，“一带一路”的提出为“中国梦”与“世界梦”搭上了桥梁。“一带一路”拓展了中国与世界各国的合作空间，把中国与世界更紧密地联系在了一起，将“中国梦”与“一带一路”沿线国家的人民美好生活愿景对接起来，在这些国家发展中注入新的合作项目，共享合作带来的经济发展。近年来，中国在医疗服务、信息化、工业、生态文明等领域，与欧洲、亚洲、美洲等多个国家和地区进行了合作，为这些国家的人民提供了切实的帮助，让“中国梦”具有世界意义。

“中国梦”的世界意义还表现在其促进世界和平的外交价值。[①]“中国梦”以和平共处为战略，本着“亲诚互惠”的外交原则，以营造良性竞争、和平共处的国际交往环境，推动世界和谐格局的同时也促进了各方的利益融合。历史终将证明，“中国梦”为中国的发展带来重大作用，同时也会对世界的发展带来积极的影响。

现今，全球经济陷入了低迷，中国经济虽然进入了新常态，但也存在下行的趋势，“中国梦”的提出对世界经济的发展注入了新的力量，具有不容忽视的世界意义。

① 项久雨：《中国梦的世界意义》，《湖北日报》，2014 年 6 月 21 日。

第七章

中国发展战略的与时俱进

自新中国成立以来，中国不仅在经济上取得了巨大的成就，其发展的方向也是与时俱进同世界接轨，不论是20世纪中国的“三步走”战略、科教兴国战略、区域非平衡发展战略；21世纪的创新驱动战略、网络强国战略、国家大数据战略；还是中国未来着眼的海洋强国战略，都体现出了中国在战略上与世界同步。作为世界第二大经济体，中国的发展战略不仅为中国人民所关注，也被世界上各个大国所注视，所以战略走的远不远，关乎中国未来经济发展的命脉。本章就中国的发展战略进行梳理与展望。

第一节　20世纪的发展战略

改革开放以来，中国在经济等方面均取得了重大突破，面对日益发展的中国，领导人在中国国情基础上就发展的不同阶段，实施了不同的战略。20世纪以来，中国发生了翻天覆地的变化，这也得益于20世纪的“三步走”、科教兴国、区域非平衡三个发展战略的实施。

一、“三步走”战略

“三步走”战略是邓小平对中国实现社会主义现代化提出的重要发展战略。它以邓小平理论为核心，与其他理论思想相辅相成，是20世纪中国社会主义初级阶段的重要战略思想，也是中国实现特色社会主义道路的必要选择。

（一）三步走战略的提出

改革开放政策实施以后，中国与世界各国在经济、政治、文化等的交往越来越密切，以邓小平为代表的中国领导人基于对中国现实国情的准确把握和对现代化的科学认识，最早提出的是20世纪末实现“小康社会”的奋斗目标和“两步走”的战略构想。在20世纪80年代初期，中国的经济发展速度大大超过预期，中国国内的生产总值年均递增，1981年为5.2%，1982年为9.1%，1983年为10.9%，在这种情况下“两步走”战略已经不能完全适应经济发展的速度，邓小平在指导中国经济发展的同时意识到中国要想实现现代化发展，必须要有清晰、明确的中长期的发展战略，如果没有清晰、明确的发展战略，中国经济这么盲目地发展下去，人民群众对中国的未来发展看不到希望，不仅中国经济会出现大的问题，或许会累及全世界的经济出现波动。因此，“三步走”的发展战略应运而出。

“三步走”战略第一次被完整表述是邓小平1987年4月30日会见西班牙政府副首相时首次被提出的。同年10月，在中国共产党召开的第十三次全国代表大会上以报告的形式对“三步走”战略作出了全面阐述。报告指出：“党的十一届三中全会以后，我国经济建设的战略部署大体分三步走：第一步，从1987年到1990年实现国民生产总值比1980年翻一番，解决人民的温饱问题。这个任务已经基本实现。第二步，到本世纪末，使国民生产总值再增长一倍，人民生活达到小康水平。第三步，到下个世纪中叶，人均国民生产总值达到中等发达国家水平，人民生活比较富裕，基本实现现代化。然后，在这个基础上继续前进。”①

自从邓小平提出中国社会主义建设的“三步走”发展战略以后，不仅在国内产生了广泛影响，在国外也产生了广泛影响。“三步走”战略为我国社会主义初级阶段的发展指明了正确方向，不仅把中国的经济发展带入正轨，使中国人民走向了幸福美满的康庄大道，而且为世界经济的发展以及世界文明进步带来积极效应。②

---

① 《第十三次全国代表大会报告》，人民出版社1987年版。

② 《“三步走”战略思想的形成与实施》，http://wenku.baidu.com/view/c909b51f3169a4517723a38e.html?from=search。

（二）"三步走"战略的实施

"三步走"经济发展战略，以提高人民生活水平为最终目标和衡量标准，要想达到战略的最高效用，必须从根本上提高人民生活水平，才有可能实现共同富裕。因此，人民生活水平的提高，共同富裕的实现，绝不等于同一时间、同等程度的富裕。我们曾经有过吃大锅饭、搞平均主义的深刻教训，那只会打消人民的积极性而错失发展机遇。中国是一个发展中国家，也是人口大国，其人均资源很少并且资源的分布也极其不平衡，比如中国的东部和西部在资源和人口上都存在很大差异，其经济发展程度也存在显著差距。假如一个国家的经济政策是所有地区按相同的速度发展经济，那对于一些受自然因素或其他条件限制的地区来说，肯定达不到政策规定的发展速度，而发展速度本可以更快的地区反而因为资源配置和人力的投入等限制而发生浪费，这样的发展不利于国民经济发展。

因此，在"三步走"经济战略的实施中对于资源条件不同的地区采取不同的政策，集中人力、物力让有条件的地区快速发展，而没有条件的地区则在原有发展基础上继续发展。当快速发展地区发展到一定程度时再反过来带动经济发展落后地区的经济发展，从而使得中国人民走向共同富裕的道路。

中国要想与世界市场接轨，依靠计划经济是不行的，其自身的经济体制必须市场化。只有在实施市场经济体制下，中国才能最大限度地实行对外开放战略，才能转变对外经济发展方式同世界国家进行技术交流，从而充分享受"后发利益"，以促进中国实现现代化。市场经济与计划经济是相对的，计划经济几乎完全消灭了体现供求关系的相互作用，这对于竞争是不利的，对于经济的发展也是不利的，所以中国在"三步走"战略的基础上，必须抓住机遇走社会主义市场经济。在市场经济体制中，企业或个体分别掌握着资源和财产，产权边界和利益边界很清晰，在信息收集处理和经营决策方面都有自主权，每个经济行为主体都在追求自我利益的最大化，这样有助于促进中国经济的增长。

（三）"三步走"战略的意义

"三步走"战略立足于对中国国情和社会历史发展阶段的深刻认识和准确把握，因而是极其宏伟而又切实可行的。正因如此，它能够充分调动全国人民的积极性和创造性。"三步走"战略的实施对中国的发展有重要意义：一是促进中国综合国力的增强。在"三步走"战略提出时，中国落后的生产力还不足以满足实现社会主义现代化的要求。中国一方面要完成传统工业化的转型，另一方面又要追赶世界拥有新技术产业的国家，这个战略的提出，表明了中国准确把握住了本国发展的实情，没有盲目地发展经济，而是在增强综合国力后紧紧追赶发达国家的脚步，体现了中国现代化建设的雄心壮志。二是巩固和完善社会主义制度。“三步走”战略的实现，表明中国要想实现其发展目标必须走社会主义道路，使得中国社会主义制度更加巩固。三是中国在世界上地位的提高和影响的增大。“三步走”战略的实现，是中国各族人民和中国社会主义的极其伟大胜利，综合国力提升了，中国在国际政治和经济生活中就可以发挥更积极作用。

二、科教兴国战略

随着中国经济建设和社会发展，科教兴国成为了20世纪中国社会主义经济发展的重要指导思想，在“三步走”战略的基础上，科教兴国对中国科学技术和教育给予了很大的推动。“科学技术是第一生产力”，而教育又是带领一个国家进入新时代的基础条件，所以科教兴国战略的提出对当时的中国意义重大。

（一）科教兴国战略的提出

科教兴国顾名思义是科学技术和教育是使国家兴盛的重要推动力，在科教兴国战略实施时需要把科学技术和教育放在社会主义经济发展的重要位置，必须把科学技术、教育与经济建设紧密的联系起来。科教兴国的实质是通过发展科技和教育，促进社会经济的发展和国家发达，促使中国特色社会主义的和谐发展。[①]

改革开放以来，中国在经济增长上取得了重大成就，但经济的增速不是依靠科技进步而主要是依靠资源的开发利用、投入大量的资金和提供廉价的劳动力来推动经济发展的，这种粗放式的经济增长方式对于国家生态发展具有不利的影响，而从改革开放到21世纪中叶，是实现中国现代化建设“三步走”战略目标的关键历史时期。中国此时还存在技术水平不高、经济重量不重质、劳动生产率不高及产业结构不合理问题，要解决这些现实问题必须依靠科技和知识创新，把中国经济的发展模式从粗放型转化成集约型，从而加速实现国民经济高效、健康发展。在这个科技迅猛发展的时代，中国必须实施科教兴国战略，一方面投入到

① 哈斯塔娜：《对实施科教兴国战略的思考》，《内蒙古师范大学学报》，2003年2期。

科技发展中，另一方面需要在教育上加大改革。知识具有外溢性，在拥有知识以后才能增强创新能力，有了创新能力才能推动科技和经济的快速发展，尊重知识、尊重人才，实现人、社会与自然的和谐发展。为此，科教兴国战略在1995年5月《中共中央、国务院关于加速科学技术进步的决定》中首次提出来。

（二）科教兴国的实施措施

中国虽然在科技和教育发展方面取得了一些成绩，但是和发达国家之间还存在着很大的差距。随着中国经济的发展，对科技和教育的更高需求需要满足，但中国在科技创新和教育上还面临严峻的形势。科技创新度低是发展的最主要问题，创新力度跟不上就需要教育来提升，但中国在教育方面存在很大的问题，一些发达的城市和地区在教育水平上可以立足于长期发展，但在经济落后的农村地区教育条件和水平都相当差，这就促使国家加强教育体制改革，而推进科教兴国战略的实施。科教兴国战略的实施以科技和教育为基础，与经济建设联系起来以提高中国的综合国力，加强中国在国际上的竞争力，也为中华民族实现伟大复兴打下基础。

实施科教兴国战略，必须把科技、教育同经济建设紧密结合。中国在经济建设中需要融入科技发展，通过改革建立起适应中国社会主义发展的社会主义市场体制和科技体制，市场和社会需求对科技进步有不同的作用，市场起引导作用，社会需求起推动作用，引导和推动都可以促使科技成果向生产力方向的转化。创新推动发展，创新机制的建立推动了科技企业走产学研相结合的道路，使企业成为科研开发和投入的主体，促进科技成果的商品化。另外中国在经济建设中必须以教育为先，教育是一国的立国根本，振兴教育就需要合理配置教学资源、优化教育结构和提高教学质量，把教育与市场经济的发展联系在一起，推进中国社会主义现代化建设的发展。

实施科教兴国战略，必须尊重知识、尊重人才。人才是一国竞争的根本，人才也是科技进步和经济社会发展最重要的资源。我国现代化建设的进程，在很大程度上取决于国民素质的提高和人才资源的开发。中国是世界上人口最多的国家，在实施科教兴国战略的同时要充分利用强大的人力资源优势，培养多方面、全方位的高素质人才，这关系到21世纪中国社会主义发展的全局。只有发展一流的教育才能培养出一流的人才，这些人才对社会经济做出贡献才能建立起一流的强国，所以推进教育发展势在必行。发展教育就要加强教师队伍建设，增强教师的使命感，全面实施素质教育，这关系着民族的素质和国家的未来。加快人才资源的开发必须突出培养创新型人才、高技能人才，以适应社会发展对各类人才的需求。当然在培养人才的同时要引导树立科学精神，学习科学知识，用科学战胜愚昧，让科教兴国战略全面实行。

（三）实施科教兴国的意义

实施科教兴国战略是中国发展的一项重大战略，在中国特色社会主义发展中具有现实的意义。是保障中国社会主义经济快速、高效发展的重要措施，是顺应世界经济和科技发展潮流而做出的选择，也是中华民族振兴的必由之路；有助于中国经济发展方式的转变，调整和优化产业结构升级，以科技和知识为基础培育创新型科学技术，为中国经济创造出新的增长点；有助于提高市场中企业的经济效益、开拓新的市场空间和扩大企业发展规模，极大地促进生产力发展；生产力得到发展后，促进社会经济的发展，提高人民的物质和精神文明水平；有助于巩固和发展社会主义制度，社会主义的顺利发展增强了中国的综合国力，既有利于中国在国际竞争中的胜利，又提高了中国在国际上的经济地位。

三、区域非均衡发展战略

改革开放以来，非均衡发展战略提出以后经过实践和探索，使中国的经济向前迈进了一大步。区域非均衡发展战略在中国能取得成功，也证明了这个战略与中国特色社会主义道路的契合。在“三步走”战略和科教兴国战略提出后，面对不同区域的发展水平及发展条件，根据中国国情的基本情况提出了区域非平衡发展战略。依据中国国民经济发展的要求我国从平衡发展战略向区域非平衡发展战略的转变，将资源配置集中涌向经济发展条件好的区域，让这些区域的发展带动其他区域的发展，最终达到共同富裕是区域非平衡发展战略的最终目标。

（一）区域非平衡发展战略的提出

纵观世界历史，横看全球各国，可以说不同区域的非平衡发展是经济发展的普遍规律，而均衡发展则是相对的，是一种理想的追求。因为人类所居住的地球本身就是一个非均衡的系统，由于某些地区在地理位置、生态环境、自然资源、人文历史等方面的优越条件，容易成为人才、资金、技术、流动最密集的地方，

从而产生经济上的“洼地效应”。这样必然会出现区域经济发展的不平衡。而中国东部沿海地区与西部、中部等大陆地区相比，在海陆空方面都有资源、交通等优势，所以中国在发展战略上进行了转变。

我国从均衡发展战略向非均衡发展战略的演变历程如下：

纵观新中国成立以来各个时期的经济发展战略有两种，即平衡发展战略和不平衡发展战略。平衡发展战略在我国主要包括：过渡时期的总路线和总任务，超英赶美的赶超经济发展战略，20 世纪末实现四个现代化的战略构想。在均衡战略实施中，中国在社会主义建设上也取得一些成绩，但是，由于这一战略脱离了我国处于社会主义初级阶段的客观实际，不符合生产力发展规律和经济发展规律的要求，是不科学和不可取的。非均衡战略的实施，在给中国经济带来增长的同时也产生一些副作用，在副作用和正效应的权衡下，正面影响大于负面影响，并且非均衡战略是结合中国现实国情实施的，是中国发展阶段的必然选择。

区域差异一直以来都是世界各国普遍关注的问题，而在区域差异中非均衡理论是消除区域差异所采取的一项重要理论。非均衡理论追求的是实现区域经济的可持续发展，走非均衡可持续发展之路。中国的领导人在提出非均衡发展战略后，认真分析了中国的经济发展与社会发展实情，把非均衡发展战略与实际相结合，提出了“先富—共富”“台阶式”的发展思想，“先富—共富”即根据不同地区的发展情况，选择经济发展较为发达的地区发展经济，让这些地区人民群众先富裕起来，之后通过先富带动落后的地区人民群众再富裕起来，最终实现共同富裕；“台阶式”发展指的是“三步走”的发展思想，即把中国经济控制在一定目标范围内，在目标时间内一步步实现中国的小康社会。通过“台阶式”跃进，落实“三步走”战略，实现发展目标，进而实现和谐社会发展目标。①

（二）区域非均衡发展战略意义

经济不均衡是社会的常态问题，我国在建设社会主义道路过程中，也必须认清经济发展的客观规律。不能盲目搞平均化，因为我国还处于社会主义初级阶段。在这里我们还要区分一个问题，就是经济与社会的均衡性问题。经济不均衡是必然的，但社会的均衡性问题是可以实现的。这是由我国社会主义的性质决定的，从另一个角度来说，经济不均衡发展是手段，社会和谐发展是目标。

---

① 郭军、马源：《坚持非均衡区域发展战略的选择取向》，《中州学刊》，2009 年第 5 期。

我国经济发展取得的巨大成功，其中非均衡发展战略的实施起着至关重要的作用。它已经成为世界经济发展的普遍模式，我们要不断研究和发展非平衡发展理论。中国是在结合了现实国情下提出了非均衡发展战略，是中国特色社会主义建设的必然选择。这也表明，任何国家的发展战略都不能够脱离本国的现实国情，必须走一条具有本国特色的发展道路。实现社会繁荣和谐的发展目标不能只追求发展速度而忽视了发展质量，这就要求我国政府必须转变服务职能，建立和谐发展的社会运行机制，及时发现问题，分析问题，解决问题，把阻碍社会和谐发展的不利因素消灭在萌芽状态。区域非均衡战略的实施，维护了广大人民群众的利益，也为实现和谐社会创造了条件。

第二节　21 世纪的发展战略

通过 20 世纪的“三步走”战略、科教兴国战略和区域非平衡发展战略的发展，中国的经济已经迈向了新的台阶，已由落后贫穷的发展中国家变成了世界第二大经济强国。进入 21 世纪后，中国不单单在国际地位上发生了变化，经济、技术、交通、教育、医疗等各个方面已经上升到了另一个层次。随着经济发展水平的提高，综合国力的增强，中国在 20 世纪实施的三大战略已经不能单独支撑中国整个国民经济等方面的发展，在 21 世纪的发展战略中，创新驱动战略、网络强国战略和国家大数据战略成为中国特色社会主义发展的重要法宝，这些战略的实施，为中国乃至全世界的发展提供了动力。

一、创新驱动战略

对于中国来说，创新始终是使中国经济发展、民族进步的重要推动力，特别是进入 21 世纪后，中国处于经济转型和结构调整的重要阶段，必须实施以创新为核心的创新驱动战略来推动市场在资源配置中的作用和产业升级所需的技术来源。改革开放到现在，虽然我国的整体科技创新有了很大的跃升，但是跟发达国家相比还是有一定的差距，在科技创新对经济发展的主导和支撑越来越强的情况下，实施创新驱动战略已经变成中国社会主义发展的必要选择。

（一）创新驱动战略内涵

党的十八大明确提出："科技创新是提高社会生产力和综合国力的战略支撑，必须摆在国家发展全局的核心位置。"强调要坚持走中国特色自主创新道路、实施创新驱动发展战略。这是我们党放眼世界、立足全局、面向未来作出的重大决策。"创新驱动发展"战略有两层含义：一是中国未来的发展要靠科技创新驱动，而不是靠传统的劳动力以及资源能源驱动；二是创新的目的是驱动发展。①

实施创新驱动发展战略，涉及了中国社会发展的方方面面。当前，应抓住以下重点着力推进。

第一，要细化战略目标。应分解和细化我国建设创新型国家的目标，建立组织架构和任务体系，让各单位、各层面、各部门按照准确的目标任务推进。

第二，需要提高自主创新能力。完善创新的知识体系，强化前沿技术研究、基础研究、社会公益技术的研究，提高中国在科学研究水平和科技成果转化方面的能力；加快新工艺、新产品的研发应用，加强技术集成和商业模式创新；大力培育和发展战略性新兴产业，掌握核心的技术，部署新的创新价值链突破产业技术落后瓶颈；我国有很多传统产业消耗大、利润低，所以运用创新科技改造传统产业很有必要，可以提升传统产业的创新发展能力。此外，还要加快在农业发展科技上的创新，完善科技促进农业发展机制，健全现代农业技术体系。

第三，加快科技体制机制改革创新。建立科技体制创新协同机制，来解决政府在科技资源配置上科研成果转化低、过度行政化等问题；建立具有科学性质的创新评价机制，使拥有创新才能的科技人员把创造力完全地发挥出来；建立市场经济体制与政府调控作用机制的有效结合机制，让市场发挥自由发展的能动性，政府发挥引导和支持等作用。

（二）创新驱动战略意义

科技是国家强盛之基，创新是民族进步之魂，科技实力决定着世界力量对比的变化，决定着各国的前途命运，这是历史的基本启示，也是马克思主义的基本观点。在历史的长河中人类经历了从石器时代的石刀、石斧到现在的信息化和自

① 王金杰、李慧：《创新驱动战略的特点与路径选择——"互联网＋"条件下以实施天津创新驱动战略为例》，《理论与现代化》，2015 年第 6 期。

动化，从最初的崇尚自然到认识、开发、利用自然，构建和谐的人类和自然的生态系统，这都是科技进步和创新驱动对人类文明的推动。历史上多次产业科技革命的发生，改变了全球化发展的格局，而当前科技创新成为各国在全球化竞争中的法宝，以信息化技术为核心引领创新发展对于全球经济发展有重要的助推效用。

实施创新驱动发展战略，对我国形成国际竞争新优势、增强发展的长期动力具有战略意义。改革开放以来，我国经济快速发展主要源于发挥了劳动力和资源环境的低成本优势。进入发展新阶段，我国在国际上的低成本优势逐渐消失。与低成本优势相比，技术创新具有不易模仿、附加值高等突出特点，由此建立的创新优势持续时间长、竞争力强。实施创新驱动发展战略，加快实现由低成本优势向创新优势的转换，可以为我国持续发展提供强大动力；对我国提高经济增长的质量和效益、加快转变经济发展方式具有现实意义。科技创新具有乘数效应，不仅可以直接转化为现实生产力，而且可以通过科技的渗透作用放大各生产要素的生产力，提高社会整体生产力水平。实施创新驱动发展战略，可以全面提升我国经济增长的质量和效益，有力推动经济发展方式转变；对降低资源能源消耗、改善生态环境、建设美丽中国具有长远意义。实施创新驱动发展战略，加快产业技术创新，用高新技术和先进技术改造提升传统产业，可以降低消耗、减少污染，改变过度消耗资源、污染环境的发展模式，又可以提升产业竞争力。[①]

二、网络强国战略

从网民数量来说，中国已经成为世界上的网络大国。创新驱动战略的实施，为互联网科技发展带来了推动力量，中国必须牢牢抓住这个机会将互联网科技与产业科技连接在一起，使产业在转型和升级的过程中，也给互联网科技带来资源，使中国成为网络强国。中国要想成为网络强国必须实施网络强国战略，让互联网加速、创新商务模式和传统产业的融合，来为中国经济带来新的催生点。

① 王志刚：《以改革精神实施创新驱动发展战略》，《人民日报》，2014 年 1 月 13 日理论版。

（一）网络强国战略内容

党的十八大以来，党中央高度重视网络事业的发展进步，党的十八届五中全会提出了“实施网络强国战略”。三年来，网络信息化建设突飞猛进，互联网基础环境全面优化，网络空间法治化进程快速推进，网络空间日渐清朗，互联网企业突飞猛进，网络文化全面繁荣，互联网成为国家经济发展的重要驱动力，我国正在向建设网络强国的战略目标奋勇迈进。习近平主席在 2014 年 2 月 27 日下午主持召开中央网络安全和信息化领导小组第一次会议并发表重要讲话时强调网络安全和信息化是事关国家安全和国家发展、事关广大人民群众工作生活的重大战略问题，要从国际国内大势出发，总体布局，统筹各方，创新发展，努力把中国建设成为网络强国。①

中国将网络强国从决策理念提升为国家战略，既符合创新、协调、绿色、开放、共享的五大发展理念，更是对中国在关键时点的关键任务的清醒解读。在虚拟网络时代背景下，中华民族要想真正强大起来，就必须以“网络强国”在数字空间建立起来，能够切实维护网络这个全新领域的主权、安全和发展利益。

就目前我国互联网发展的现状来看，整体属于“大而不强”。我国是网络大国，但却不能被称为网络强国。我国在网络规模、网民数量、智能手机用户及利用智能手机上网的人数等，都位列全世界第一的位置。同时，我国国内境内网站数量、域名数量以及互联网企业等，也居于全球前列。

尽管我国在全球上已经成为网络大国，但与网络强国相比，还有较大差距。其突出表现：我国在全球信息化排名中并不靠前，甚至还有下降的趋势；作为衡量网络强国重要依据的宽带基础设施建设明显落后，人均宽带与国际先进水平差距较大；关键技术受制于人，自主创新动力不足，网络安全面临严峻挑战。另外，我国不同地区间“数字鸿沟”问题突出，信息化驱动工业化、城镇化、农业现代化、国家治理现代化任务还十分繁重。走网络强国之路将成为提升一个国家在国际社会中综合竞争力的必然选择，“网络强，则国强；网络弱，则国弱”。这就是当今世界各国都竞相发展和普及互联网、注重网络强国建设的内在动因。我国所要构建的网络强国必须满足以下条件：①与互联网相关的信息化基础设施

① 《中央网络安全和信息化领导小组第一次会议》《中共中央网络安全和信息化委员会办公室》官方网站。

要处于世界领先水平；②在互联网的应用方面，要处于世界领先水平；③要有明确的网络空间战略，在参与国际互联网治理的相关规则制定中，拥有一定的话语权；④网络安全要有足够的保障手段和能力；⑤要自主掌握信息关键技术，改变受制于人的被动局面。

（二）网络强国战略意义

在全球经济的大舞台上，我国实施网络强国战略既是经济发展的必然选择，也是转变经济发展方式的迫切需要。当前，我国经济进入新常态，处于速度换挡、结构调整、动力转换的关键节点，面临要素规模驱动力减弱、人口红利消失、资源环境约束增强等诸多挑战。需要通过互联网加快形成以消费者和市场需求为导向的产业和产品结构，使互联网产业和传统产业达到线上线下相互促进的效果。通过实施网络强国战略，将打通经济社会发展的信息“大动脉”，发挥信息流引领技术流、资金流、人才流、物质流的重要作用。有助于中国推进产业组织、商业模式、供应链、物流链创新，支持基于互联网的各类创新，培育“互联网+”生态体系，形成网络化协同分工新格局，鼓励搭建资源开放共享平台，探索建立国家信息经济试点示范区，积极发展分享经济。

实施网络强国战略是中国经济实现腾飞的新引擎。以互联网为主体的网络空间蕴藏着促进经济飞跃发展的丰富财富和创新动力。一方面，互联网新技术不断涌流，催生了新的经济增长点。6.3 亿网民、近 5 亿的智能手机用户，庞大的客户群体，本身就是一个巨大的潜力市场，尤其是近年来，移动互联网、云计算、物联网、大数据等新技术的创新，带动了相关产业的发展，互联网经济在 GDP 中 7% 的占比和网络零售交易额规模均跃居全球第一。另一方面，互联网作为一种理念、一种思维方式，成为经济新常态下“大众创业万众创新”的动力源。它与农业、工业、商业、教育等各行业各领域深度融合，催生了许多新技术、新产品、新业态、新模式，提升了实体经济的创新力、生产力、流通力，为传统行业的发展带来了新机遇、新空间、新活力，正在成为我国经济转型升级的新引擎。互联网在国民经济中的基础性、先导性、战略性地位已得到国家层面的认同，实施网络强国战略，是党和政府直面最先进生产力发展做出的英明决策。互联网和信息化引领时代潮流，已成为现代化最新的时代特征。此时此刻，顺应社

会发展的时代潮流——实施网络强国战略，既是当务之急，更是恰当其时。[①]

三、国家大数据战略

人类进入信息化以后，数字化的大数据带来的影响无处不在，购物、贸易、教育、医疗保健、管理、娱乐社交、家庭配置、环境保护等方方面面都有涉及，能够给我们带来巨大的益处，提供极大的经济和社会效益。大数据将改变全球的商业模式，这一改变可能是有史以来人们经济生活方式转变过程中最主要的一个环节。

（一）国家大数据战略内涵

进入大数据时代，一个“大”字很容易掩盖一切。现实情况是，我们可用的数据虽然越来越多样化，但其中大部分使用者不知道大数据是如何产生的。因此，要想让人们信赖基于大数据的决策，对所有数据源提前测试试验必不可少。

现代历史上历经的几次技术革命，中国都是西方的学习者，而在最近的以互联网为核心的信息技术革命中，中国和西方的距离在逐步缩短。中国实施的大数据战略既是挑战也是机遇，中国需要把握这次机遇，把它上升到国家战略的高度。大数据是国家战略资源，中国的大数据战略体现在，互联网是政府施政的一个新平台。单纯依靠政府管理和保护数据的做法会使政府在面对大规模而复杂的数据时应接不暇、不堪重负，而通过电子政务系统，可以实现在线服务，做到权力运作有序、有效、“留痕”，促进政府与民众的沟通互联，提高政府应对各类事件和问题的智能化水平。“十三五”规划建议指出：“运用大数据技术，提高经济运行信息及时性和准确性。”大数据正有力地推动着国家治理体系和治理能力走向现代化，正日益成为社会管理的驱动力、政府治理的“幕僚高参”。[②]

大数据战略不仅对国家政府在施政方面有强有力的帮助，也与人民的生活息息相关，我们生活在一个充满“数据”的时代，QQ 聊天、刷微信朋友圈、打电话、阅读、购物、看病、旅游，都在不断产生新数据，构筑成一个数据的大厦。大数据已经与我们的工作、生活息息相关、难以分离。

---

① 《充分认识实施网络强国战略的重要意义》，《湖南日报》，2015 年 11 月 17 日第 15 版。

② 沈国麟：《大数据时代的数据主权和国家数据战略》，《南京社会科学》，2014 年 6 期。

（二）国家大数据战略意义

大数据首先是经济社会发展新的推动力。随着电脑云计算、移动互联网等新的网络技术的应用、发展与普及，全球信息化进程进入了大数据时代，每天海量数据的产生与分析成为常态。预计到2020年，全球数据使用量将达到约400亿TB，将涵盖全球经济、社会发展各个领域，成为推动经济发展新的驱动力。其次，大数据重新定义了各个大国博弈的空间。在大数据时代，世界各国对大数据的依存度快速上升，世界上国家竞争的焦点已经从土地、人口、资源、资本的争夺转向了对大数据的争夺。习近平主席在中央网络安全和信息化领导小组第一次会议上指出："网络信息是跨国界流动的，信息流引领技术流、资金流、人才流，信息资源日益成为重要生产要素和社会财富，信息掌握的多寡成为国家软实力和竞争力的重要标志。"未来国家层面的竞争力将部分体现为一国拥有数据的规模、活性以及解释、运用的能力，数字主权将成为继边防、海防、空防之后另一个大国博弈的空间。最后大数据将改变国家治理架构和模式。

大数据战略对于中国知名企业的影响也是巨大的，例如，阿里金融高管表示，利用长期积累的阿里巴巴用户行为数据，阿里巴巴能够利用数据挖掘的支付宝使用者的消费习惯，预判资金流动，从而降低货币基金比较顾虑的流动性风险。可见，在互联网金融时代，"大数据"的意义重大。李彦宏谈到，现在已经进入大数据时代，全球所有信息数据中90%产生于过去两年，大数据在两个方面表现出最重要的价值：一是促进信息消费，加快经济转型升级；二是关注社会民生，带动社会管理创新。大数据不仅会带动我国信息产业在国际竞争中的超越，还会推动传统产业升级发展，国内以百度为代表的大数据技术正通过自主创新，让大数据成为驱动中国发展的重要战略资源，这是大数据战略的意义。大数据对信息产业的技术支撑最明显地体现在智慧城市，大数据发展已成为智慧城市发展的重要引擎，成为智慧城市构建的基石和发展的动力。

第三节　着眼于未来的海洋强国战略

进入21世纪，海洋发展又重新回归到了中国社会主义经济发展的计划中，

跟发达国家的海洋经济发展相比，中国只能作为一个海洋大国，并不能成为海洋强国，而海洋强国是中国特色社会主义道路的必由之路，因此，中共十八大报告提出了建设海洋强国战略的目标。

海洋强国战略的概念可以界定为，中国将以国际社会规范的原则和要求，通过和平的方法来发展海洋经济，发展海洋科技装备，提升海洋资源开发和利用能力，加强对海洋资源和利益的综合管理，包括完善海洋体制机制建设，尤其是法律制度，适度发展海上军事力量，在不损害国家核心利益的基础上，力争运用和平方法解决海洋问题争议，争取海洋利益相对最大化，以实现保护海洋环境，维护国家海洋权益，确保国家海洋安全，把我国建设成为具有中国特色的海洋强国。

海洋强国战略的实施，必将使中国经济上升到另一个高层面，但随之出现的海洋问题使我们不得不重视，对海洋的勘探、捕捞、开发等都会造成海洋的一系列资源浪费、污染等问题，因此需要在发展海洋经济的同时，也要保护海洋生态和维护海洋权益。一个国家的强大还体现在其对海军建设、海防建设是否重视，要想成为海洋强国必须有强大的海军建设和牢固的海防建设，中国在这些方面做得还不够，需要借鉴发达国家的经验，让中国特色社会主义道路更快、更稳地走下去。

一、发展海洋经济

海洋经济在一国的经济发展中也占据着重要的地位，发达与否也是衡量一个国家是不是海洋强国的标准。现今，中国在海洋经济发展上需要进一步推进海洋服务业发展、培育海洋经济中的新兴产业和改造升级传统的海洋产业，以保持海洋经济在中国国民经济发展中的地位不下降。

（一）如何发展海洋经济

1. 改造升级海洋传统产业

通过技术创新，加快海洋渔业、海洋船舶工业、海洋油气业、海洋盐业和盐化工等传统产业改造升级，提高产品技术含量和附加值，增强市场竞争力；依靠技术进步加快深水区勘探开发步伐，提高深远海油气产量，进一步优化发展沿海石油石化产业，推动产业集聚升级；加大海洋油气勘探力度，稳步推进近海油气资源开发，加强勘探开发全过程监管和风险控制；加大专属经济区和大陆架油气勘探开发力度；提升工艺技术和装备水平，积极开发高附加值盐产品，推进原盐加工业精细化、系列化发展；强化沿海液化气、天然气装卸能力和油气输配管网建设，提高其储备周转与区际调配能力；合理规划原盐生产布局，稳定原盐生产规模，加快盐田改造，提高自动化作业水平和原盐生产效率；积极发展盐化工业，培育盐化工产业新增长点。

2. 培育壮大海洋战略性新兴产业

开发安全有效、具有自主知识产权、市场前景广阔的海洋新药物，积极探索海洋生物资源新物质和海洋生物制品新功能，推进海洋生物新技术、新产品产业化；建立健全海洋生物制品研发、生产、检测的标准体系，提升海洋药物和生物制品生产装备的研发制造能力，在有条件的城市建设海洋药物和生物制品产业基地；建立海洋生物和药物资源样品库，推进海洋生物产业公共服务及创新平台建设；在海上风电方面，优化开发布局，扶持与农渔业兼容发展的潮间带风电建设，积极发展离岸风电项目，提高产业集中度，有序推进海上风电基地建设。

3. 发展海洋服务业

大力发展海洋旅游业和积极发展涉海金融服务业、海洋公共服务业，加快促进产业结构转型升级，保障海洋经济健康发展。科学规划和开发滨海、海岛等旅游资源，积极推进生态旅游示范区、滨海度假区等建设；大力发展邮轮经济，推进大连、天津、青岛、上海、厦门、深圳、北海、三亚等港口邮轮运输，完善港口、码头的旅游服务功能，支持有条件的地方发展成为邮轮母港。①

（二）21 世纪海上丝绸之路的提出

古代海上丝绸之路自秦汉时期开通以来，一直是沟通中国与亚欧非之间在国家政治、经济、文化交往的海上大动脉。在经济全球化、区域一体化的背景下，海洋日益成为各国经济资源流动的重要通道。2013 年，中国国家主席习近平首次提出共同建设“21 世纪海上丝绸之路”的战略构想。中国的海洋经济在过去数十年间取得很大的进步，当前，以科技创新改造升级传统海洋产业、培育战略新兴产业正在成为海洋经济实现可持续增长的重要方式。各国发展海洋经济、加强海洋合作，将有助于各国通过稳定资源流动，进一步促进经济结构的转型发展，形成互利互补的一体化发展模式。在中国官方提出的多项海上丝绸之路沿线

① 马凤媛：《我国海洋强国战略视角下的海洋环境保护问题研究》，中国海洋大学 2014 年硕士论文。

合作倡议中，加强海洋经济合作，打造海洋经济合作伙伴，建设海洋经济网络，这些方面已取得阶段性成果。以建设海上丝绸之路为抓手，扩大海洋经济合作，推动对外开放朝着优化结构、拓展深度、提高效益方向转变，鼓励海洋产业“走出去”，增强涉海企业国际化运作与合作能力，提高海洋经济利用外资综合优势和总体效益。

二、保护海洋生态

海洋是地球上一个稳定的生态系统。海洋生态环境对于全球的130多个国家都有重要影响，海水是水资源的重要组成部分，保护海洋生态环境对全球的环境有着积极的意义。据中国海洋局发布消息称，2015年中国海洋生态环境状况基本稳定，但局部海域污染严重，海洋污染给人类的生存和发展都带来了不利的影响，所以保护海洋生态是每个公民的义务。

（一）我国海洋生态现状

21世纪是海洋的世纪，加快向海洋进军已成为共识，我国沿海各省都对海洋资源的开发利用提出了宏伟的目标，令人振奋。但遗憾的是，由于可持续发展观念的淡薄，这些宏伟的开发规划强调经济增长速度，而忽视了合理开发和保护，也没考虑到海洋资源的培育和增值。人们对海洋资源重开发、轻保护、开采过度。有的地区还将海洋当作了废水和废物的处置场所，导致近海水质不断恶化、生态环境严重受损。另外，面对海洋中所蕴含的丰富资源，各沿海地区以及受利益驱动的不同群体纷纷加入海洋开发的行列，由于我国目前海洋综合管理机制尚未建立起来，再加上一些部门的急功近利，海洋开发利用水平低、不合理，造成了海洋资源与环境的破坏和严重浪费。目前，我国近岸污染范围不断扩大，海洋生态持续恶化。海域生态破坏的损害主要表现在以下几方面：

1. 过度捕捞对渔业资源的损害

近海捕捞强度超过水产资源的再生能力，这对渔业生产是一个很严重的问题。由于长期的滥捕，主要经济鱼类资源衰退，有的已遭到严重破坏。带鱼本是繁殖力较强的鱼类，但由于大黄鱼、小黄鱼等经济鱼类产量锐减而变成主要捕捞对象，常年受到追捕，目前从数量上看，年产量虽然尚能维持在440万吨左右，但个体已明显减小。其他经济鱼类资源也普遍出现数量下降、小型化、低龄化及低质化等现象。

2. 滩涂不合理开发造成的不良影响

滩涂是海边淤积成的平地或水中的沙洲。滩涂是沿海地区的重要资源，应合理开发利用，但有些地区从局部利益出发，违反客观规律，盲目围垦开发造成不良甚至严重的后果。目前，正在进行中的第四次填海高潮，则是沿海地方政府主导的港口经济和临海工业。围填海主要是裁弯取直，天然海岸线原本是弯的，填海之后就变成直的，这不仅破坏了沿海湿地、滩涂，使生物多样性大大降低，还会使近岸洋流改变流向，降低海水自净能力。

3. 海洋生物多样性减少

我国海域内有记录的海洋生物种类多达两万多种，其中还包括许多珍稀品种，然而，随着我国海洋渔业、海洋生物制药等海洋产业的发展，在经济利益的驱使下，大肆捕捞致使许多海洋鱼类数量锐减，濒临灭绝。同时，海洋环境质量的下降使海洋生态系统已经出现异常，导致鱼类、虾类、蟹类、贝类以及藻类等大批海洋动植物因无法适应而大量死亡。于是便造成了这样一种局面：原本数量较少的珍稀海洋生物种群面临着消失的危险，而原本数量较多的物种则变成了新的珍稀生物种群。①

（二）海洋生态保护

我国的海洋环境立法从无到有，经过一段时期的发展，形成了较为全面和系统的体系框架，为我国的海洋环境保护事业提供支撑和保障，虽然仍有不足之处，但已逐渐完善，最终必将走向成熟。那么应该如何保护海洋生态呢，下面给出三条建议：

1. 加强海洋生物多样性保护

开展海洋生物多样性普查，重点对 98 个海洋生物多样性优先保护区域开展调查与评估。加强海洋濒危物种保护和外来入侵物种防范的管理，建设海洋水生生物自然保护区和海洋水产种质资源保护区。加强各类海洋保护区规划和管理，完善海洋保护区基础设施和标准体系建设。研究建立海洋生态补偿机制，选择典型海域开展海洋生态补偿试点。

① 马凤媛：《我国海洋强国战略视角下的海洋环境保护问题研究》，中国海洋大学 2014 年硕士论文。

2. 推进海洋生态系统修复

保护与修复滨海湿地、盐沼、红树林、珊瑚礁和海草床等重要海洋生态系统。加强海洋生态修复技术研究，实施海洋生态修复工程。

3. 强化海洋生态监测和生态灾害管理

提高海洋生态监测能力，完善海洋生态监控体系，加强海洋生态灾害预警和防治工作。提高卫星航空遥感、远程视频及在线自动监测能力。建设海洋绿潮、水母、外来入侵物种、敌害生物、病毒病害等监控网络，强化海洋赤潮监控。开展海洋生态灾害防治技术应用示范，加强海洋生态灾害防治体系及治理示范工程建设。

三、维护海洋权益

海洋权益一直以来是各个国家很重视的一项权益，因为海洋有很多资源，也是保护每个沿海国家安全的重要屏障。海洋权益无论对哪个国家来说都是很重要的，中国应该坚决维护我国的海洋权益。

（一）海洋权益

首先，海洋权益属于国家的主权范畴，它是国家领土向海洋延伸形成的权利。或者说是国家在海洋上获得的属于领土主权性质的权利，以及由此延伸或衍生的部分权利。国家在领海区域享有完全排他性的主权权利，这和陆地领土主权性质是完全相同的。在毗连区享有的权利，也属于排他性的权利，主要有安全、海关、财政、卫生等管辖权。这个权利是由领海主权延伸或衍生过来的权利。在专属经济区和大陆架，享有勘探开发自然资源的主权权利，这是属于专属权利，也可以理解为仅次于主权的“准主权”。另外，还拥有对海洋污染、海洋科学研究、海上人工设施建设的管理权。这可以说是上述“准主权”的再延伸，因为沿海国家是首先在专属经济区和大陆架拥有专属权利之后，才会拥有这些管辖权。其次，海洋权益是国家在海洋上所获得的利益，或者可以通俗地说是“好处”。当然，利益或“好处”是受国家法律保护的。一般来说，海洋权益的主要内涵如下：一是海洋政治权益，如海洋主权、海洋管辖权、海洋管制权等，这是海洋政治权益的核心。二是海洋经济权益，主要包括开发领海、专属经济区、大陆架的资源，发展国家的海洋经济产业等。三是海上安全利益，主要是使海洋成为国家安全的国防屏障，通过外交、军事等手段，防止发生海上军事冲突。四是海洋科学利益，主要是使海洋成为科学实验的基地，以获得对海洋自然规律的认识等。此外，还有海洋文化利益，如海上观光旅游、举办跨海域的文化活动等。

（二）如何维护海洋权益

要想维护中国的海洋权益，必须建立起一系列完善的海洋管理体制。海洋维权的结构是综合、复杂的整体，在空间和时间上也是长期连续的，因此需要完善的海洋体制来落实海洋维权的一系列事项。结合我国海洋发展的实情可以从以下几个方面入手：

第一，树立战略性的立法思想，建立专门的立法监督协调机构，以规范、维护法规的制定、实施、修改，促进我国维权工作合理、合法、有序地开展。我国应及早树立长远的国家海洋战略，转变传统落后的立法理念，积极树立“走向前”的立法思想，在中央或者全国人大设立专门的立法监督协调机构，规范维权法规体系的合理性和优化性，规范、各项维护法规的制定、实施、修改程序，避免领域交叉空白并存，内容过失冲突等情况的存在，为促进我国海洋权益的维护提供重要的立法保障。

第二，建立系统、完善的管理协调机制，结合行政法规，最大限度地发挥海洋维权的效率。我国所面临的重大海洋问题比许多国家都突出，应该设立更高层次的决策机构，例如，在中央或国务院设立“全国海洋工作领导小组”或“全国海洋工作委员会”，由所有涉海部门参加，统筹研究和协调解决重大问题，对涉及各维权职能部门明确分工，建立规范和固定的协调机制；而且鉴于各相关海洋维权领域的关联性，应当明确海洋权益维护的牵头主管或协调部门。同时以明确的部门法规制度作为协调和统一海洋维权行动的根本依据，最大限度地发挥海洋维权的实际效率。

第三，结合我国发展战略需要，针对特殊争端和领域制定专门的维权法规，不断充实和完善海洋维权法规体系。通过国内法的形式将利益固定下来，使其具备法律上的正当性，对别国的异议则通过主张国内法优先原则和行政司法分立原则来应对。在不断充实健全海洋维权法规体系的同时，也能积极确保未来海洋维权行动的合法性和先导性。

四、重视海军建设和海防建设

随着中国经济发展模式转型与国家利益拓展的持续推进，未来和平发展的主要支撑点将逐渐从内陆转向海洋，走向海洋是中国崛起的必然选择。事实上，在冷战结束以后，中国是一个海陆复合型的国家，其地缘战略重心也正在从陆地转向海洋。这是时代发展的必然要求，也是经济全球化、国际政治格局多极化以及新军事革命深入发展的需要。与此同时，中国经济快速发展使中国在国际上的地位提升，中国的海外利益也得到了拓展，因此发展海权成为现实需要。一方面，各种海上外贸航线、石油航线和海上战略通道对中国未来的发展意义越来越重大，需要予以保护。另一方面，越来越多的派驻人员、劳务人员及海外华侨、华人需要国家提供保护。因此中国实现海上强国战略，必须重视海军建设和海防建设。

（一）海军建设的意义

第一，建设海军首先是为了国家安全，作为一个海洋大国如果没有建设海军，那么这个国家的海上安全就得不到保障，例如近代中国的大门就是从海上被帝国主义轰开的。

第二，建设海军也是为了维护海权，海洋权益的背后是一个国家丰富的海洋资源，一个国家的发展离不开对海洋资源的利用，海底丰富的油、气、矿、稀有金属等资源是一国经济发展必不可少的资源，而要保护这些资源就必须拥有对自己领海的控制权，也就是海权，海权的维护需要国家有一支强大的海军，这样才能保障国家在海上的操作作业顺利进行。

第三，中国是一个进出口贸易的大国，而国际贸易运输主要靠海运，每天需要在海上运输的进出口货物不计其数，另外中国还是石油进口大国，石油对于一个国家是很重要的，无论社会建设、经济民生、军事安全都高度依赖石油，这就需要石油在进入国内前的海上运输必须有强大的后援保障，如果没有一支强大的具备远洋作战能力的海军，对中国来说在海上存在严重的战略安全威胁。

（二）海防建设的意义

中国近年来在海洋问题上与邻国之间摩擦不断，海上领土的争议也成了中国海防建设的重要原因。例如，在东海，中日两国在钓鱼岛问题上至今矛盾重重；在南海上，中国与菲律宾、越南的摩擦也是不断，但总体上这些摩擦都处在可以控制的范围内。海防作为国防的一道重要屏障，在国家安全和发展战略的全面布局中占有很重要的地位，因此海防建设的意义可谓不言而喻。

海军作为国家武装力量的一种，肩负着维护海洋权益的重任，是海防的中坚力量。我国海军力量与我国广大的管辖海域、海上战略边疆和国家的海洋权益很不相称，与我国的国防地位很不相称。所以加强海防建设也是中国国防的重要任务，这就要求我们在思想认识方面进行转变：国土观念应从浓厚的大陆意识转向兼有强烈的海洋意识；国防观念应从重陆防转向海陆并重；海军建设战略观念应从重近岸转向重近海，尽快实现由近岸向近海的转变。而随着海上战争的发展和我国海军作战能力的提高，海上防御纵深比以往增大，作战范围也将比以往延伸，从而使海战场不再从属于陆战场。因此海防的建设至关重要，在海防主体的海军力量的建设中，必须建成有全军共性又有其个性的强有力的军队。

第八章
中国发展动力的全面转型

传统的经济增长模式促进了中国经济的腾飞，使中国在经济、文化等方面取得了巨大发展。然而，传统的经济发展方式也存在着自身的缺陷，这种缺陷导致了目前中国经济发展动力不足，这就需要提高创新水平，推动中国发展动力的全面转型。在习近平总书记提出的五大新发展理念中，创新发展居于首位，说明破解中国高质量经济增长的关键是创新。由于种种原因，中国存在的创新短缺、创新阻滞、创新障碍是非常严重的，这也正是中国在国际激烈竞争中缺乏核心竞争力的关键所在。为了使中国经济走出创新短缺的沼泽地，中国史无前例地实施了以理论创新、技术创新、制度创新、文化创新为内容的创新战略，开创了自然科学创新与哲学社会科学创新并驾齐驱的创新探索。

第一节　夯实积累性理论创新基础

一、改革基础理论创新科研体制

基础理论指一门学科的基本概念、范畴、判断与推理。科学的基础理论，指科学的基本概念、范畴与原理①。基础理论的创新具有十分重要的意义。首先，基础理论的创新能够推动应用技术的发展，从而促进经济的发展。基础理论的创新虽然不能立即转化成可以应用的技术，但是它是各种新技术、新工艺的“母体”。只有在基础理论的研究中创新，才能逐渐根据基础理论的原理发明出各种新的技术。各种新的技术应用于经济实践，提高生产效率，从而推动经济的发展。例如，理论物理的发展创新，推动了应用物理学的发展，从而促进了各种新技术的出现。其次，基础理论创新有利于提高国家综合国力。当今各个国家综合国力的竞争不再局限于经济水平、军事武器数量或人数，技术水平已成为综合国力的重要因素。如果没有基础理论的创新，技术便不可能实现重大突破，从而不能大幅提高技术水平，一些关键性的技术也要依赖于外国，这样我国的综合国力和国际地位就会受到影响。最后，基础理论创新有利于国民智力水平的提高。应用型的技术可以通过长期重复性训练来提高熟练度，但这种反复性的练习不能提高人的智力水平，而国民智力水平低下反过来又不利于基础创新的发展，导致国家技术水平低。加强基础理论创新能够激发人的思维，提高人的智力水平，促进本国技术的开发和研究。

（一）基础理论创新科研体制中存在的问题

然而，我国当前基础理论创新科研体制并不完善，具体表现在以下几个方面：

1. 基础理论科研环境差

由于基础理论研究与企业和市场结合不密切，现行的基础理论创新激励体制使基础理论研究成果不注意向应用性转化，有较强的功利性。基础理论研究者大都为大学或研究机构的学术人员或行政人员，然而不管是学术人员或行政人员评职称都与其所发表的论文、论文发表级别有很大的关系，论文的发表需要科研项目进行支撑。在这种情况下，基础理论科研人员出于自身利益的考虑就会争取更多的科研项目，发表论文再进行评奖，根本无暇顾及研究成果向应用型技术的转化。甚至许多项目立项之后，其研究内容也无创新之处。在这种情况下，学术造假、腐败之风盛行，科研人员很难静下心来搞科研②。

---

① 陈世清：《对称经济学》，中国时代经济出版社 2013 年版。

② 张丹、刘娟娟：《加强科研管理提高重大科研项目申报质量》，《农业科技管理》，2007 年第 3 期。

2. 基础理论科研项目管理混乱

现行的科研管理体制，很难适应科技创新需要，主要是科研项目多部门管理、多渠道下达，资金空投、投入不足和投入过量现象并存，造成科研项目重复设置、低水平重复，科研资源浪费严重①。这样就造成一个项目可以通过多个渠道获得，研究成果呈报多个主管部门。虽然基础理论科研项目可以通过不同的渠道获得，但不同的渠道对项目申报者的资历、职称等要求大同小异，这就导致了少数资历较高的申报人员能获得多个项目。同时这些资历较高的项目申报人员大都身兼数职，没有太多精力专心进行项目的研究。为了完成项目，这些高资历的项目申请人员就会通过分配项目经费等方式让其他科研人员帮助其进行研究，研究成果又进一步加深这些申请人员的资历，从而造成赢者通吃的局面。

3. 基础理论科研项目少，投入少

基础性理论研究是学科发展的基础，通常不能立即转化为现实中实用的技术。而在当前，我国以经济建设为主要任务，技术水平的提高能直接促进经济的快速发展。因此，国家项目主管部门更青睐于能把科研成果直接转化为企业技术的应用型科研项目。在项目的设立数量和项目经费上，项目主管部门都倾向于设立更多的应用型科研项目和向应用型科研项目分配更多的项目经费。这一方面造成了许多需要研究的基础性理论问题因没有立项而无资金进行研究，另一方面造成许多科研人员倾向于应用型技术研究，而放弃对基础理论的研究。

4. 项目经费管理制度不合理

一方面，在项目经费的审计上要求项目经费的使用不能超支，否则不予报销。同时项目经费也不能有剩余，项目经费的剩余意味着项目没有按预算进行，还有尚未完成的部分，不予结项。对于没用完的项目经费要收回，在下一年度的项目经费审批上就会进行缩减。另一方面，在项目经费的预算上也很难做到与实际情况完全相符。如在项目研究过程中的各种接待、协调等费用，按规定不准在预算中列支。这样就导致了项目负责人花费大量的精力用于平衡项目开支，在保证经费不超支的情况下与预算的金额相符合，同时又能使各种如接待等没有在预算中列支的费用隐含在经费的报销中而在审计中不出现问题。

---

① 孙春峰、徐秋良、张丽玲等：《地市级农科院体制改革的思考》，《河北农业科学学报》，2008 年第 8 期。

（二）基础理论创新科研体制改革

为了解决基础理论创新科研体制出现的问题，促进基础理论的创新，就要对基础理论创新科研体制进行改革。

1. 简化项目程序

在基础理论研究项目方面，要减少行政权力对项目的干预。政府设立专门的项目审批部门，对项目进行专门的审批。同时改变项目的审批、审核和验收一体化的模式，设立独立于项目审批的项目审核和验收部门，审批部门和验收部门相互独立，互不干扰，避免隶属关系。精简项目审批程序，减少科研人员为争取项目而浪费大量时间，使科研人员能够全身心投入到项目的实际研究中。统筹管理科研资源，将不同部门、不同类别的科研项目整合，由同一个渠道下达。国家层面要重点抓好全国性重大专项、国家公益性项目和重大科技工程，将主要的科研计划及经费管理分解到地方政府，由地方政府统筹分配①。

2. 合理区分项目经费

在对基础理论研究项目的投入上要保证经费按规定发放，稳定投入。在经费的分配方面，要注重保障性经费和争取性经费的合理分配，改变以往项目经费全部靠争取的模式。保障性经费主要用于一些基础性和公益性的项目，能够保证一般的基础理论研究人员将主要精力用于项目的科研上。争取性经费主要用于国家重大科研项目或急需攻关的项目上，由相应行业的专家进行主持，要保证项目主要人员能专心于项目研究，限定项目主持人或核心研究成员的挂职数量及项目参加数量，同时要保证项目经费使用的民主性，由项目成员集体讨论项目经费的使用方向和数量，建立合理的经费使用制度，促进经费的合理使用。在经费预算执行审计上，要纠正目前两种倾向：一是将经费使用的绩效审计代替科研自身业务的考评，转移了科研工作重心；二是经费预决算审计偏重于合法性和程序性审查，忽视了经费使用真实性审计，而这正是导致腐败的重要源头②。

3. 建立合理的用人机制

改革僵硬的用人机制，实现不同研究领域之间的优势互补，打破不同的研究机构之间、不同的项目之间固定的研究模式。要组建基础理论研究创新团队，进

---

① 石淑萍、徐亚馨、李喜升等：《当前农业科研项目实施管理的问题与对策》，《农业科技管理》，2011 年第 5 期。

② 管叔琪：《深化科研体制改革营造良好的科技创新环境》，《农业科技管理》，2012 年第 6 期。

行基础理论研究要打破机构和项目之间的限制，以科研人员的研究专长和研究资源为主要参考条件，实现高校、研究机构及各项目组之间的相互交流。此外，要构建良好的用人机制，探索高端人才柔性流动模式，重在发掘新人、起用新人，为各类人才特别是青年人才脱颖而出创造条件①。

4. 营造良好的科研氛围

要注重基础理论、基础研究科研人员的价值观塑造，坚持积极向上的科研文化，发扬老一辈研究人员无私奉献的研究精神。要营造一个宽容失败、摒弃浮躁、心无旁骛、潜心研究的创新文化氛围，构建科学民主、学术自由、严谨求实、开放包容的学术环境，让科研人员能够真正静下心来脚踏实地、全身心地投入科研②。要加强科研诚信建设，对项目承担单位、评审专家、科技中介机构等建立科技诚信档案，对任何学术造假、学术腐败采取零容忍态度③。

二、培养高精尖理论创新人才

我国要实现发展动力的全面转型，就必须要提高科技创新水平，而科技创新水平的提高离不开理论的发展，理论的发展又离不开人的努力。所以实现发展动力的全面转型归根到底是要培养出高精尖的理论创新人才。只有理论创新人才的数量和质量都提高了，科技的持续创新才能成为可能，才能为经济发展速度和结构优化提供源源不断的动力。

（一）我国在培养高精尖理论创新人才方面存在的不足

1. 教育错位

教育是任何国家培养高精尖理论创新人才的主要途径，通过长时间对人的教育，能够促进知识水平的积累，从而培养出高水平的理论型人才。然而我国目前的教育理念、教育方法、教育目的等许多方面的错位导致难以培养出高精尖的理论创新人才。首先，人才的选拔标准有失偏颇。虽然我国也提倡素质教育，但在

① 柳世君、郭祯、童俊丽等：《基层农业科研单位科技创新能力建设研究》，《农业科技管理》，2011年第1期。

② 于红霞、杨义荣、赵永平等：《促进农业科研单位科技创新的对策研究》，《安徽农学通报（上半月刊）》，2009第9期。

③ 田宜农、陈德叔：《重在提升：加快农业大省向农业强省转变》，《河南日报》，2010－10－10（3）。

升学过程中，考试分数依然是主要考核标准。尽管这种方式在目前看来是能够维持教育公平的最佳方式，但它使教育的目的发生了改变，教育不再以培养学生的素质水平、思维方式和创新能力为根本目的，为了使学生考高分，老师对学生的教育只重视知识的传授，忽略了对学生发现问题的意识和解决问题的能力地培养，而这些恰恰是理论创新人才所必须具备的。其次，教育内容陈旧。现在中国教育的内容多为已经形成的知识，而理论创新型人才不仅要求对过去知识的学习，也应该注意对新知识的探索以及学习的内容与时代的发展相结合。最后，教学方法不当。总体而言，教学方法侧重强行“灌输”，教师的课堂讲授多、学生的主动参与少；教学内容消化方法是“死记硬背”“以本为本”，进而造就了相当一部分不能面向市场、面向产业结构调整、面向经济全球化的高分低能的记忆型人才。[①]

2. 管理方式不当

一般而言，教育行政管理在体制上可以分为两类：一是集中统一的管理体制，二是分权的管理体制。新中国成立之初，中国借鉴苏联的教育管理体制，采用集中统一的管理体制，这种管理体制虽然在一定时期快速恢复了中国的教育体系，也在很大程度上提高了中国人口的受教育水平。但这种管理体制有很大弊端，它忽略了人的个性，不能采取个性化教育，不利于理论创新型人才的培养。20 世纪 80 年代以后，教育管理部门注意到这个问题，出台各种文件，采取许多措施，在一定程度上弱化了集中统一的管理模式。例如，在学校里采取校长负责制，校长根据学校的具体情况进行不同的教育方法；全国不再统一规定教材，各地区、学校可以选用不同的教材；将部分高校的管理权力下放到地方，由地方教育主管部门进行管理。尽管在一定程度上放松了对学校教育的统一管理，但距离培养出高精尖理论创新型人才的要求还远远不够，例如大学在招生和专业设置的权限上，依然由国家教育管理部门统一进行管理审批。此外，在理论创新型人才的选用上，依然采取严格的行政化方式，各单位没有自主用人权力，需要各级党委的批准或指派，造成人才流动性不足。

3. 泛行政化

由于历史和政治原因，我国自古以来都有较强的“官本位”思想。“官本位”问题在创新型人才发展方面也有明显的体现：简单地从行政级别高低、官职

---

① 罗桂元：《试论经济发展与人才需求》，《中国人口科学》，2003 年第 1 期。

大小的角度来衡量他们的社会地位、价值和作用；在创新型人才的选拔任用方面，论资排辈现象突出，有时候过分强调单位本身的性质属性而忽略了人才的质量。[①] 具体说，一方面，就个体而言，“作为一种文化传统，我国的知识分子很少有忘情于政治的。为知识而知识，为学术而学术，在我国历史上几乎没有此种概念。尤其是近代以来，国家政权更迭频仍，知识分子每每跌入政治漩涡而不能自拔”。[②] 这句话从侧面反映出在中国现实社会中，科研人员受“官本位”影响，行政职位的高低成为衡量成就的标准，使得科研人员难以专心于学术研究，从而在一定程度上影响了我国高精尖理论的创新。另一方面，各单位以行政职位留住高水平创新人才。在现实情况中，为了留住高精尖的理论创新人才，各企事业单位都许以较高的行政职务。同时由于较高的行政职务有利于为科研争取更多的资源，科研创新人才也乐于接受高级别行政职务。这样，给予高水平科研人员重要行政职务必然导致科研人员花费大量精力处理行政事务，而无暇顾及科学研究，从而不利于高精尖理论创新型人才科研水平的提高。

（二）培养高精尖创新人才应采取的措施

为了提高我国科技水平，促进经济发展，推动我国竞争力水平的提高，我国应该采取各种措施培养高精尖理论创新人才。

1. 优先发展创新人才战略

从历史的发展情况来看，欧美等国家的崛起过程都伴随着创新人才的大量出现，高精尖理论创新人才是推动国家发展的强大动力。这些国家创新人才大量出现的原因在于国家实施创新人才优先发展的策略。就美国而言，由于长期实施能适应全球新趋势的国家人才战略及人才建设长远规划，其培养的诺贝尔奖得主在“二战”结束前后只是德国的 1/3，然而经过半个世纪的发展，不仅全世界 1/3 的诺贝尔奖得主由“美国制造”，而且自然科学领域 2/3 以上的诺贝尔奖得主被美国聘用。[③]

中国改革开放以来经济迅速发展，取得了举世瞩目的成就。但中国经济依然存在许多问题，如科技水平低，以制造加工为主，成为世界工厂。现在随着中国经济增速的下降，优先发展创新人才，提高国家科技水平成为当前的主要任务。

---

① 许树云：《试论“党管人才”》，《华中农业大学学报》（社会科学版），2006 年第 4 期。

② 刘梦溪：《传统的误读》，河北教育出版社 1996 年版，第 15 – 16 页。

③ 刘阳：《从人到强，国家发展人才优先》，《科技智囊》，2010 年第 9 期。

高精尖理论创新人才优先发展就是优先调整创新人才结构，优先对创新人才投资，优先进行创新型人才制度创新。

（1）优先调整理论创新人才结构。高精尖理论人才是基础理论深化发展的动力源泉，高精尖理论的发展才能推动应用科技的发展，才能促进经济的深化改革。高精尖理论创新人才结构调整就是对人才进行存量和流量的调整。存量调整就是对现有的科研创新人才增加资源的供给，促使高水平人才进行高精尖理论创新。流量调整就是合理调整创新型人才结构，促进创新型人才在不同领域、行业内进行流动。

（2）优先对创新型人才投资。优先保障资源对创新型人才的供给，不仅是国家层面的资源优先供给，也包括各个行业、企业的资源优先投入，树立一种优先投资的观念。

（3）优先创新人才制度创新。早在改革开放初期，邓小平大力培养、发现和破格使用高精尖创新人才，坚决同一切压制和摧残人才的现象作斗争。[①] 要加强高精尖理论创新人才的法治建设，以制度为创新人才提供坚实的保障。

2. 深化教育改革

教育的错位阻碍了高精尖理论创新人才的发展，深化教育改革就是要进行个性化教育、注重科学精神与文学精神共同发展、弱化高校行政色彩。

（1）注重教育的个性化。一方面，学校教育要使学生掌握学习的主动权，根据学生自身不同的特点进行差异化的授课内容，使学生在学习过程中充分发挥主观能动性。另一方面，教师要对学生进行指导，激发学生的学习兴趣，培养学生发现问题的意识和解决问题的能力。

（2）注重科学精神与文学精神共同发展。高精尖理论的创新不仅需要科学方面的知识，同时也需要人文素养。已逝著名科学家钱学森在谈及自己在美国的求学经历时指出，当时学校鼓励理工科的学生提高艺术素养，因为科学上的创新仅仅靠严密的逻辑思维不行。创新的思想往往开始于形象思维，并在从大跨度的联想中得到启迪后再用严密的逻辑加以论证[②]。

（3）弱化高校行政色彩。高精尖理论人才的培养主要在高校，弱化高校行政色彩，尝试一定范围内的教授治校，增强高校的学术氛围。

---

① 《邓小平文选》（第3卷），人民出版社1993年出版，第108页。

② 方克立：《钱学森之问与创新型人才培养》，《天津师范大学学报》（社会科学版），2010第4期。

3. 拓宽培养高精尖理论创新人才的渠道

高精尖理论创新人才培养渠道的拓宽，一方面要靠建立教育的多元化体系，政府既要增加对公立学校的投入，优化人才培养环境，也要鼓励私立学校的发展，私立学校是我国教育的重要组成部分，有助于国民素质的培养。公立学校和私立学校的共同发展能够为高精尖人才的培养提供多样化的渠道。另一方面要注重产学研相结合。在注重理论知识培养的同时也要加强实践调研过程，只有在实践中才能检验理论成果的正确与否。

三、建立理论创新科学考评机制

理论创新考评机制，是对理论创新成果的考评。良好的考评机制对理论创新有巨大的促进作用，有利于客观地评价理论研究人员的科研成果，激励科研人员专心学术研究，有利于科研资源的合理分配，促进基础理论研究的发展。

（一）理论创新考评机制的不足

然而，由于我国在理论创新考评方面经验不足，目前的理论创新考评机制有许多不足的地方。具体表现在以下几个方面：

1. 注重理论研究成果的数量，忽略了质量

我国在科研成果的考评方面主要注重科研成果论文发表的期刊级别，发表的论文数量和科研项目的经费额度，并以此作为给予科研项目成员何种奖励的标准。这种只注重数量的标准用在理论研究的评价考评上，忽略了理论研究的最基本的创新目的，也造成了理论研究的学术氛围浮躁之风日盛，不利于重大理论创新成果的产生。

2. 注重理论研究的形式，忽略了本质

在项目研究成果以发表论文数量、期刊级别为评价标准的影响下，将科研项目的级别，即“立项”本身作为成果。同时也导致一些理论研究人员急功近利，将研究方向转向容易出 SCI 论文的领域，在这些领域形成了跟风研究，出现了引证中普遍存在的向权威倾斜的“马太效应”以及数目众多的伪引、漏引、转引、错引、崇引、自引、负引、友情互引等怪象[①]；考评机构只承认核心期刊等。

---

① 黄涛：《科研评价方式应以什么为导向》，《科技日报》，2011 年 4 月 24 日。

3. 注重理论研究短期成果，忽略了长期研究

科研的考评机制要求在短期内上交科研成果，还有中期检查、督查科研创新状况。这使得一些科研人员只研究一些容易出成果、能够在短时间内上交科研成果的课题，而重大科研创新一般很难在短时间内实现，特别是理论研究需要长时间的持续不断的研究才有可能解决难题、实现创新。况且，实践是检验真理的唯一标准，没有长期的实践检验不能断定创新成果正确或实用与否。目前的科研机制要求在短期内研究出科研成果与科学研究的客观规律不相符。

（二）建立科学的理论创新考评机制

为了合理地考评理论创新，激发广大科研人员研究重大科研难题的积极性，需要采取措施，建立理论创新科学考评机制。

1. 制定合理的考评标准

“科学研究评价的标准就是对科学研究评价所遵循的价值取向的描述，是在评价活动中进行价值判断的依据。”① 对科研的考评要符合评价对象的客观性质，按科学研究项目性质进行分类，分为基础理论研究项目和应用型研究项目，不同性质的项目类别根据其实际情况所对应的立项、项目跟踪和结项应有不同的标准。而我国的科研考评标准相对单一，不同性质的科研项目都采用统一的考评标准，这就不能不造成对科研人员，特别是理论研究人员错误的引导作用。比如对基础研究成果可以把发表科研论文、出版专著的质量和数量等作为重要的评价指标，但对应用研究成果一般应该主要注意其社会应用价值或经济价值，而不能套用基础研究成果的评价标准；反之亦然。②

科研的考评标准除了对不同的客体要有差异化外，还需要有公正、客观、透明和易执行等特点。例如在对基础理论研究的考评方面应该重点考核科研成果被引用情况，对应用型研究的考评就要着重其实际带来的经济效益。可以看出，这两种考评标准都需要较长的年限，这就在一定程度上避免科研人员在科研上的短视行为，同时也符合科学研究的客观规律，减少科学研究的浮躁，推动理论研究的创新。

除此之外，标准的制定要注意多元化，我国目前科研考评只重数量忽视质量的现象要靠考评的多元化予以解决。如美国大学教授年度考评的内容包括这样 7

① 连燕华、马晓光：《试论科学研究评价的标准》，《研究与发展管理》，2002 年第 1 期。

② 叶良均：《完善我国科研评价机制的对策研究》，《科技管理研究》，2006 年第 6 期。

个方面：①教学，由学生无记名打分；②科研，包括基金申请具体情况、论文写作情况、参与专业学术会议及所作报告等情况；③服务性工作，包括对本系、学院、学校的服务工作，对专业学会的贡献，对专业期刊的贡献，参与国内外重大基金的评审；④获奖情况，说明该奖的重要性及被承认程度；⑤下年度的奋斗目标和重大举措；⑥其他方面的贡献，如专利申请等；⑦目前所从事研究的题目和简单索引，以及人员分配情况[①]。

2. 建立多样化的科研评价主体

科研评价主体对客体的最终评价结果有重要的影响。不同的科研评价主体对待同一客体的评价有可能出现不同的评价结果，因此要注意评价主体选择的多样化。我国目前的科研评价主体主要是科研机构研究人员及高校的专家学者，通过对科研成果的创新程度、贡献率大小、价值大小来进行考评。而来自这种共同体的考评具有一定的片面性，要注意引进来自社会方面的评价主体进行社会考评。社会考评就是对科研成果的经济效益、生态环境效益等进行考评。科研评价客体往往同时兼有学术价值、社会价值两个方面的属性，著名的巴斯德现象就提醒人们要注意对基础研究的政策支持、项目投资和社会评价问题，因此只有把握好这两个角度才可能全面体现客体的价值含量。[②]

建立来自社会的第三方考评机构进行社会考评，这种评价机构独立于官方的考评主体，其考评从社会的角度，以科研成果的社会贡献度为考评标准，改变以往的集科研立项、结项、考评于一体的做法，使立项权与考评权相分离，建立独立、完善的考评体制，保证科研考评的独立性与客观性。

3. 采用多样化的考评方法

20 世纪 90 年代以来，我国考评的方法主要是通过定量考评，通过对科研成果的数量、发表论文的等级和科研项目的级别分别予以加权计分，根据分值的不同给与相应的奖励。这种考评方法被西方学者称为“麦当劳化”的考评方法，它在一定时期内促进了理工科科研的快速发展，但是由于基础理论研究许多方面不能量化，其中一些定量的标准不利于基础理论研究成果的考评，不能客观地考评基础理论研究的成果。同时也导致了许多科研人员为达到标准拼凑论文，其成果缺少学术价值，而真正有价值的科研成果应不符合标准而被忽视。

---

① 王中林：《美国大学教授年度工作成绩的评审》，《科技日报》，2001 年 12 月 6 日第 2 版。

② ［美］DE 司托克斯：《基础科学与技术创新——巴斯德象限》，周春艳、谷春立译，科学出版社 1999 年版。

可以借鉴英国的 RAE 评价体系。RAE 体系既有统一的绝对评价标准，又因学科专业不同，各评价小组会通过具体解读和应用，而存在一定的差异。RAE 管理团队一方面要求各评价小组制定和公布评价标准细则和工作方式，以增加透明度，另一方面逐步规范评价等级和指标的具体构成。在评价等级和指标的制定过程中运用定性与定量相结合的评价方法，保障了评价标准应用的规范性和科学性。以 2008 年为例，评价等级的构成包括三大板块：研究成果、研究环境和声誉指标。在对提交的评估项目进行评审时，科研评估小组要求每位研究人员提交 4 篇代表作进行同行专家评议，除研究成果完全依靠专家的同行评价衡量之外，研究环境和声誉指标都或多或少地运用到量化指标。量化信息的运用旨在为主观的同行评议提供客观的评价。①

4. 制定适当的考评时间

我国的科研考评时间间隔较短，科研人员需要花费大量精力应付各种考评，不能专心于研究工作。科研考评要符合科学研究的客观规律，不能急功近利。此外，考评工作需要花费考评人员、科研管理人员和科研人员的时间，还需要一定的经费。如果考评时间安排的不恰当，会造成浪费大量的人力、物力，也达不到理想的结果。因此，在对理论创新的考评机制的完善过程中，要注意考评的频率和具体时间点根据具体的科研情况具体安排，从而促进理论研究人员专心于理论研究，推动我国的理论研究创新。

第二节　激发跳跃式技术创新动能

一、供给侧企业技术创新主体的激励机制

目前中国经济疲软，增长速度下降，其中一个重要原因是中国经济结构不合理。为了调整中国经济结构，促进经济发展，中央提出供给侧改革。进行供给侧改革的重要一环就是企业技术创新，科技是第一生产力，科技创新能够为经济的发展

① 徐江：《英国科研评价体系及其借鉴问题》，《中国社会科学报》，2014 年第 7 期。

提供新的动力。那么如何激励企业进行技术创新，成为一个亟待解决的问题。

（一）市场激励

首先，市场能够公平分配所得。技术创新主体通过技术创新，使得投放市场的产品获得市场的认可，从而得到相对其他生产相同产品企业较高的利润。然而，市场激励也是有条件的，要求有较为完善的产权保护机制，只有这样才能保证创新企业在一定的期限内保持创新的独特性，防止其他企业的模仿。总之，通过市场的自由选择，让创新企业的产品得到认可，从而获得高额的创新所得是激励创新企业最有效的方式。

其次，市场促进创新水平的提高。一般来说，创新是企业内部自发的，出于企业自身利益的考虑，创新能够为企业带来高利润。然而就单个企业创新来说，创新的技术及产品具有很大的不确定性，因为不考虑其他企业创新的竞争因素，只需少量的创新就能取得较大利润。但在市场环境中，其他企业也进行创新活动时，市场就不再选择只进行少量创新的产品，而是选择创新更加完善，使用更加便利的产品。因此，市场能够促使企业之间的创新竞争，只有竞争更加完善的企业才能获得更高收益，从而最大限度消除创新的不确定性，推动企业创新水平的提高。

最后，市场能够推动企业创新需求。从市场经济中企业的发展情况来看，只有进行技术创新，企业才能长久发展下去。没有创新的企业最终会被其他同行业积极进行创新的企业所超越。比如，诺基亚公司曾是世界市场占有份额最大的手机厂商，然而由于企业创新不足，被苹果、三星等公司超越，最终在 2015 年被阿尔卡特公司收购。又如世界五百强企业韩国三星集团，迄今为止已存在将近 80 年，其产业涉足各个行业，特别是手机产品，与苹果公司共同占据世界手机市场绝大部分份额。三星集团辉煌发展的重要原因之一就是重视创新，目前是世界上拥有专利数目最多的企业。由此可见，创新是企业的生命线。

综上可知，市场对企业技术创新有巨大作用，因此完善供给侧企业的技术创新主体的激励机制就是要完善市场激励机制。要加强我国市场经济的法制建设，规范市场经济秩序，加强市场公平竞争。

（二）政府激励

1. 政府激励作用

首先，创新具有非独占性。创新是矛盾的结合体，从社会的角度讲，创新的主体越多越好。创新主体越多，创新的竞争越强，同时创新产品的数量也就越多，价格也更实惠，社会大众就能享受到更多性价比更高的产品。从创新企业的角度讲，创新的主体越少越好。创新主体越少，市场竞争力也就越小，企业能够获得相对较大收益。因此，从社会和企业不同的主体讲，创新会导致双方利益的矛盾。政府应该发挥其经济职能，平衡双方的利益关系，对创新企业进行补贴。既能促进企业创新，又能保证企业利润，还能兼顾社会大众的利益。

其次，企业创新需要一定的基础条件。企业创新需要教育、网络、交通设施等一系列的基础条件，而这些需要的条件都属于公共物品，私人企业不会为公共物品买单，所以需要发挥政府的作用。政府从全社会着眼，完善基础设施的建设，创造好企业创新的基础条件。

另外，在某些投资和风险均较大的产业，企业不愿意进行投资。这时候就要发挥政府的作用，政府通过国企投资或其他方式进行投资，推动这些产业的创新发展。

2. 政府采取措施

首先，政府要转变职能。政府要把工作重心从注重企业发展速度转到注重企业发展质量上来。政府要着重体现服务型政府的作用，在税收和财政补贴等各方面给予技术创新型企业以优惠，把直接组织人力物力进行创新转变为采取措施刺激企业进行创新。只有做好服务型政府才能促进企业创新，提高创新质量，促进企业发展转型，提高经济发展质量。

其次，营造有利于企业创新的环境。一方面，政府利用财政手段，使用税率优惠和财政补贴等措施。要调整国家科研机构和企业创新研究之间的财政投入比例，适当加大企业创新的财政补贴。同时各级政府要建立技术创新投入的增长机制，促进高精尖技术创新。在增加财政投入时，也要注意创新的多样化，注意对创新的财政投入在各产业间的平衡。另一方面，要完善创新型企业的融资机制。资金的限制制约了许多企业的创新活动，政府要采取措施促进并规范投资机构的发展，也要在贷款方面给予企业创新项目以优惠，保证企业有足够的资金进行创新。此外，由于一些企业要想融资机构进行融资，要注意建立合理的利益分配机制，调动各个创新主体参与的积极性。

再次，完善创新体系。创新体系是包括技术创新为中心的上游和下游的整体，不仅仅包括企业的技术创新，还包括理论知识的创新和技术的应用，其中的主体不仅包括企业、高校和研究机构等知识技术研发部门，也包括政府及其中介

机构等技术服务部门，完善创新体系就是要在采取各种措施激励企业技术创新的同时，也要促进制定各种机制，促进科研机构进行知识理论创新，加强中介部门对创新的服务作用。

整个体系的运作应为，高校等负责创新人才的培养和基础理论的发展，企业雇佣创新人才利用基础理论进行各种技术创新，政府保证高校的正常运作和进行创新服务的基础设施建设，并推进国际间的技术交流与合作。

最后，政府采购机制。经济发展过程是逐步推进的过程，一些新技术和创新产品在市场中被接受也不是一蹴而就的。许多创新的新产品虽然有广阔的发展前景，但由于产品销售范围小等原因在短期内并不被市场所广泛接受，这就需要政府采购为其提供需求市场。如早年韩国的计算机行业作为新技术行业刚出现时，只能依靠政府的采购而继续生存，后来才在民众中广泛使用，行业的发展才迎来繁荣时期。

3. 企业内部激励

企业内部建立良好的激励机制能够对激励企业管理人员起到最直接的作用，对激发企业关键主体的积极性有着明显效果。同时，建立良好的企业内部激励机制也有利于企业组织结构的建设。

首先，对企业家的激励机制。一般情况下，在一个创新型企业中，主要的投资者是风险投资者，企业家是企业的建立者和管理者以及技术的拥有者。投资者与企业管理者是两个不同的主体，这就要求建立适当的利益分配机制，合理的利益分配机制能够激发企业家管理以及创新的积极性。激励机制中最主要的就是对企业家的报酬机制，投资者应该建立合理的企业家报酬机制，把报酬分为固定报酬、绩效报酬和风险收入，其中风险收入最主要的就是给予企业家以股权，以股权来激励企业家的积极性。

其次，对技术人员的激励机制。虽然在一个企业中，企业家是技术的拥有者，但一般都会有一个核心技术的研发团队，这个团队是企业不断进行创新的源泉，建立合理的技术人员激励机制，才能推动企业的不断创新。一是要建立科学的考核机制。建立一系列的科学考核机制，给予企业技术人员公平、公正的考核，客观地反映每个技术人员在技术创新中的作用，能够激发技术人员的进行技术研究的积极性。二是要建立合理的技术人员激励机制。对技术人员的激励机制分为精神激励和物质激励，由于创新工作需要相对放松的工作环境才能够使技术人员迸发出创新的思维。精神激励包括给予技术人员相对自由的工作环境，重视其工作的成果，而忽略其工作过程和增强技术人员的责任意识，为技术人员提供参与企业各种活动的机会，培养其主人翁意识。在物质激励方面，根据技术人员的考核结果给予相应的报酬，报酬也可以分为固定报酬、绩效报酬和风险收入，激励技术人员进行创新。

综上所述，要完善供给侧企业技术创新主体的激励机制就是要充分发挥市场、政府和企业本身的激励作用，完善三种激励机制。

二、技术创新成果的知识产权保护机制

随着市场经济的发展，企业之间的竞争也越来越激烈，技术创新成果越来越成为企业长久发展的制胜法宝。当今如何保护企业的技术创新成果，怎样保持企业技术创新的积极性，成为企业稳定、健康成长的关键。而技术创新成果的知识产权保护机制对技术创新保护有着重要的作用。

在发达国家，企业对技术创新的知识产权有着成熟的保护机制。而我国企业发展时间短，没有形成良好的企业管理文化。许多企业对知识产权不够重视，或者即使重视也不能够建立完善的保护机制。因此，企业如何保护好知识产权，成为当前企业可持续发展迫切需要解决的问题。

（一）知识产权保护现状

1. 缺乏知识产权的保护意识

我国相当部分企业只重视有形资产的保护，而忽略了无形资产即知识产权的保护。其主要原因在于企业投资者的管理者以及技术创新人员对知识产权保护的意识薄弱，没有认识到其重要性，没能有效地利用法律等手段保护企业的技术创新。以企业商标为例，据不完全统计，目前 15% 的内地企业商标已被境外恶意抢注，这已严重影响中国企业的国际化发展进程。国家工商管理总局商标局数据显示，20 世纪 80 年代以来，中国出口商品商标被抢注的有 2000 多起，造成每年约 10 亿元的无形资产流失。由此可见，对知识产权的忽视，已经使我国企业蒙受了巨大损失。

2. 缺乏知识产权保护制度

鉴于知识产权是一种无形的财产权，企业知识产权保护的重要内容即从制度上规范企业知识产权保护。一个企业的知识产权管理制度主要由知识产权政策、

知识产权管理手册和知识产权制度规范组成。从具体内容上来说，企业知识产权保护制度包括商标保护制度、专利保护制度、著作权保护制度、职务发明的奖励制度、知识产权培训制度等。然而，我国很多企业缺少知识产权的管理制度。据调查发现，除了部分上市公司、高科技股份有限公司等外，很多企业没有建立知识产权方面的激励制度，不能充分发挥科技人员从事创新的积极性，使企业缺乏竞争的后劲。

（二）知识产权保护方法

为了建立完善的技术创新成果的知识产权保护机制，促进企业的创新，需要做到以下几点：

1. 健全商标保护机制

（1）借鉴其他国家先进商标保护机制。借鉴其他国家的经验和制度，加强商标的申请、审核、转让等机制的建设。主要是完善商标的保护体系，健全商标保护的法律法规，严惩商标侵权的行为，保护商标所有人的权益；加强商标管理部门商标注册服务水平。简化商标申请办理流程，加快商标审查速度，缩短商标申请期限，提高效率。

（2）调整商标保护范围。随着企业的发展，仅仅按照我国的商标法规定的范围对商标进行保护远远不能满足要求，需要把商标保护的范围扩大到服务商标或证明商标等。随着经济的发展，除了商品商标以外，销售及推销商标也有其独特的内涵，成为需要保护的商标的一部分。从发达国家的商标发展历程来看，都是从最初的商品保护逐渐扩大到对销售等商标的保护。

（3）要重点保护名牌商标。我国在商标法第二次修正案中，增加了保护驰名商标权利人利益的有关规定。此后，工商行政管理部门有计划、有重点地开展保护驰名商标的专项整治行动，集中打击严重侵权、群体性侵权及大规模假冒等影响大的驰名商标侵权行为，对保护驰名商标取得了明显成效①。在以后的名牌商标保护中，要建立常态的管理机制，加大对侵权假冒的打击力度。

此外，还要促进企业在国外注册商标意识。一方面，我国要加大宣传力度，使企业认识到在国外注册商标的重要性，推动企业将商标运出国门的积极性。另一方面，建立完善的国外商标维权机制。不仅要促进企业把商标“送出去”，还

---

① 罗二：《浅谈我国对驰名商标的法律保护》，《法制与社会》，2009 年第 8 期。

要保证商标在国外的安全使用。当我国企业商标在国外发生纠纷时，要积极发挥驻海外相关部门和相关企业协会的作用，给予我国企业以支持。

2. 健全专利保护机制

（1）完善相关法律法规。首先，完善专利法实施程序。完善专利申请和审批程序、专利权评价报告的具体程序、专利无效宣告程序、收费程序、对专利实施强制许可的程序、执法程序、专利国际申请进入国家阶段的程序等①。同时，充实专利申请文件的形式要求，细化专利实施强制许可的条件规定，健全发明人或设计人的奖酬制度，增加有关鼓励专利权运用的规定，推进专利行政执法制度建设②。

（2）提高专利管理水平。要提高我国的专利审查水平，推动专利管理的专业化和规范化。改变专利审查流程，使其与网上系统操作相符合。要针对专利申请过程中出现的问题制作相应的操作指导规范，探索出提升专利管理水平的长期方式。同时要加强专利审查与科研机构的联系，不同的专利审查与相关的科研机构相挂钩，确保专利审查的科学性与严谨性。此外，建立完善的专利信息化管理系统，完善全国、区域和地方的专利信息化服务系统，提高专利的线上审批能力。

三、大型公共技术创新投资机制的建立

大型公共技术创新对我国运用于经济中的技术创新有巨大的促进作用，然而公共技术属于公共物品，私人企业不会为创新进行投资，这就需要政府的作用，同时投资大型公共技术创新也是政府发挥其职能的表现。然而我国的大型公共技术创新投资机制中有许多不完善的地方阻碍了大型公共技术的创新。

（一）我国大型公共技术创新投资的不足之处：

1. 投资决策缺乏民主

我国有些大型公共技术创新投资的决策不是根据社会客观需求和实际情况决定的，而是某些行政部门的负责人的“拍脑袋工程”和“面子工程”。这些投资没有经过相关科研人员的详细论证，缺乏科学性和客观性。行政部门的负责人在

①② 张明龙、张琼妮：《完善知识产权保护制度的对策研究》，《经济纵横》，2009 年第 12 期。

进行投资决策时也往往考虑的是自己的政绩和上级领导对该项创新投资的看法，没有进行民主决策。政府投资的项目理当由政府决定，但问题的关键是投资主体一直不明确，由谁代表政府的问题没有解决，权责利不统一，“谁投资、谁决策、谁负责”难以落到实处①。

2. 投资资金运用不当

根据政府职能和市场经济规则，政府在投资方面只能投资于私人部门不愿进行投资的大型公共技术，而不能参与市场竞争与民争利，同时也是调节市场经济发展的缺陷。而我国一些政府部门的投资以追逐利益为主要目的，进行市场竞争，投资于市场可以通过自身的竞争机制而进行最有效的投资创新。这样，大量政府资金聚集于市场竞争领域，一方面造成了资金的浪费，也破坏了市场的竞争机制；另一方面，也造成在某些需要政府投资项目方面的资金短缺。此外，在项目建设的过程中，由于建设主体与使用主体的重合，在利益驱动和政府资金预算约束软化的条件下，项目建设不可避免地会出现超规模、超标准、超概算问题，人为地形成“胡子工程”“钓鱼工程”②。

3. 投资监管法制观念不强

法律是政府大型公共技术创新投资行为的有效保障。在投资的过程中，会存在不同的利益主体的博弈行为，只有通过法律的规范，才能保证项目投资的规范和创新项目建设的顺利完成，同时确保创新项目的有效性。然而目前我国一方面没有完善的关于政府投资规范的法律体系，法律条文没能及时修改，以适应现实状况；另一方面，也存在执法不严的现象，即便有个别的法律规定，也不能进行有效的执法，法律成为摆设。除法律外，对一些规则制定也没能很好的执行，弄虚作假，上下欺瞒，如招标、报销等具体制度。

（二）政府建立公共技术创新机制的措施

为了促进大型公共技术创新投资，政府应该采取各种措施，建立合理的大型公共技术创新投资机制。

1. 完善政府职能，明确政府投资方向

市场能够有效进行资源配置，要充分发挥市场在资源配置中的决定性作用。

---

① 丁茂战：《我国政府投资治理制度改革研究》，中国经济出版社2006年版，第14页。

② 钱维、尤伯军：《政府投资体制的制度创新：项目法人招标制》，中国财政经济出版社2006年版，第128页。

在完善市场经济的过程中，政府要逐渐减少对市场的干预。具体到政府投资方面，就是要弥补市场的缺陷，对一些大型公益性的技术创新进行投资，如航天工业和大气检测等方面。当然，政府职能转变的完成是一个循序渐进的过程，不可能一蹴而就。在短期内，把无所不包的政府投资行为严格限制到公共产品的提供中来是不现实的，政府投资职能如何演变，主要取决于两个方面：一是市场发育的程度。市场体系越完备，市场功能也就越健全；二是国家工业化的进程。国际经验证明，在工业化初期或因战争等引起的大规模经济恢复中，政府投资一般是不可缺少的。

总而言之，从市场经济的发展角度来看，政府会逐渐减少对经济的干预，政府投资也会逐渐退出市场竞争领域。但政府的退出过程也需要进行规范。

2. 建立大型公共技术创新投资责任制

科学的投资决策，是合理的大型公共技术创新投资的重要前提。错误的投资决策一方面造成资金的浪费，另一方面也会造成投资方向出现问题，导致最需要资金的投资项目没有资金的支持。建立大型公共技术创新投资责任制对促进科学合理的投资决策有重要的作用，因此要着重进行大型公共技术创新投资责任制的建设。

首先，建立投资决策委员会制度。投资决策委员会人员的选取要充分考虑不同项目的学科性质，针对不同学科选取相应学科的专家学者。同时要建立专家库，在具体的项目决策时，随机抽取专家库里的专家进行项目的决策论证，这样可以有效避免投资决策中出现的腐败行为，保证决策的公平公正。在决策中要实行民主匿名投票方式，以此保证项目的决策能够兼顾大多数专家的意见，也是保证投资决策科学性的重要方式。此外，还可以采取听证会、结果公示等制度，促进更多的主体参与决策过程和决策的监督。

其次，严格执行投资程序。公共技术在创新投资过程中主要存在的不是没有规范的程序问题，而是不能严格执行程序的问题。由于政府的特殊角色，在投资决策中常出现程序颠倒的现象。例如在项目决定过程中经常是领导先指定投资项目，然后再进行论证投资的合理性，这样导致项目的论证只流于形式，违背了科学决策形成的规律。造成这种状况的一个重要原因是没有健全的问责制度，“拍脑袋”决定的投资项目在出现问题时无人问津。要解决这个问题，一方面要完善关于政府投资的法律制度，用法律的权威规范决策者的权力，任何人都必须遵守。另一方面要加强投资项目的中期或后期的检查，凡发现项目因违反决策程序而导致出现问题的，要依法对项目决策者进行问责，追究其法律责任。今后任何政府投资的项目都要按照规定的基建程序，先提出项目建议书，得到初步认可后，委托具备资格的社会中介机构进行可行性研究和咨询评估，咨询机构出具评估报告要承担相应的经济、法律责任①。

3. 完善政府投资服务体系

建立完善的政府投资服务体系，是建立大型公共技术创新投资机制的重要内容，对于推动政府合理投资有着重大作用。随着经济的迅速发展，我国在项目咨询等方面都取得了较大发展，但是与国内投资需求和国外发展相比，存在市场程度不高和不够规范等问题。因此，进一步健全完善投资服务体系，是今后一个时期政府投资体制改革的重点②。

4. 加强对政府投资的审计

对政府投资公共技术创新项目实行定期审计，建立定期与动态项目相结合的监管机制。政府公共技术创新投资既要注意资源的节约，更要注意投资项目的质量和有效性。建立健全项目监督体系，加强网上监督体系建设，实行线上线下监管相结合的方式，拓宽监管渠道，增加监管主体。同时监管与金融机构相挂钩，利用金融机构与项目资金联系密切的优势，充分发挥金融机构在资金监管方面的作用。

第三节　促进导向性制度的创新成熟

一、匡正权力与制度的关系

在中国共产党第十八届中央纪律检查委员会第二次全体会议上，习近平主席指出要“把权力关进制度的笼子里”，要用制度监督权力，用制度规范权力，用制度惩治权力。

① 张长春：《政府投资的管理体制：总体框架、近期改革重点与促进措施》，中国计划出版社 2005 年版，第 88－110 页。

② 段晓晨等：《政府投资项目全面投资控制理论和方法研究》，科学出版社 2007 年版，第 158 页。

之所以强调要“把权力关进制度的笼子”，因为权力是人民赋予的，如果没有稳定的外在制约权力很容易被滥用，直接导致权力超越和凌驾于人民之上，威胁到人民的利益。马克思指出，公共权力（国家）是“从社会中产生但又自居于社会之上并且日益同社会相脱离的力量[①]”。这就说明了，权力源于社会，是人民赋予的，权力是居于社会之上的，它能够对社会的发展形成各种干预和管制，但权力自产生起就有脱离社会的倾向，很容易产生贪污腐败等损害人民利益的行为。个人的私欲导致了拥有权力的人对权力的滥用，只有用外在的制度等力量圈定权力的范围，才能保证权力的“安分守己”。

缺乏制度监督的权力，极容易产生腐败问题。如中国当今的腐败问题，直接影响了市场经济的发展，进而影响了经济的发展。因此，我国要匡正权力与制度的关系，为中国发展的全面转型扫清障碍。

（一）建立预防腐败制度

法学家肯尼亚曾说：“预防犯罪比惩治更高明，所有腐败犯罪的人，他在腐败的时候首先想到的是自己会不会被发现，而不是会不会被惩处。”预防腐败是在事前进行预防，在权力滥用前，阻止其发生，具有较小的成本，也有利于保证权力所有人的清正廉洁。目前，各国都逐步建立各种预防制度，保证权力的正确使用。

早在18世纪，瑞典就实行了财产申报制度，制度实行一开始就公示了首相的财产清单。随后，美国、澳大利亚、墨西哥等国纷纷建立本国行政人员的财产申报制度。美国的《政府道德法》规定了政府官员申报的范围、内容、手续，以及不提交申报书的法律责任和追究的办法。申报内容既包括申报人的财产收入，还包括其配偶、子女的有关财产。由专门的政府道德署或道德办公室进行管理，定期或有重点地进行稽查，发现疑点可以立案侦查。[②] 墨西哥的《信息公开法》规定了公务人员任职60天内必须申报本人、配偶、子女的家庭全部财产，每年按期申报财产变化情况，任职届满或离职都要进行财产总申报，拒绝申报的可以开除公职。新加坡政府官员的财产申报有两种情形：一是每年7月1日各政府部门的职员都要填写个人财产申报表；二是每一个官员被政府聘用后，必须申

---

① 《马克思恩格斯选集》第2版第4卷，第166页。

② 中组部党建研究所课题组：《西方国家是如何“把权力关进制度的笼子里”的》，《当代世界与社会主义》，2014年第1期。

报自己的财产。申报的内容是自己所拥有的股票、房地产和其他方面所获得的利息收入，还包括他的担保人或家庭成员所拥有的投资和利息情况。[①]

目前，我国也在逐步进行官员的财产申报，对官员的动产、不动产情况进行详细的登记。此外，我国也在试探逐步公布公务部门的“三公经费”，即部门的因公出国经费、交通经费和接待经费。这些逐渐形成完善的制度，以预防公务人员的腐败和权力的滥用。

（二）建立权力清单，明确权力范围

十八届三中全会《关于全面深化改革若干重大问题的决定》和十八届四中全会公布的《中共中央关于全面推进依法治国若干重大问题的决定》中两次强调建立权力清单。权力清单是对政府及其组成部门的各项权力的详细统计，将各部门的权力明确列出来，并规定了各项权力行使的权限和详细流程等。权力清单的建立明确了权力部门的职责权限，有效防止了其越权行为，详细的操作流程也促进了权力部门权力使用更加规范。同时，权力清单的设置也使得人民能够更容易监督权力，使权力在阳光下运行。

具体说来，要使权力清单制度化需要做到以下两点：第一，以法律法规对权力清单进行规定。法律法规分别由全国人大和国务院制定并通过，具有较高的权威。制定专门的权力清单的法律法规，确保权力清单的制定更具权威和更加规范化。制定相应的法律法规规定，政府必须在规定的时间内向社会公布权力清单，未经上级批准在规定的时间内未公布权力清单，相关责任人要受到上级的问责，并承担相应的法律责任。同时，法律法规还应该规定权力清单所必须包含的内容，包括每一项事务的流程、责任人和职权范围等。此外，还应该规定权力清单定时审核修改，行政部门的各项事务的权力、流程和相关责任人在经过一段时间后都有可能出现变化，要适时地修改，确保权力清单与实际情况相符合。第二，建立完善的权力清单审查监督机制。虽然有法律法规保障权力清单的实施，但需要相应的监督主体以确保权力清单依法公布，并且公布的权力清单要合乎规范。监督主体来自两方面：一方面是上级部门，上级部门要定期或不定期对权力清单进行检查；另一方面是社会监督，保障社会监督的权利，当人民发现权力清单有

① 中组部党建研究所课题组：《西方国家是如何“把权力关进制度的笼子里”的》，《当代世界与社会主义》，2014 年第 1 期。

不符合的地方时有举报的权利，而权力清单所涉及的部门有修改的义务。

（三）加强内外两方面对权力的监督

当前，我国建立了较多的监督体系，党内的纪检部门、政府的监督部门、审计部门以及人民代表大会的监督等。这些监督体系的建立使我国对权力的监督日益完善，从近些年反腐的成绩来看，这些监督体系也起到了重要作用。尽管这些监督体系的建立取得了良好的效果，但这些依然不够。这些监督机构依然属于党内或政府内部的监督体系，由于受到隶属关系的限制，许多监督机构不敢充分发挥其作用，例如审计部门隶属于政府，受政府权威的影响，在对政府的审计上“畏首畏尾”，人民代表大会虽属外部监督体系，但依然受到党政部门的影响。由此也就形成了一种“上级监督太远，下级监督太险，同级监督太难，纪委监督太软，组织监督太短，法律监督太晚”的尴尬局面①。因此，就要求完善相应的外部监督体系，使权力受到全方位的监督。

为了完善外部监督体系，应充分发挥人民的监督作用。权力本身源于人民，其直接对象是人民，其目的也是为人民服务，因此人民是监督权力的重要主体，要充分保障人民的知情权、参与权和举报权，充分发挥人民作为监督主体的重要作用。

在外部监督的途径上要充分发挥网络的作用。随着网络的发展，其获取信息的方便、快捷、人民参与度高等特点日益突出，使用网络防腐能够提高腐败行为的曝光度，同时也可以对内部监督体系形成监督，督促内部监督充分发挥其职能，避免内部监督的不作为。

（四）完善权力监督的法治建设

我国以往对权力的监督行为许多都是依靠运动式的集中整治，这种方式在一定程度上取得了成效，但由于没有清晰的标准，持续时间也不长，出现了较大的弊端。我国对权力的监督应该向法治化、制度化转变，把有清晰规定的、长期稳定的监督制度作为监督权力的主要手段。

在完善权力监督的法治建设方面，首先要实行权力法定，行使权力的主体、行使权力的范围均应该由法律来规定。其次，法律规定各种权力行使的程序。不

① 姚桓、张玉宝：《如何把权力关进制度的笼子里》，《理论探讨》，2013 年第 4 期。

仅要保证权力受到法律规定，还要保证权力的行使流程也要受到法律的制约，这样可以避免不按流程行使权力的行为。最后，监督法定。尽快落实监督法等法律，确保各种监督行为都能受到法律的保护，同时也使监督行为有法可依，更加规范化、透明化。

匡正权力与制度的关系，就是要充分发挥制度的作用，用制度来限制权力，“把权力关进制度的笼子里”；就是要对滥用权力进行预防，在权力监督的过程中，对滥用权力、违法腐败进行有效惩治。以制度来规范权力，以制度监督权力，以制度惩治腐败，以制度维护广大人民的利益。

二、理顺法律与制度的关系

我国实行依法治国，理顺法律与制度的关系就是要完善我国依法治国的制度建设。

（一）立法、执法的制度建设方面的不足

依法治国是党领导全国各族人民治理国家的基本方略。总体上讲，目前我国已经建立了较为完善的法律体系，已经建立了深入政治、经济、文化等各方面的法律框架。然而依法治国不仅要求有法可依，还要求完备的立法、执法的制度建设，在这些方面，我国有许多不足之处。

1. 立法制度不完善

立法是事关我国国计民生的大事，是依法治国的基础。虽然早在 2000 年我国就通过了《中华人民共和国立法法》（以下简称《立法法》），建立了我国的立法制度，但在现实中依然存在较多问题。

首先，立法审核较为仓促。在我国，法律由全国人民代表大会审核通过。而全国人民代表大会每年召开一次，会议只有十天时间。在这短暂的时间里，人大代表要听取政府、法院、检察院的工作报告，以及审查国家经济的各项计划和预算报告，还要讨论并表决各项法律的立废问题。由于会议时间较短以及人大代表人数众多，人大代表不可能对每项法律充分讨论，也不可能充分发表自己的意见。因此，这种状况导致了立法的仓促。尽管在全国人大闭会期间有人大常委会代行职权，但由于人手限制，人大常委会也不可能详细论证每项法律的可行性，依然不能扭转立法仓促的现状。其次，立法提案主体问题。我国实行代议制民

主，人民参政议政的权利由人大代表代为行使，人大代表个人不能进行提案，必须由一个代表团或三十个以上人大代表或十个以上人大常委会委员才能进行提案，而某些人大代表法律方面知识稍有欠缺。最后，某些立法质量不高。由于立法批准时间仓促等原因，我国某些法律质量不高，不符合经济社会发展的需求。

2. 执法制度不完善

依法治国要求“执法必严”，法律的执行是依法治国的关键环节。我国自古以来，由于制度的缺失执法过程受执法人员的意志影响很大，执法人员的喜好和经验程度直接影响到执法的结果。因此导致了执法程序和法律结果的不客观。在执法过程中，相当多的执法人员缺乏正确的法律理念，认为执法结果的公正就是法律的公正，忽视了执法程序的公正，从而造成了执法手段粗暴，片面追求法律结果，甚至在刑事案件中造成冤假错案。

同时也应该认识到，执法程序公正是执法结果公正的重要保障，只有执法程序公正才能得到执法结果公正。即使在个别案件中，规范的执法程序有可能导致结果的不公正，但我们依然应该追求执法程序的公正，因为程序正义远比结果正义重要，这才是依法治国的本质所在。如果只追求正确的法律结果而不注意执法手段，那么势必会造成社会的混乱，一方面为权力寻租营造了空间，另一方面也与公正的法律结果渐行渐远。从民国时期的“施剑翘案”到近几年曝光的多宗冤假错案都为我们敲响了警钟。

此外，执法不作为现象在当今也比较普遍。特别是在行政执法过程中，运动式的执法现象普遍存在。上级部门下达关于某种违法违规现象的集中整治，下级部门就在某段时间内集中执法，以达到短期的成效应付上级检查，从长远来看，问题依然没有解决。

3. 司法制度不完善

我国由法院作为司法机关行使司法权力。然而，法院受到行政机关较大的影响，成为党政机关实现其意志的工具。首先，法院院长等的产生受党政机关的影响，有些甚至是由党政机关直接指派，这就使得法院在审批案件时受到党政机关的影响。其次，一般地方法院的费用源于地方财政，财政制衡使司法机关在行使司法权力时受到主管财政部门较大的干预。

司法的审批、汇报制度烦琐，严重影响了司法的效率。例如，院长、庭长批案制度，向上级法院请示、汇报制度等，这些都限制了知识与决策的有效结合，

违反了诉讼法所规定的审判制度，降低了审判效率①。据成都市中级人民法院对审判委员会制度运作现状的调查报告，审判委员会预备制度不健全，审委会成员几乎都是在评审会上才首次接触到所要讨论的案件和事项②。

法官的晋升制度也是司法制度不完善的表现。目前我国法官的晋升主要通过行政渠道，很难通过司法系统的考核选拔法院领导。这造成了许多司法人员不能专心于司法工作，也导致了上级司法部门人员的素质参差不齐。

（二）完善依法治国的制度建设

理顺法律与制度的关系，完善我国依法治国的制度建设，就是要建立完善的立法、执法、司法制度。

1. 完善立法制度

首先，建立立法助理制度。立法助理制度的建立是完善立法制度的一项基本内容。立法助理制度的建立有利于促进我国立法程序更加规范，更加科学。一项法律的制定和确立需要反复地商讨、调查和论证，需要耗费较大的人力和物力，立法助理制度的确立在很大程度上解决了全国人大会议时间短、人数多、会议内容多，不能深入地讨论法律废立问题。在提高立法效率的同时也提高了立法的科学性。

其次，建立立法听证制度。立法是一个复杂的过程，法律需要平衡各方主体的利益，使社会总体利益达到最大化。因此，在法律的确立过程中就应该倾听多方的意见，相互协调。这也就要求有更多的主体参与到立法过程中来，需要建立立法听证制度。立法听证制度的建立有助于提高人民的法律意识和法律参与意识，也有利于普通群众更深刻地理解法律，同时提高人们对法律的认同感。

最后，建立宪法监督制度。宪法是我国的根本大法，任何法律都不能与宪法相违背。目前我国的法律缺乏相应的宪法审查，而在发达国家都有相应的宪法审查机构进行审查。因此，针对我国的具体国情，建议在全国人民代表大会下设宪法委员会来专管宪法实施的监督机构。由宪法委员会来主管宪法、法律的解释工作，审理违宪案件，并负责行政法规、地方性法规的备案审查工作。这样通过强有力的监督机制，既有效地制止地方和部门的分散主义、保护主义，维护中央的权威、法制的统一，又可以进一步树立宪法权威和国家法治形象。

---

①② 张海娟：《论我国依法治国的制度建设》，东南大学硕士学位论文，2005 年 6 月。

2. 完善执法制度

首先，确保执法程序公正。在我国，一般认为法律为社会服务，所以在执法程序公正与结果公正两者不能兼顾时，执法者往往选择结果公正，这种只重视结果，而忽视过程的执法过程，丢失了法律基本精神。

应该设立执法程序审查机制，即对任何执法行为产生质疑时即可启动审查程序，审查执法程序是否违反法律法规，如果发现执法过程中有违反法律法规的行为，应推翻其执法的结果，责令重新改正，对相关责任人进行问责。

其次，明确执法机关职责。我国的执法机关特别是行政执法机关，一般是政府机关部门，由于职责不明确造成其滥用职权，干预经济正常运行和人民正常生活。钱颖一在讨论“权力的悖论”时写道：“政府的权力越大，政府越可以我行我素，就使得它的许诺都变得不可信。当老百姓不相信政府许诺的政策时，他们就没有生产的积极性，最终反而使政府自身的利益受损。反过来，通过法治限制政府的权力，约束政府的行为，就会使得政府的承诺变得可信。结果老百姓积极性上升，不仅老百姓受益，政府也从中收益。”① 这就要求我国尽快出台相关制度规定执法机关的职权范围，对越权执法的部门及相关责任人进行问责。

最后，建立执法监督体系。我国执法过程中出现的问题：一方面是由于执法部门本身职权范围不清和执法程序不公正造成的，另一方面也是由于没有完善的外在执法监督体系。要完善执法制度建设，就要不断加强执法监督体制的建设。

总体说来主要有以下几方面的监督：上级机关监督、专门监督部门监督、财政审计部门监督、司法监督、人民群众监督。要加强这五方面监督体系的建设，促进执法制度的完善，从而推进我国的法治建设。

3. 完善司法制度

首先，保证司法系统财政独立。我国长久以来地方财政供给司法系统的做法在很大程度上造成了司法不公正。地方法院的财政应该由上级法院拨付，上级法院再向更高一级法院申请拨付，这样层层的财政拨付，最终由最高人民法院负责整个司法系统的财政分配，每年最高人民法院向全国人民代表大会汇报预算，由全国人大决议。这样使司法系统与地方政府财权分离，有利于司法的独立。

其次，保证司法系统人事权独立。各级法院长久以来的人事任命受到地方党政部门较大的影响，应改革法院人事任命制度，法官及法院负责人需通过层层选

① 钱颖一：《警惕滑入坏的市场经济论法治的市场经济》，《经济社会体制比较》，2000 年第 6 期。

举产生。

只有全面完善法律立法、执法、司法制度，才能保证法律的严谨、公平、正义，才能保证法律的权威，才能确保依法治国的落实，促进我国的长治久安。

三、明确国家制度顶层设计的价值取向

国家制度一般指国家的政治制度，从根本上来说，政治制度有制约性和保障性两种本质属性。所以从本质上讲，国家制度顶层设计的价值取向是管理价值和伦理价值的结合体。

（一）管理价值

1. 国家制度权利和利益的两重属性

英国著名的历史学家汤因比从历史社会学的角度解释政治制度，认为“政治制度是人和人之间的表示非个人关系的一种手段①。”“诺齐克承认公民应当具有平等的基本自由权利，政治制度应当有一种矫正公正的功能，即经济的某种由于自由竞争所带来的事实上的不平等，不能伤及公民平等的基本权利②。”罗尔斯“从契约视角来展开他的有关政治制度正义的论证，他在《正义论》中设置了一个‘原初状态’下的‘无知之幕’，以论证当代社会应该是一个最合意的基本社会政治制度，并在此基础上提出了两个具有经典意义的原则，即平等的自由原则，合理的差别原则与机会的公平原则相结合，并提出了实施正义的两个优先原则，即平等的自由优先于合理的差别，正义优先于效率和福利③。”

马克思认为政治制度是源于人们的物质实践，是建立上层建筑。当某一形态社会的某类人变得不再自由，依附于另一部分人生存时，不自由的这类人就会起来进行反抗，打破原有的国家机器，推翻旧的国家政治制度，建立新的国家，建立新的政治制度，以改变其阶级状态，变为利益阶层。由此可见，国家制度是权利和利益的结合体。

2. 国家制度明确责任和义务

国家制度有明确的范围，在范围内国家鼓励人们通过各种被认可的手段获取

---

① ［美］丹尼尔·W. 布罗姆利：《经济利益与经济政治制度》，上海三联书店 1997 年版。
② ［美］诺齐克：《无政府·国家·乌托邦》，何怀宏等译，中国社会科学出版社 1991 年版。
③ ［美］罗尔斯：《正义论》，何怀宏等译，中国社会科学出版社 1998 年版。

权利和利益，但是这仅仅限制在国家制度所规定的范围内，有一定的界限，不能跨出界限之外。内部的鼓励和外部的限制就明确了权利与义务的范围，也就明确了制约性和保障性的界限。

3. 国家制度维持社会平衡发展

国家制度的一个重要作用就是设立界限，使社会成员在界限内生存发展，同时为生活在界限内的成员设置奖罚规则，人们可以对自己的行为进行自我判定，是否符合要求。这样就保证了社会的稳定，避免了社会矛盾造成的冲突，促进了社会分工。

马克思指出："社会经济形态的发展是一个自然历史过程，不管个人在主观上怎样超脱各种关系，他在社会意义上总是这些关系的产物。同其他任何观点比起来，我的观点是更不能要个人对这种关系负责的①。"马克思告诉我们，一方面，社会制度有自己的发展路径，比如生产力决定生产关系，生产关系反作用于生产力；先进的社会制度会取代落后的社会制度。另一方面，个人是生活在国家的政治制度之下的，被动地受到社会制度的制约，所以个人不应该为错误的制度负责。邓小平也注意到这个问题，他在后来的谈话中曾说到，人都会受到制度的影响，会在错误的影响下犯错误，毛泽东就是如此，这固然有个人的责任，但最主要的责任还是在于错误的制度。

国家制度顶层设计的目的就是建立一个文明的、理性的社会，这个社会是先进的、和谐的，是一个脱离了野蛮和不均衡的社会，它能极大促进生产力的发展。在人类向前发展的过程中不断发挥制度的潜能，使制度能够适应社会现实。

4. 国家制度平衡社会利益

政治制度是有界限和奖罚机制的，个人生活在界限中，必须按规定做出自己的行为。在通常情况下，社会中生活的个体享有何种权利由这个社会的政治制度规定。同样，社会中的个体所必须履行的义务也是如此。社会政治制度虽然是全体社会成员所共同遵守的，但却是由少数人所制定的。少数人制定的政治制度一旦确定下来，就被全体社会成员所享有，不是个人的所有物，任何个人也不得超越其上。然而尽管社会的政治制度被全体社会成员所享有，但由于是少数人制定的，其必然不可能兼顾到社会上所有人的利益，因此不同的社会阶层通过这个政治制度所获得的利益是不同的。每一种政治制度的确立，都会给不同的社会团体

① 马克思：《资本论》第1卷，人民出版社1975年版。

带来不同的社会利益。尽管看起来，生活在某种政治制度之下的社会成员都必须遵守这个制度，任何人不得违反，但是具体到不同阶层的不同个体的选择空间具有很大的差异。因此，怎样建立一个真正公平正义的政治制度，而不仅仅是表面看起来的公平，成为人们越来越重视的问题。

马克思曾经明确指出："必须使环境成为合乎人性的环境"，只有在一个合乎人性的环境中，人性才能得以健康发展[①]。在这里，马克思极为深刻地揭示了一个道理："制度—环境"对人的行为具有引导作用。中国古代思想家也曾表示出这样的思想，"居越而越，居夏而夏，是非天性也""习俗移志，安久移质""往错习俗，所以在情"。[②] 荀子主张"君子居必择乡，游必择土，所以防邪避而近中正也。"[③]

总体而言，人在生活中争取任何东西都不能超越社会的政治制度范围，人的思维方式、道德取向都不可避免地受到社会政治制度的影响。只有公正的政治制度和政治制度伦理才能确保和谐社会的建设。

（二）伦理价值

1. 伦理指向

政治制度伦理是政治制度的基础，有良好的政治制度伦理才能有良好的政治制度，从而才能建设文明和谐的社会。一般认为，政治制度有两个起源：一个是人类的原初政治制度起源于人的个体生存对群体的需要；另一个是人类的文明制度起源于人的群体生存对国家的需要。因此，人是创造政治制度的主体，不仅如此，人还推动社会制度的变迁。可以看出，人的需要是创造政治制度的根源，所以良好的政治制度伦理必须是符合人的需要的。这里人的概念是广义上的所有人，而不是受到时间、空间限制的狭隘人。

在马克思看来，人有自然属性和社会属性。那么人的需要也就分为自然需求和社会需求。自然需求是指人对生存资源的需求，社会需求是指生活在社会中的人的全面的自由。良好的政治制度要满足人的自然需求和社会需求。在现实生活中，利益分配不均衡的现象时有发生，部分人甚至不能得到充足的生存所需。所以只有满足人的需要的政治制度伦理才是合理的伦理价值，在这种伦理价值下建

① 马克思、恩格斯：《马克思恩格斯全集》第 2 卷，人民出版社 1956 年版。

② 荀子《效儒篇》。

③ 荀子《劝学篇》。

立的政治制度才能促进人的幸福，增进社会的和谐。

2. 道德规范

政治制度是由理念和行为两部分组成。从政治制度理念的角度来讲，好的政治制度设计是以维护社会成员之间的公平和正义为目的的。从行为的角度来讲，能够在具体的活动中实践政治制度的理念就是好的政治制度。因此，只有政治制度的设计理念是公平正义的，并且是具有实践性的，其理念在实践中能够得到实现的政治制度才是道德的。

实践是检验真理的唯一标准。同样，实践也是检验政治制度是否合理的标准，只有在实践中才能检验政治制度的设计理念是否符合现实，也只有在实践中，才能使得政治制度不断得到完善。然而，政治制度实践的本质是人的实践。尽管人是群体化的和社会性的，但人始终是个体的人，个体的人在实践中很难避免以满足自身的需求为前提。所以这种实践有可能是道德的，也有可能是不道德的。

人生活在社会中需要道德，而道德需要政治制度的保障。同时，道德的伦理必须融入政治制度，才能使道德上升为全社会的道德。因此政治制度从另一方面来说就是对人的道德规制，它促使人在政治制度的范围内进行道德的行为选择，放弃不道德的行为。

综上所述，明确国家制度顶层设计的价值取向就是要明确政治制度的管理价值和伦理价值，用管理价值为社会个体限定行为界限，维持社会平衡，用伦理价值引导人，从而促进和谐社会的建设。

第四节　开拓思想性文化创新的新境界

一、高度重视哲学社会科学与人文社会科学的基础研究

哲学社会科学与人文社会科学对人类的发展有着巨大的促进作用。

首先，社会科学作为一种精神力量，能够推动历史和社会的发展。从西方发展来看，以人文主义为主要内容的文艺复兴，打破了中世纪的封建枷锁，推动了后来的工业革命，从而开辟了西方现代化的进程。我国古代春秋战国时期，百家

争鸣，社会科学的大发展促进了社会形态由奴隶社会转变到封建社会。五四运动，“科学”和“民主”两大口号开辟了马克思列宁主义在中国传播的进程。后来马列主义与中国的工人阶级相结合，诞生了中国共产党。中国共产党在土地革命时期，把马列主义与中国实情相结合，形成中国土地革命总路线，在后来的抗日战争中又逐渐形成了新民主主义革命理论，指导中国革命的胜利。在后来新民主主义社会的提出，1978 年的改革开放和社会主义建设目标，都离不开马克思主义对中国的指导。由此可见，社会的进步离不开社会科学的发展。

其次，社会科学是综合国力的一部分，综合国力是衡量一个国家政治、经济、军事、文化等的综合指标。哲学社会科学和人文社会科学中哲学的思维和方法论作为推动社会发展的重要力量，越来越成为综合国力中不可缺少的重要一部分。现代国家的资源不仅包括物质资源，也包括精神文化资源，两者能有效结合成一种综合资源。未来国家和社会建设不仅要靠丰富的物质资源作保障，也需要精神资源作为指引，只有两者同时发展，才能促进综合国力的总体提高，才能使社会不仅在经济发展上进入工业化社会，而且在文化素质上和精神上进入工业文明社会。只有这样才能使我国在世界各国综合国力的竞争中，居于领先位置。

最后，社会科学是重要的社会主义精神文明。精神文明是社会实践的重要指导，人类从奴隶社会到封建社会、到资本主义社会再到后来的社会主义社会，每一个阶段都产生相应的精神文明。目前我国处于社会主义初级阶段，也产生了社会主义精神文明，它是中国特色社会主义的本质特征和重要内容之一，它为物质文明建设和政治文明建设提供智力支持、精神动力和思想保证。社会科学对社会主义精神文明的建设有着不可替代的作用：第一，社会主义建设离不开社会科学的探索。我国是以马克思主义为指导的社会主义国家，如何把马克思主义与中国具体实际相结合，是社会科学需要研究的首要关键课题。如何用马克思主义指导社会主义和谐社会建设，实现中国梦和健全社会主义法制建设等都离不开社会科学的探索。第二，社会主义精神文明是社会科学本身所要研究的内容。社会主义精神文明建设大体分为思想道德建设和教育科学文化建设两个方面①。这两方面本身就是社会科学所要研究的内容。第三，社会科学是实现社会主义精神文明目标的重要手段。社会主义精神文明的根本任务是提高全民族的思想道德素质和科学文化素质，培养一代又一代有理想、有道德、有文化、有纪律的公民。社会科

① 周邦炳：《试论哲学社会科学的重要性》，《理论界》，2013 年第 4 期。

学是完成这个任务的重要手段。

随着市场经济的发展，作为哲学社会科学和人文社会科学不能直接带来经济效益的基础研究，逐渐被人所忽视，自然科学由于有较强的实用型，有较高的经济价值，越来越受到人们的重视。在实现情况中，社会科学基础研究科研经费少、出版难等问题困扰着其发展，而且还导致了部分社会科学基础研究人员较重的功利心。这就需要我们改变观念，重视社会科学基础研究的发展。

（一）集中优势研究关键社会科学领域

新中国成立以后，我国逐渐建设许多综合性大学，这些大学的历史悠久，文科基础强，师资水平、博士点等都较完善，研究出了丰硕的成果。但是到现在，这些高校的文科类研究出现了弱化现象，在资源的投入方面少于自然科学的投入资金，在这种情况下，一方面要增加投入，另一方面要集中资源，选择几个重要的社科领域和问题进行研究，要重视研究的质量而不是数量，走一条高水平的社会科学研究道路。

（二）开阔眼界，寻找新的研究点

现在社会科学基础研究普遍存在的现象是研究方向越来越细，研究领域划分越来越窄。这种划分可以促进社会科学的研究更加深入，但也造成了不同研究领域之间缺乏沟通，众多研究人员集中于某一领域，重复研究且研究成果单一。在新形势下，基础研究要树立大学科的观念，加强对社会科学、自然科学知识面的扩充，开阔文化视野，科学地认识学科间的联系，促进不同学科知识及思维方法的相互迁移，形成一批跨学科、综合性的研究方向和新兴学科、边缘学科[①]。学科的这种综合再分化，必将出现一批全新的研究领域，促进基础研究的发展。

（三）国家在政策上予以倾斜

哲学社会科学与人文社会科学的研究成果在短时间内不能立即转化为经济效益，有些对社会价值观等的研究不能转化为经济效益，这就要求不能简单地把市场竞争引入社会科学研究。在利用市场经济促进社会科学研究的同时，也要进行国家宏观调控，对一些有社会效益但没有经济效益的社会科学研究给予政策倾

① 尹建明：《关于繁荣社会科学基础研究的几个问题》，《山东大学学报》，1993 年第 4 期。

斜，特别是社会科学的基础研究。

首先，国家社会科学基金在社会科学基础研究上给予政策倾斜。特别是要给予高校系统研究重点支持。在社会科学的基础研究中有社科院、党政机关研究室等研究机构，但高校不仅进行科学研究，而且还进行基础理论的传授，并且在研究数量和质量上均占优势，所以国家社科基金在项目和资金的分配上要适当给予倾斜。

其次，各级教育部门设立基金进行支持。除了国家教育主管部门统一进行的项目和资金分配外，各个地方的教育部门也可以设立相应的社会科学基础研究基金，给予地方性高校的社会科学研究以支持，特别是地方上社会科学基础研究实力强，能与世界社科研究前沿接轨的高校进行重点支持。

最后，研究机构本身要重视社会科学的基础研究。科研机构特别是综合性高校要平衡学科的发展，不能一味地偏向于自然科学的发展。社会科学基础研究难，最主要的是著作出版困难，科研机构可以设立专门基金对专著出版进行支持。在组织研究方面，对于一些大型综合基础研究课题，组建研究小组，研究小组以关键的几个专家为核心，同时也包括其他研究人员。研究小组在集中进行研究时，耽误授课等的酬金等由学校进行补助，从而确保社会科学基础性研究的顺利进行。

二、高度重视全程学校教育中历史、文学与哲学的启蒙教育

历史、文学、哲学（以下简称文史哲）对人的价值观和人格塑造有重要作用。从人接受教育到结束教育，文史哲启蒙教育在不同阶段起不同作用。同时，建立完善的市场经济不仅仅只是经济水平的提高，还要求在市场中的人的素质提高，这就要求在学校文史哲教育发挥作用。此外，在社会的精神文明建设方面，在综合国力的竞争方面和社会的协调发展方面，都需要加强学校，特别是高校的文史哲教育，培养各种素质全面发展的人。

在发达国家，文史哲教育作为重要的一项教育内容，受到学校很大的重视。在美国等高校，文史哲是教育内容的一部分，对其学分等做了较多的规定。作为招生考试的必考科目。麻省理工学院要求每个本科生必须修完人文社会科学领域

中的8门课程，每门9个学分，共计72学分[①]。斯坦福大学则规定所有学生必须从文学、艺术、社会和宗教思想、人类发展行为和语言、社会过程和机构等学科领域各选修一门课程。著名的哈佛大学于1918年颁布了具有广泛影响的《公共基础课方案》。要求全体学生都要学习文学艺术、历史、社会哲学分析、外国语言文化等领域的基础理论知识[②]。英国的很多理工科院校根据科技发展和各门科学不断分化与综合、文理相互渗透的趋势，正在打破按系科或学部组织的传统以及狭窄的专业框框，设置相当数量的综合学科和人文社会学科，努力使学生跨越系科和专业界限，掌握广泛的知识和技能。法国高等理工科院校的课程设置现在一般分为理论课、应用课、外语和社会课程几大类，其中的外语和社会课程除规定每个学生必须学习1~2门外语之外，还要求学生学习有关文学、美术、法律、经济管理方面的课程，时间约占总课时的20%多[③]。德国的很多高校特别是理工科院校也在进一步加强人文社会科学教育，增设人文社会科学课程。柏林工业大学明确规定，任何系科的学生，都要修读哲学、文学、历史、音乐等科目。

我国文史哲教育在各教育阶段都有较大的发展，但是相对于培养学生的人文素质要求和国外发展情况，我国的文史哲教育发展依然有很大的不足，特别是在高等教育方面。新中国成立初期，我国参照苏联高等教育模式，对全国大学进行了较大规模的调整，将一些综合性大学调整为文理分开的高校，这种调整在新中国成立初期促进了理工科的发展，对中国的工业化发展起到了巨大的推动作用。然而，这种高校发展模式也有较大的缺陷。理工类高校学科发展单一，文史哲学科发展较为薄弱，专业教育实力强，而综合教育发展不足，导致理工高校学生受人文精神熏陶不足。

改革开放以后，我国逐渐引入市场经济，这在一定程度上打破高校的计划体制，但市场经济的发展使许多高校盲目设立市场需求的专业，这在一定程度上对文史哲教育形成了冲击，使本来就发展薄弱的文史哲教育更加被淡忘。我国流传时间较长的一句话是“学好数理化，走遍天下也不怕”，充分体现了人们对文史哲教育的忽略和淡漠。要改变这种现象，就需要采取措施进行变革。

首先，改变教育观念。教育最主要的目的是培养人格全面发展的人，提高全民的素质水平。只有在硕士和博士阶段才以培养专业人才为主要目的。而我国的

①② 顾明远：《人文教育在高等学校中的地位和作用》，《高等教育研究》，1995年第4期。

③ 查啸虎：《关于加强高等学校人文社会科学教育的思考》，《安徽教育学院学报》，1997年第2期。

教育一直以来都存在很强的功利性，为了学生考上好的大学，小学和中学阶段采取填鸭式的教学，因此文史哲类课程变成了争取分数的工具，只重视应试技巧，忽略了其本身的内涵，大学中过多进行应用型的学科教育，为了学生在就业时能找到更好的工作，除了文史哲类专业外，理工科类专业很少设置文史哲类课程。这种教育错位的现象就要求我们改变教育观念，以培养学生全面素质发展为主要目的，摒弃功利性的教育方式。在中小学文史哲教育时注重其内涵和对学生的思维以及人格的塑造，在大学增加文史哲课程促进学生全面发展。

其次，对高校专业进行调整。我国大学长期实行的是文理分科的大学分类。这种分类限制了文理结合，特别是限制了理工类专业学生人文素养的提高。应加强文理科专业的结合，在理工类专业设置相应的文史哲类课程，分别规定相应的选修课和必修课的数量，虽然近些年我国大学在这方面有所加强，但仍然还有不足的地方。“各类高等学校还应改变过去的封闭式办学模式，允许学生跨系、跨校选修有关课程，建立文理交叉、理工交叉等双重学位制度，理工科院校、文科院校及综合性大学之间应重视和加强相互联系与协作，互相取长补短，互利互惠。互派教师到他校开课或者各高校就近建立课程交换，让学生适当去他校选修一些本校不能开设或力量比较薄弱的人文社会科学课程。”

最后，加强对文史哲类师资队伍的建设。由于历史等各种原因，我国学校教师队伍中文史哲类教师缺乏，不仅数量少，而且质量参差不齐，相当数量的教师知识面狭窄，不能满足培养学生文史哲类课程的要求。特别是在理工类高校中这种现象尤其明显。因此，国家应该加大对文史哲类教师培养的投入，一方面增加教师的数量，另一方面增加文史哲类教师的培养年限，注意其素质的提高。

三、建立社会科学与自然科学定期思想讨论制度

社会科学与自然科学是当今学科的两大类。自然科学含括了许多领域的研究，马克思主义者，特别是恩格斯，都密切地关注着数学、生物学、物理学和化学中的科学发展。自然科学通常解释世界是依照自然程序而运作，而非通过神性的方式。自然科学一词也是用来定位“科学”，是遵守科学方法的一个学科。自然科学认识的对象是整个自然界，即自然界物质的各种类型、状态、属性及运动形式，认识的任务在于揭示自然界发生的现象以及自然现象发生过程的实质，进而把握这些现象和过程的规律性，以便解读它们，并预见新的现象和过程，为在

社会实践中合理而有目的地利用自然界的规律开辟各种可能的途径，是人类生产和自然科学实验的知识概括和总结。

社会科学是用科学的方法，研究人类社会的种种现象的各学科总体或其中任一学科。如社会学研究人类社会（主要是当代），政治学研究政治、政策和有关的活动，经济学研究资源分配。广义的“社会科学”，是人文学科和社会科学的统称。社会科学是在19世纪才出现的，在中世纪的神学里就有根据人类和社会这两方面的观念塑造出来的综合物，这些观念其实就是政治、社会、经济、地理和人类学的概念。关于社会科学，一方面，社会科学具有多科性的相互补充和合作的特点，新出现了政治社会学、经济人类学、选举心理学和工业社会学，某些单个概念也常运用于多门社会科学，并都获得了有益的效果；另一方面，社会科学还具有专业化的特点。

社会科学与自然科学相互依赖相互促进：

首先，社会科学可以借鉴自然科学的研究方法。对于社会科学是不是应该借鉴自然科学的研究方法，以及如果可以借鉴，应该如何借鉴的问题，学术界有三种不同的看法。第一种学者认为，社会科学的证明方法不严谨，应该大量运用自然科学的研究论证方法。第二种学者认为，社会科学与自然科学有着本质的不同，自然科学的研究方法不适用于社会科学。第三种学者认为，自然科学研究方法可以引入社会科学，但不能完全照搬照抄，应当以具体的研究问题为准，哪种方法最恰当就采用哪种方法。笔者比较赞同第三种学者的观点。

如第二种学者所认为的，社会科学与自然科学本身确实有本质的不同，社会科学的许多方面为定性研究，较多地研究思维方式和价值观方面，主观性强。而自然科学较多地为定量研究，研究的大多为客观事物。这就决定了社会科学的研究不能完全使用自然科学的研究方法。但是，不能完全使用不意味着彻底的拒绝使用，自然科学的定量分析等方法具有较强的严谨性，这是社会科学研究方法中少有的，因此在社会科学研究过程中的论证方面适当地使用自然科学的研究方法，有利于社会科学的发展。例如，早期的经济学主要是一门社会性的学科，学科中的概念和定理主要通过思维的推理或实践观察经验得到，没有经过严密的证明。后来作为自然科学之一的数学引入经济学，这使经济学在证明研究方面更加细致严谨，后来计算机的发展，更加使得数学模型大量应用于经济学。近几年的诺贝尔经济学奖的获得者为计量经济学者，表明了数学融入经济学程度之深。

有些学者提出了这样一种看法或预言：物理学中所发现的“混沌”现象与社会经济活动比较相似，可以期望从这里找到两者共同的或类似的规律性。还有学者把物理学中非线性动力学方法渗入经济学，产生了一个新的经济学分支——“线性经济理论”，或称“混沌经济学”（Chaos Economic）。当然，怎样把研究对象性质不同的社会科学有效融合入自然科学的研究方法，还是一件值得深究的事情。

其次，自然科学借鉴社会科学研究方法。社会科学研究借鉴自然科学研究方法受到较多人的关注，但是反过来，自然科学是否可以借鉴社会科学的研究方法或如何借鉴，都较少受到人们的关注。事实上，社会科学研究的许多宝贵经验可以运用于自然科学研究。

在各个学科的发展过程中，许多自然学科都是从哲学逐渐演化而成的，例如数学、物理学和天文学等。在哲学发展之初，哲学家们思考的都是一些较为宏观的终极问题，如人类的发展终极走向问题和世界物质来源问题等，随着思考程度的逐渐具体化，人的思维也更加严密，数学开始出现，后来逐渐发展成为一门学科，与此同时，把数学运用于不同对象的物理学、天文学等也相继出现。由此可见，自然科学与哲学息息相关，那么，自然科学与社会科学也就有许多相通的部分。

自然科学的研究需要科学的方法论作为指导，而创立科学的方法论则是哲学的任务。没有社会科学的发展，自然科学不可能有长足的发展。爱因斯坦曾说：“物理学的当前困难，迫使物理学家比其前辈更深入地去掌握哲学。”日本有位物理学家武谷三男，原来信仰康德哲学，后来转而信仰马克思主义哲学，他说：过去我认为“辩证法在社会和历史领域是具体的，但是在自然科学中没有意义”，“但是对量和力学的更深刻的分析强而有力地把我从康德主义引向自然辩证法方面来。自然界本身就是辩证的，努力具体地反映自然界的自然科学在某种程度上是被强制地反映了这个辩证法”。[①]

因此，为了促进自然科学与社会科学的发展，应该加强自然科学与社会科学的交流，建立社会科学与自然科学定期思想讨论制度。

---

① 耿学超、张佐友：《马克思主义理论课教学难点问题探讨》［A］//韩增禄、常光宇：《马克思主义哲学指导自然科学研究的方法论功能》，北京工业大学出版社1992年版。

参考文献

［1］张培刚:《发展经济学通论（第一卷）》，湖南出版社1991出版。

［2］陈娜娜:《马克思经济增长理论研究》，西安理工大学2007年硕士论文。

［3］张智峰:《虚拟经济与实体经济非协调发展研究》，天津财经大学2007年博士论文。

［4］周莹莹、刘传哲:《我国虚拟经济发展对实体经济投资扩张效应影响研究》，《山西财经大学学报》，2014年第3期。

［5］罗敏:《人力资本投资与经济增长——以上海市为研究对象》，上海社会科学院2008年硕士论文。

［6］张德生、傅国华:《现代经济增长论述》，《惠州学院学报》，2005年第2期。

［7］温斌:《基于作业成本法的物流企业成本精细化管理研究》，长安大学2013年硕士论文。

［8］姚建华、朱卫平:《企业家创新理论研究新发展》，《经济学动态》，2009年第5期。

［9］李雪:《熊彼特的企业家创新与创业劳动理论研究》，郑州大学2015年硕士论文。

［10］陶丽平:《系统管理理论在企业管理中的应用》，《会计师》，2014年第7期。

［11］叶初升:《发展经济学视野中的经济增长质量》，《天津社会科学》，2014年第2期。

［12］李俊霖:《经济增长质量的内涵与评价》，《生产力研究》，2007年第

15 期。

［13］李大坤、赵建文：《哲学》，广西师范大学出版社，1982 年。

［14］余志伦：《浅谈定性评价与定量评价》，《中小学管理》，1999 年第 1 期。

［15］刘延东：《学习贯彻十八届五中全会精神　深入实施创新驱动发展战略》，《中国科技产业》，2015 年第 12 期。

［16］庄丽贞：《浅谈以创新驱动发展——学习贯彻党的十八届五中全会精神》，《福建党史月刊》，2016 年第 1 期。

［17］罗成翼、代艳丽、黄秋生：《创新协调绿色开放共享——中国共产党对发展规律的新认识》，《南华大学学报（社会科学版）》，2015 年第 6 期。

［18］马克思：《资本论》第 1 卷，人民出版社 2004 年版。

［19］张立影：《中国共产党对资本主义认识的历史进程》，中共中央党校 2010 年博士论文。

［20］《列宁全集》第 27 卷，人民出版社 1990 年版。

［21］陈耀庭：《关于国家垄断资本主义两个问题的探讨》，《教学与研究》，2000 年第 10 期。

［22］李琮：《当代资本主义发展中的若干问题》，《当代思潮》，2002 年第 6 期。

［23］于冬梅：《20 世纪社会主义历史进程的回顾与反思》，哈尔滨理工大学 2004 年硕士论文。

［24］王尧：《吉登斯“第三条道路”理论及其实践价值探析》，吉林大学 2013 年硕士论文。

［25］［英］安东尼·吉登斯：《第三条道路：社会民主主义的复兴》，北京大学出版社，2000 年出版。

［26］蒯正明：《中国共产党成立以来党政关系的历史变迁》，《南通大学学报（社会科学版）》，2011 年第 5 期。

［27］郝诗楠：《1949 年以来中国军政关系的变迁与稳定》，复旦大学 2014 年博士论文。

［28］张顺、李靖：《中国传统政治文化现代变革的必然性和方式选择》，辽宁教育学院学报，2000 年第 6 期。

［29］尚庆飞：《坚持共产主义理想性与现实性的科学统一兼论中国特色社

会主义的实现路径与未来走向》，《南京邮电大学学报》2013 年 3 期。

［30］谭建陵：《社会主义与共产主义的关系探析》，《湖南科技大学学报》2010 年 3 期。

［31］韩广富：《中国扶贫开发基本经验国际化问题论析》，《社会科学战线》2009 年 6 期。

［32］辛鸣：《把“中国梦”的理论逻辑讲清楚》，《中国高等教育》2013 年第 11 期。

［33］曲青山：《论中国梦的理论创新意义——学习习近平总书记关于中国梦的中国要论述》，《中共党史研究》2014 年第 7 期。

［34］杨生平：《中国梦的当代意义》，《前线》2014 年第 3 期。

［35］张浩：《深刻领会“中国梦”的重大意义》，《南方日报》2013 年 9 月 16 日。

［36］项久雨：《中国梦的世界意义》，《湖北日报》2014 年 6 月 21 日。

［37］《马克思恩格斯全集》第 33 卷，人民出版社 1972 年版。

［38］邓小平：《邓小平文选》第 3 卷［M］. 人民出版社，1999 年版。

［39］哈斯塔娜：《对实施科教兴国战略的思考》，《内蒙古师范大学学报》2003 年 4 期。

［40］郭军、马源：《坚持非均衡区域发展战略的选择取向》，《中州学刊》2009 年 9 期。

［41］王金杰：《创新驱动战略的特点与路径选择——互联网 +》，《理论与现代化》2015 年 6 期。

［42］王舒毅：《世界主要国家网络安全建设经验及启示》，《当代世界与社会主义》2015 年第 4 期。

［43］吴毅君：《充分认识实施网络强国战略的重要意义》，《学习月刊》2015 年第 23 期。

［44］沈国麟：《大数据时代的数据主权和国家数据战略》，《南京社会科学》2014 年 6 期。

［45］马凤媛：《我国海洋强国战略视角下的海洋环境保护问题研究》，中国海洋大学 2014 年硕士论文。

［46］张瑞、张林：《健全海洋维权的法规体系》，《海洋开发与管理》2007 年第 5 期。

［47］汪晓风：《当前中美网络安全关系》，复旦大学美国研究中心校庆报告会，2013 年 5 月 14 日。

［48］曹磊：《网络空间的数据权研究》，《国际观察》，2013 年第 1 期。

［49］［美］丹尼尔·W. 布罗姆利：《经济利益与经济政治制度》，上海三联书店 1997 年版。

［50］［美］诺齐克：《无政府·国家·乌托邦》，何怀宏等译，中国社会科学出版社 1991 年版。

［51］［美］罗尔斯：《正义论》，何怀宏等译，中国社会科学出版社 1998 年版。

［52］［美］杰拉尔德·迈耶、达德利·西尔斯：《发展经济学的先驱》，谭崇台等译，经济科学出版社 1988 年出版。

［53］G M Meier. From classical economics to development economics ［M］. New York：St. Martin' s Press，1994。

［54］［英］约翰·伊特韦尔、默里·米尔盖特、彼得·纽曼：《新帕尔格雷夫经济学大辞典》（第一卷），经济科学出版社 1996 年出版。

［55］何炼成、李忠民：《中国发展经济学概论》，高等教育出版社 2001 年出版。

［56］刘树成：《现代经济辞典》，江苏人民出版社 2005 年出版。

［57］Prebisch Raúl. Commercial policy in the underdeveloped countries ［J］. American Economic Review，1959，49（2）：251 –273.

［58］王爱君：《发展经济学流派与方法比较》，武汉大学出版社 2012 年出版。

［59］洪银兴：《现代经济学大典（上卷）》，经济科学出版社 2016 年出版。

［60］马颖：《发展经济学前沿理论研究（上、下册）》，人民出版社 2013 年出版。

［61］Romer Paul M. Two strategies for economic development：Using ideas and producing ideas ［R］. Proceedings of the World Bank Annual Conference on Development Economics，1992：63 –91。

［62］罗荣渠：《现代化新论——世界与中国的现代化进程》，商务印书馆 2004 出版。

［63］刘景珍、傅利华：《试论新航路开辟殖民掠夺与近代欧洲初期社会经

济》，《内蒙古民族师院学报》，1998 年第 1 期。

［64］程洪、谢辉：《对赶超战略的反思——世界现代化进程透视》，《江汉大学学报》（社会科学版）2005 年第 4 期。

［65］王文龙：《基于后发优势理论的经济赶超战略研究》，中国社会科学出版社 2014 年出版。

［66］谭崇台主编：《发展经济学》，上海人民出版社 1989 年出版。

［67］［日］速水佑次郎：《发展经济学——从贫困到富裕》，李周译，社会科学文献出版社 2003 年出版。

［68］［日］伊藤诚：《幻想破灭的资本主义》，孙仲涛，宋颖，韩玲译，社会科学文献出版社 2008 年出版。

［69］［英］彼得·华莱士·普雷斯顿：《发展理论导读》，李小云，齐顾波，徐秀丽译，社会科学文献出版社 2011 年出版。

［70］程恩富主编：《当代中国马克思主义新发展》，中国言实出版社 2015 年出版。

［71］丁堡骏主编：《现代政治经济学教程》，高等教育出版社 2012 年出版。

［72］张宇、谢地、任保平、蒋永穆等：《中国特色社会主义政治经济学》，高等教育出版社 2017 年出版。

［73］徐觉载：《社会主义流派史》，上海人民出版社 2007 年出版。

后　记

发展是一个永恒的主题。我对中国发展问题的思考还是在 2001 年，当时我在吉林大学经济学院攻读政治经济学专业博士学位，也曾经想以此为题作为博士论文题目，但是在导师詹连富教授那里没有通过，老师为我选择了很少有人写的"城乡结构"作为博士论文题目。实践证明，导师的选题是有前瞻性的，我博士毕业后的第二年就获得一项国家社科基金项目。当我完成了博士论文写作之后，仍然对中国发展问题放不下，于是在写作博士论文之余写完了这部著作的初稿。

我之所以要写这部著作是因为西方发展经济学的确很深奥，西方发达国家的经济学家们也研究了很多发展中国家的经济问题，他们虽然在一定程度上解释了发展中国家的经济现象，但是这些西方发展经济学理论都没能解决发展中国家的经济问题。中国作为世界上人口最多、地域最广、国情最复杂的发展中国家，按照西方发展经济学的理论，不但没有取得人民满意的发展成果，还呈现出许多新问题，这意味着中国的发展的确需要了解中国的学者自己来深刻思考中国的发展问题。

中国的社会主义发展是独一无二的。她的起点是半殖民地半封建特殊社会，她有一党执政、多党参政的特殊政治制度，她有从未间断绵延五千多年的中华文明，她勇敢地把社会主义与市场经济进行了融合，她成功地利用了资本主义创造的工业文明等。所有这些都注定了中国的发展有自己独特的规律，而我们要发现这一规律就必须在马克思主义理论指导下才能窥探到其中的奥秘，为此，我将此书的书名定为《中国特色马克思主义发展经济学》。

后来，我博士毕业去了河南财经政法大学工作，一直惦记着要修改、完善这本著作，但由于种种原因，直到 2018 年我调入上海海事大学后才有时间整理当初这部著作。这时，我的爱人和孩子仍然在郑州。因为时间跨度久远了，有些观点已经过时，有些数据过于陈旧，有些参考资料太肤浅，几乎等于重新撰写这部著作。在重新搜集资料的过程中，以下同学付出了努力：张远、豆明尚、任丹、胡皓强、孙玉瑶。在此，向这几位同学表示感谢。感谢我的新工作单位上海海事大学马克思主义学院董金明院长对马克思主义理论学科建设的大力支持，感谢上海市马克思主义海洋文明与中国道路研究中心的鼎力支持，感谢经济管理出版社编辑们的认真编辑、校对。最后要特别感谢我的爱人徐继忠对我科研工作的全力支持，没有他在郑州带着孩子、上着班几乎崩溃式的辛勤付出，这本著作是不能与读者见面的！

由于时间匆促，水平有限，其中的不足敬请各位前辈和同仁指正！

刘美平

2019 年 1 月于上海海事大学